国家社科基金教育学青年项目（CDA130139）
"世界公民教育思潮下不同文明国家公民教育的本土生长研究"研究成果

# 世界公民教育
# 思潮研究

The Research on World Citizenship
Education's Ideological Trend

宋　强◎著

中国社会科学出版社

图书在版编目（CIP）数据

世界公民教育思潮研究／宋强著 . —北京：中国社会科学出版社，
2018.2

ISBN 978 - 7 - 5203 - 1952 - 2

Ⅰ.①世⋯　Ⅱ.①宋⋯　Ⅲ.①公民教育—教育思想—研究—世界
Ⅳ.①D5

中国版本图书馆 CIP 数据核字（2018）第 005857 号

| 出　版　人 | 赵剑英 |
| 责任编辑 | 刘　芳 |
| 责任校对 | 季　静 |
| 责任印制 | 李寡寡 |

| 出　　　版 | 中国社会科学出版社 |
| 社　　　址 | 北京鼓楼西大街甲 158 号 |
| 邮　　　编 | 100720 |
| 网　　　址 | http://www.csspw.cn |
| 发　行　部 | 010 - 84083685 |
| 门　市　部 | 010 - 84029450 |
| 经　　　销 | 新华书店及其他书店 |

| 印刷装订 | 北京明恒达印务有限公司 |
| 版　　　次 | 2018 年 2 月第 1 版 |
| 印　　　次 | 2018 年 2 月第 1 次印刷 |

| 开　　　本 | 710×1000　1/16 |
| 印　　　张 | 20.25 |
| 插　　　页 | 2 |
| 字　　　数 | 328 千字 |
| 定　　　价 | 85.00 元 |

# 序　一

　　宋强博士让我给写个序。我很乐意，这不仅仅因为他是我指导的博士毕业生，更主要是因为现在的年轻学生中敢于触碰公民教育这一极具挑战性选题的并不多。公民教育研究的挑战性不仅在于其涉及很多敏感话题，更在于从事这方面的研究需要研究者具有宽厚的人文社会科学，特别是政治哲学方面的素养。宋强在攻读博士学位之前并不具备公民教育研究的太多基础，但令我欣慰的是他敢于并乐于接受挑战，体现出作为一个研究者的应有勇气。

　　在中国，由于种种原因，对公民教育的研究相对薄弱。而且起初的公民教育研究大多或为体现研究者个人反思的规范性研究，或为对国外公民教育的描述性介绍。尽管这是公民教育研究起步阶段的正常现象，但是为了进一步推进和深化公民教育研究，还有很多基础性工作需要做，其中就包括对世界各国公民教育实践的历史研究和对公民教育领域中的主要流派或思潮的理论研究。在历史研究方面，东北师范大学国际与比较教育研究所已经毕业的几个博士生对美国、英国、加拿大等国的公民教育进行了历史考察，有的已经出版，有的将收入由我主编的《世界公民教育史研究文库》中。在某种程度上，研究公民教育思潮更具挑战性。迄今为止，宋强博士是我指导的博士生中唯一一个挑战公民教育思潮论文选题的学生，不畏艰难的精神着实可嘉。

　　现代公民资格是与民族国家紧密相连的，它关涉的是民族国家范围内公民个体与国家以及公民个体之间的关系。现代公民教育也因此主要是由民族国家主导并为了民族国家而开展的一种教育。然而，伴随国际化乃至全球化进程的逐步发展，地球村和"世界公民""全球公民"之类的概念应运而生，民族国家以及与民族国家紧密相连的现代公民教育受到了严峻的挑战。超越民族国家的"全球公民"或"世界公民"教育是否必要而且可行？民族国家认同与全球认同之间的关系如何处理？诸如此类的问题呼唤理论的回应。在此背景下，"世界公民"教育（或"全球公民"教育）思潮逐步形成并壮大起来。宋强博士的著作所关注的正是这一"世界公民"教育思潮。

宋强博士的著作从"是什么""为什么""怎么样"三个维度对"世界公民"教育思潮进行了全面系统的分析。所谓"是什么"维度的考察，就是对思潮的主要观点或主张进行解构（第五章和第六章）。该著作从公民资格观和公民教育观两个方面对"世界公民"教育思潮的主要观点进行了分析。特别值得指出的是，作者并未就"世界公民"教育思潮而论"世界公民"教育思潮，而是将其置于与自由主义、共和主义、社群主义等公民教育思潮比较的视野中进行考察，以凸显"世界公民"教育思潮的理论定位或特征。作者也并没有满足于对"世界公民"教育思潮观点本身的分析，而是将该思潮放到特定的时空与思想背景中进行考察，以揭示"世界公民"教育思潮为什么兴起并发展起来，以及为什么是这样一些理论主张。这就是本著作所谓的"为什么"维度的分析（第三章和第四章）。"世界公民"教育思潮对世界各国公民教育实践到底产生了什么样的影响？已有的"世界公民"教育实践效果如何？关于"世界公民"教育思潮，都存在什么样的质疑或争议？这些问题都是我们思考或研究"世界公民"教育思潮不可回避的话题。毫无疑问，该著作也在第七章对此进行了考察和梳理。这就是本著作所谓"怎么样"维度的考察。总体而言，全书逻辑清晰，结构安排得也较为合理，对"世界公民"教育思潮的分析也比较全面。

攻读博士学位是一个艰苦的过程，需要全身心的投入，即使是全脱产攻读，也未必都能够在学校规定的最低修业年限内顺利毕业。宋强作为一个在职博士研究生，为了完成博士论文研究，克服了很多困难，不仅在学校规定的最低修业年限内提交了毕业论文，而且在 CSSCI 期刊上发表了多篇相关学术论文。坦率地说，他所付出的努力和取得的成绩超出我的预期。然而，对于一个青年研究者，我们给予他的不应该仅仅是鼓励，还应该有源于对其更高期望的鞭策。我所要表达的意思就是，该著作并非毫无瑕疵。事实上，细心的读者会发现其著作对于"世界公民"教育思潮的分析在逻辑缜密性和理论深度上还有进一步提升的空间。我相信，这本书的出版并不是其关于"世界公民"教育思潮研究的终结，而是研究的新起点。我也相信该著作的一些不足在其以后的研究中会逐步得到弥补。著作的出版是更广泛地求教于学界同人的重要契机。因此，我乐见宋强博士有这样一个机会。

**饶从满**
**于东北师范大学国际与比较教育研究所**
2016 年 11 月 17 日

# 序  二

宋强完成了国家社科基金教育学青年项目,名为"世界公民教育思潮下不同文明国家公民教育的本土生长研究"的报告书,并由中国社会科学出版社出版,书名为《世界公民教育思潮研究》。拜读过后,着实为宋强的研究成果高兴,感到年轻一代的学者青出于蓝,更上层楼。本书认真地进行了文献综述,广泛地检视了古今东西方的各种公民教育理论,以及各种主义的公民观。他的综论与分析,展示了公民概念的多面性和复杂性,也道出了公民概念很大程度受不同时地的文化背景和历史发展影响。同时包括了"公民性""社会性"和"政治性"(Marshall, 1950)。著名学者何以德(Heater, 1997)指出,"公民"本身含义是的多样性的。首先,他提出了公民形式(forms of citizenship)的概念,而公民形式主要有两种:第一种公民形式是以法律来定义公民,第二种形式是以态度来定义公民。因此,要讨论公民和公民教育的问题,同时要考虑每个地方的情境(context)、文化以及历史发展的轨迹,才可以进行概念的比较。一概而论的"公民"观,在学术理解上很容易流于武断,因而错误地将他方的公民概念,硬套到彼方的社会情境里,不单格格不入,而且可能错解真相。

事实上,公民概念是在不断的演变中。何以德(Heater, 1992)分析了公民概念发展的历史轨迹,发现不同的公民概念是根据欧洲不同的历史时代而衍生出来的。按历史时序,在欧洲出现了古典公民、自由公民、社会公民、国家公民、多元公民等概念。"古典公民"始于亚里士多德的年代,重视参与公共事务、公共服务,重视公众利益置于个人利益之上,重视责任与公民品德(civic virtue)。完全的公民(full citizen)可以参与治理工作,但只有少数人拥有这种身份。"自由公民"是古典公民的延伸,但重视个体的权利。政府存在的目的是要保障个人的权利,但权利与义务是同等重要、相辅相成的。所有的个体都有同等的权利去参与公民生活与政府的管治工作，而公民也拥有全民投票的权利。"社会公民"是自由公民的延伸，但再加上经济权利（economic rights）。让全民有同等的经济权利的机会是建基于社会有充裕财富的必要性假设。政府的任务是以均等的方式将社会财富进行再分配。社会公民的概念同时建基于福利国家或福利社会的概念。这概念强调权利多于责任与义务，提出了一个社会个体应该得到公正的社会分配的权利，为未来发展的超越国界的世界公民概念奠下基础。"国家公民"源于国家民族（nation-state）的概念，公民被视为一种国民身份，不单从法律而言如是，从感性的角度（身份认同）也如是。政治参与的程度只限于是否能支持国家的政策目标。国家公民的概念重视国民意识、爱国主义和对国家的责任。"多元公民"可以说进入了"后国家公民"的时代。正如上述，何以德的公民形式的概念是多样性的。一个个体可以同时拥有超过一种公民形式，但由于权利与义务之间可能产生了抵触，有时会令个体难以适从。多元性的公民首先体现在一个个体可以感受或拥有多元公民身份的可能性。世界公民或全球公民是多元公民的一个重要成分。何以德认为多元公民身份的概念可以溯源至罗马帝国时期。当时由于商旅发达，不少商人与传教士都拥有双重国籍。此外，当时的欧洲各国联盟、分合此起彼伏，欧洲人因此自然很容易隶属于超过一个国家的公民身份。近年欧洲经济共同体兴起，继而成立欧盟，欧洲各国之间相互承认盟国的公民，欧洲人多重公民的概念更加扩大，产生了"超国家"公民（supra-national citizenship）的观念。从文化观点看，本人于 20 世纪80 年代曾着力研究亚洲公民观，并于 2004 至 2010 间出版了一连三本的亚太公民教育系列，分别为《亚太的公民教育》《亚太的公民课程》和《亚太的公民教学法》（Lee，Grossman，Kennedy & Fairbrother，2004；Grossman，Lee & Kennedy，2008；Kennedy，Lee，Grossman，2010；再参考Lee，2012）。这套丛书揭示了从地缘文化的角度看，亚太地区的公民观与西方传统的公民观有根本性的差异。首先，正如何以德所说，西方公民概念的演变是按照其历史发展轨迹而出现的，但亚太地区的国家没有相同的历史发展轨迹，因此由于历史情境和文化不同，公民概念也应该有所不同。另外，西方的公民观很大程度是政治性的，而亚太地区的公民观主要是文化性的。西方的公民观按其历史情境发展出强调政治权利和义务的公民观，而在亚太地区的公民观强调人伦、关系、和谐与修身。很多亚太地区的公民教育课程都有类似的大纲，例如：我与自己、我与家庭、我与学校、我与社区、我与国家、我与大自然。可以看出，亚太地区的公民道德课程的侧重点主要是关系性的。有两点是很特别的：我与自己、我与大自然。前者是修身，而后者是天人合一的概念、与大自然共生的精神境界。因此，亚太地区的公民观比较重视先要做一个好人（道德教育），才能做个好公民。好人与好公民在亚洲的文化是二而为一的。另外，亚洲公民观强调修身，是先处理好一个人与自己的关系，人要先与自己和谐，才能有效地开展与其他人的和谐关系。再推展开去，人与大自然的精神关系是天人合一、顺应自然，而人与大自然的操作关系是环境保护，并且是要胸襟广阔，以天下大地为依归——这就是亚洲文化的世界公民的精神面貌和境界，与西方所说的世界公民或全球公民也是有所区别的。

踏入了 21 世纪，研究世界公民或全球公民尤其显得重要。根据国际移民组织（International Organization for Migration）于 2015 年发表的《世界移民报告书 2015》（World Migration Report 2015）（IOM，2015）指出，我们正生活在前所未见的巨大移民潮的大时代。在全球的大城市中，起码有五分之一的人口是出生于外地的，而在一些著名的国际城市中，例如悉尼、伦敦和纽约等，移民人口的比例高达三分之一。整体上，根据 2013 的统计，整个世界的国际移民数字是 2.32 亿，而国内的内部移民数字达7.4 亿之多。在亚太地区，每天的移民（或流动人口）数字是 1.2 亿。上述的移民数字说明我们正生活在前所未有的大时代，就是人口大流动的大时代。人口流动意味着在流动的人，都带着不同的公民身份游走于国际之间。我们不能完全用"国家公民"来看待他们，因为这些流动人口不断在流动，而且移民的时间相对是短期的。但我们需要研究如何令这些在不断流动的人们意识到，每一个人，无论生活在哪里，都要附带公民责任。纵使只是居民而不是国民，也要在自己的生活所在地负有公民的义务和责任。这就是研究世界公民的必要性了。

宋强的研究报告可以说掌握了公民概念的发展前沿理论，针对正在发展的世界公民和全球公民概念的涌现，做出了广泛而深入的分析。我诚挚地邀请读者细读此书，参与世界公民和全球公民概念的思考。由于这些概念都在不断发展中，因此，在文献分析的过程中，会发现有冲突、矛盾和争议之处。宋强对于这些不同的见解和争议并没有回避，而且条理分明地陈列出来——这就是本书最具吸引力之处。

　　注：作者为原世界比较教育联合会会长，香港公开大学比较教育讲座教授、郑州大学荣誉特聘教授。

李荣安

# 目　录

# 图 目

# 表　目

# 第 一 章

# 导　论

## 一　研究背景

### （一）全球化对传统"国家公民"教育提出挑战

20 世纪 90 年代以来，随着苏联解体、东欧剧变、冷战格局的结束，"全球化"的影响逐渐凸显。单纯进行传统的"国家公民"教育已不能适应快速发展变化的世界的要求。从与民族国家的关系角度来说，全球化对公民教育的挑战主要体现在三个方面：[①]

1. 人员为了工作和生活的跨国界流动使民族认同和归属、政治共同体中的成员资格以及因成员资格而产生的权利等成为问题。

2. 全球化使民族国家的部分权力和权威向下转移给了非政府组织（如私人公司），向上让渡给了区域性机构（如欧盟）或跨国、超国家组织（如世界贸易组织）。

3. 全球化给民族国家带来很多诸如艾滋病、环境恶化、国际毒品贸易之类重大且是国际性的问题，这些问题又不是靠单个国家的政府就能解决的。全球化带来的如上变化，使得民族国家不再是政治活动合法性的唯一来源，也不再是公民资格话语的主导者，公民资格越来越趋向于剥离民族国家的特征。

正如思迈尔策（Neil Smelser）针对全球化的影响所指出的："国家的统治权经由地区的政治性联邦与同盟的转移模式而变得更为妥协，当代国

---

① Wing-Wah Law, "Globalization and Citizenship Education in Hong Kong and Taiwan", *Comparative Education Review*, Vol. 48, No. 3, August 2004, pp. 253 – 273.

家因为竞争性的疆界和变异中的团结，而承受着上下夹攻的压力。"① 传统的"国家公民"教育需要改进。

### （二）世界各国和国际组织积极推行"世界公民"教育以应对全球化的挑战

一方面，对民族国家来说，全球化激起了各国公民教育的加速，提出了重大挑战，需要各国开展公民教育时既要坚持培养公民的爱国情感与民族认同，也要注重培养公民的全球视野、国际意识及包容不同文化的胸怀，最终培养出在全球化社会中具有竞争力的公民。正如联合国教科文组织（UNESCO）所指出的那样："关于公民素质问题，国家教育系统面临的挑战是如何塑造身份，以及在相互联系日益紧密和彼此依存日益加深的世界中如何形成对于他人的责任意识和责任感。"② 另一方面，对国际组织来说，全球化带来了环境、气候、人口、宗教、种族暴力等全球性问题，对其开展全球性工作以期缓解、解决相关问题的要求变得紧迫。

在此背景下，国际组织大力推进世界公民教育，各国积极开展世界公民教育及与之相关的多元文化教育、国际理解教育，学者著书立说探讨世界公民教育的发展，世界公民教育思潮蓬勃生长。联合国教科文组织2014 年发布的《世界公民教育：让学习者准备应对 21 世纪的挑战》（*Global Citizenship Education: Preparing Learners for the Challenges of the 21st Century*）指出："世界公民教育已经成为社会思潮（ethos）的一部分，这种思潮创设的学习环境已经影响到高级管理决策、教师实践、教育机构与社群的关系。"③

---

① Neil Smelser, " Contested Boundaries and Shifting Solidarities", *International Sociological Association bulletin 60*, Vol. 5, 1993.

② Rethinking Education: Towards a global common good? ( http://www. unescocat. org/en/rethinking-education-towards-a-global-common-good. 2015 – 07 – 15）

③ UNESCO, *Global Citizenship Education: Preparing Learners for the Challenges of the 21st Century*, Paris, 2014.

**（三）推行世界公民教育面对"世界认同"与"国家认同"的不断博弈**

各国人民希望通过世界公民教育消弭民族国家的冲突，但同时，同住地球村的人们在思考行事时却总是试图维护本国利益。在冷战后世界公民教育蓬勃发展及推广的同时，当前世界各国表现的是全球化背景下的国家主义和民族主义倾向。截至 2016 年，世界上已有 228 个国家和地区（国家 197 个，地区 31 个）。其中，193 个国家是联合国成员国。世界公民教育思潮并没有促进民族融合和国家数量的减少，地区性战争和冲突时有发生，一些敌对国家的民族、宗教等矛盾始终无法根本解决，一些民族国家对世界公民教育的推行进行了种种限制。因此，当今世界是"世界认同"与"国家认同"冲突、较量、融合的过程，推进世界公民教育任重道远。在世界公民教育思潮的效果和合理性问题不断遭受质疑的同时，该思潮试图建立多元的公民认同来分析和调和"世界认同"与"国家认同"："在我们关注多层（multi-tiered）和多极（multipolar）全球权威的同时，还创造了新的多层（multilayered）和多维（multidimensional）的公民认同（i-dentities of citizenship）。当其他人用国家认同作为加强轴来进行更大的排外、削弱已呈碎片形式的公民表现时，这一创造在某种情况下为兼容各类公民的声音创造了新的可能性。"①

**（四）中国对"人类命运共同体"的倡导和加强社会主义公民教育的需要**

在党的十九大报告中，习近平总书记 6 次谈及人类命运共同体理念，明确指出推动构建人类命运共同体是新时代坚持和发展中国特色社会主义的基本方略。一方面，中国在经济快速发展、社会不断进步的同时，注重承担全球责任，倡导构建"人类命运共同体"，超越了民族国家和意识形态的"全球观"，表达了追求和平发展的愿望。2011 年《中国的和平发展》白皮书提出，要以"命运共同体"的新视角，寻求人类共同利益和共同价值的新内涵。中国的"人类命运共同体"这一全球价值观包含了

---

① John Gaventa, *Globalizing Citizens: New Dynamics of Inclusion and Exclusion*, London: Zed books, 2010, pp. 4 - 5.

相互依存的国际权力观、共同利益观、可持续发展观和全球治理观。无独有偶，2015 年 7 月 14 日，联合国教科文组织在西班牙巴塞罗那发布了研究报告《反思教育：向"全球共同利益"的理念转变?》(*Rethinking Education：Towards a global common good?*)，报告提出了教育是全球共同利益的理念。这是联合国教科文组织成立 70 年以来，继 1996 年出版了研究报告《教育：内在的财富》(*Learning：The treasure within*)，1972 年出版了研究报告《学会生存：教育世界的今天和明天》 (*Learning to Be：The world of education today and tomorrow*) 之后发布的又一份重要报告。① "构建人类命运共同体"理念分别于 2017 年 2 月、3 月、11 月载入联合国决议、联合国人权决议、联合国安全决议，标志着这一理念已成为国际话语体系的重要组成部分。

另一方面，我国在努力构建"人类命运共同体"的同时，还应注重加强社会主义公民教育，培养具有强烈的民族自豪感、坚守中华传统文化和社会主义核心价值观，在国际环境下从容交往的社会主义"世界公民"。《国家中长期教育改革和发展规划纲要（2010—2020年）》指出：要"加强公民意识教育……培养社会主义合格公民"。培养良好的"国家公民"是开展"世界公民"教育的前提，公民教育应当遵循个人认同、区域认同、国家认同、世界认同的逻辑顺序，否则受教育者就会由维护全球共同利益的"世界公民"高度堕落到无国籍的流浪者，甚至是极端主义者和分裂主义者。当下由于国家认同削弱导致国家公民身份模糊、精神迷茫乃至战乱分裂的事例不胜枚举。"全球化背景下的民族国家认同危机已然是这个时代的客观事实，其本质是民族国家内部治理失败和全球化冲击共同作用的结果。而后发多民族国家的国家认同则遭遇国内转型压力和全球化压力的交互影响，使其兼具了常态性与时代性的双重特征"②。同时还应注意，在国家公民教育的基础上，既加强爱国主义教育，同时又规避狭隘的民族主义

---

① Rethinking Education：Towards a Global Commongood? (http://www.unescocat.org/en/rethinking-education-towards-a-global-common-good. 2015 – 07 – 15)

② 王卓君、何华玲：《全球化时代的国家认同：危机与重构》，《中国社会科学》2013 年第 9 期。

教育，有利于中国走向世界。

但在现实中，将世界公民教育的内容与不同文明国家公民教育进行叠加并不可能，不同文明国家还将长期存在，各国公民教育的宗旨、原则、内容、措施、文化背景等都不尽相同。为了培养既适合我国发展又能为世界和平、和谐发展做出贡献的公民，提升国际影响力和国际对我国培养"世界公民"的认同，就必须了解和把握世界公民教育思潮，最终用"社会主义核心价值观引领社会思潮、凝聚社会共识"①。

## 二　核心概念界定

### （一）世界公民教育的内涵：由国家维度到世界维度

1. 公民

（1）西方"公民"概念的发展

在西方，"公民"一词起源于 politis（Πολίτης，古希腊语），古代"公民"是特权的象征，他们的荣耀是建立在对占共同体多数的非"公民"成员的奴役之上。在古希腊语中，"公民"实际上是城邦的治理者。自公元前400年后，参加"公民大会"的成员便可领取酬劳。当时的"公民"身份实际上是等级制下社会分配的依据，是一种完整的身份而不是现代国家条件下的角色。

从476年西罗马帝国灭亡到1500年前后的欧洲历史，被西方史学家称为"中世纪"，中国史学家称之为西欧封建社会。这一时期，原来那种反映有限平等关系的公民身份就不可避免地被反映完全不平等关系的"臣民"概念所取代，并非常形象地体现了等级、特权制度下人与人之间的不平等关系。"公民"在罗马时期演变成为 civitas（拉丁语为"城市"）中的居民。civitas 逐渐演变为 civitotanus，最终受法语 cité 影响，演化成了 citoyen，即"市区居民、城市居民、自由国家居民和爱国者"，就是城市中享有有限权利的公民集合。英语的 citizen 在中世纪产生，"citizen 来自盎格鲁—诺曼语 citezein，也就是古法语 citeain（现代法语 citoyen）的

---

① 《关于培育和践行社会主义核心价值观的意见》，《人民日报》2013年12月24日。

变形"①。但"至少在16世纪,这个词语是与居民(deinsein)一词互换使用的"②。

西方近代对"公民"概念的使用体现了对人的发现、尊重和肯定,同时也意味着人的主体性的觉醒。就像卢梭所说的:"我们都只不过是在成为公民之后,才真正开始变成人的。"③ 而在当代,穆图鲁尔找到了由"公民"向"世界公民"概念过渡的一种方式,他将"公民"定义为社会契约和民族国家公民权利带来的权利与义务的集合。而公民社会契约论需要回答的关键问题是:对那些不是我们同胞的人,我们对他们应负什么样的责任。④

(2)中国"公民"概念的发展

我国最先提出"公民"一词的是韩非子,其在《五蠹》中提到"古者苍颉之作书也,自环者谓之私,背私谓之公,公私之相背也,乃苍颉固以知之矣""是以公民少而私人众矣"。在此"公民"实质上指的还是臣民,所谓"臣民",是相对于"君"而言的。"君者,出令者也;臣者,行君之令而致之民者也;民者,出粟米麻丝,作器皿,通货财而以事其上者也。"(韩愈《原道》)忠君即是爱国。在整个封建时期,公民意识被"三纲五常""三跪九叩"等封建伦理遮蔽。被统治者都是"为公之民""君主之民""公家之民"。1912年颁布的《中华民国临时约法》指出:"中华民国主权在民,全体国民一律平等,依法享有选举、参政、居住、言论、出版、集会、信教等权利。"这是中国第一次在法律上对公民权利做出规定,为公民教育的产生和发展提供了政治和法律基础。

《中华人民共和国宪法》(2004年修订)第三十三条规定:"凡具有中华人民共和国国籍的人都是中华人民共和国公民,中华人民共和国公民在法律面前一律平等。任何公民享有宪法和法律规定的权利,同时必须履

---

① T. F. Hoad, *Oxford Concise Dictionary of English Etymology*, USA: Oxford University Press, 1986, p. 78

② Bryan S. Turner, "Outline of a Theory of Citizenship", *Sociology*, Vol. 24, No. 2, May 1990, pp. 189 – 217.

③ [法]卢梭:《社会契约论》,何兆武译,商务印书馆1980年版,第198页。

④ [土]哈坎·奥尔蒂奈主编:《全球公民:相互依赖世界中的责任与权力》,祁怀高、金芮帆译,上海人民出版社2012年版。

行宪法和法律规定的义务。""公民"在辞海中定义为"具有或取得某国国籍，并根据该国法律规定享有权利和承担义务的人"。具有一国国籍的人，包括未成年人和被剥夺了政治权利的人等在内。"公民，表明个人属于政治国家的一员，是一个反映个人与国家之间关系的法律资格。公民之'民'，指的是国家之民，不是指人的自然存在，或者说单纯生物意义上的生命体；也不是指的非国家的家奴和私民。作为国家之民的公民，是国家生活中的本原性主体，构成国家得以存在的根基，也是国家实现其职能的根本所在。公民之'公'，表达的是'公有'、'公共'的意思，是指国家是一个由个人构成的共同体，其所追求的利益是公共的利益，国家的事务就是公共的事务。"① 但是印度尼西亚学者彼得·哈里斯（Peter Harris）认为中国在相当长一段时期，由于民主共和文化的缺乏，以及国家内部对公民社会组织以及其他社会组织运行条件的限制，多数人仍将自己看作"老百姓"，看作工人、农民或者其他不同的社会范围内的成员，最多将自己看作市民，但很少看作公民。"如同其他东亚国家一样，哪怕在那些民主体系运行良好的国家，公民身份的观点仍是生疏、异质性的，与社区、日常事务、城市、政府与国家的日常实际相去甚远。"②

（3）"公民"概念在当代广受关注和运用

"公民"概念在当代广受关注和运用，正如郭台辉所说："公民概念在当代涌现，一方面是中国社会政治结构演进到特定阶段的一个微观反映，另一方面也与近几十年来全球社会结构转型的宏观大背景相联系。20世纪80年代之后，公民概念在西方社会逐渐火爆起来。各种社会政治运动的组织、动员与参与都习惯于用公民角色来表达观念与行动，哲学社会科学也把现代社会中的许多重大问题置于公民概念中来解释，如贫穷、下层阶级、女性问题、族群认同、跨国移民和难民问题、生态问题等。如今，西方学者不得不在被滥用的公民概念之前加上一些形容词，才能更准确地表达其立场，如'国家公民'、'女性公民'、'世界公民'、'生态公

---

① 王广辉：《公民概念的内涵及其意义》，《河南省政法管理干部学院学报》2008 年第 1 期。

② Peter Harris, "The Ovigins of Modern Citizenship in China", *Asia Pacific Viewpoit*, Vol. 43, No. 2, August 2002, pp. 181 – 203.

民'、'后现代公民'、'地方公民'、'共和公民'等，从而完全超出在法律条文中的贫乏内涵。"① 同时，公民资格本身也细化为"民主共和主义的公民、自由主义的公民、批判的公民、全球公民、女权主义的公民、多元文化主义的公民、改造主义的公民"② 等多重当代话语。唐克军将公民概念做了系统划分："何谓公民？不同理论派别有不同的解释，有自由主义的公民、共和主义的公民和社群主义的公民；在不同的层次上，有地方公民、国家公民和世界公民；从不同的领域可分为经济公民、政治公民和文化公民。"③

2. 公民教育

公民是国家发展之根本，近代以来，世界各国加快由臣民教育、国民教育向公民教育的转型。西方不仅关注对公民的教育（Civic Education），更关注公民资格教育（Citizenship Education），并赋予其更多的内涵。

（1）Citizenship 的内涵及翻译

Citizenship 指作为国家和社会成员所必须具备的知识、能力、情感和态度。"学者们习惯于从纵横两个维度上来阐释公民资格。纵向上，公民资格强调个人与民族国家或政治社群的关系，突出认同（identity）的属性；横向上，强调民族国家或政治社群内部的各成员之间的关系，突出平等（equality）的理想。认同又强调两个部分，即认同（identity）和归属（belonging）；平等也由两个部分组成，即权利（rights）和参与（participation）。这四个部分相互作用，共同构成了公民资格的概念框架。"④

关于 Citizenship 的翻译，宋建丽等人译为"公民资格"，张秀雄、于希勇等人译为"公民资质"，俞可平、郭忠华、李艳霞等人译为"公民身份"，张建成等人译为"公民职权"。郭道晖、陈鹏等人译为"公民权"。

于希勇认为"公民资质"较适切，因为"Citizen-ship"兼具"国籍、身份、资格、公民权利义务以及公民道德品质等意涵"；李艳霞认为"公

---

① 郭台辉、余慧元编译：《历史中的公民概念》，天津人民出版社 2013 年版，第 2 页。

② K. K. Abowitz and J. Harnish, "Contemporary Discourses of Citizenship", *Review of Educational Research*, Vol. 76, No. 4, Winter 2006, pp. 653 – 690.

③ 唐克军、蔡迎旗：《美国学校公民教育》，中国社会科学出版社 2012 年版，"前言"第 2 页。

④ 葛笑如：《农民工公民资格研究》，中山大学出版社 2013 年版，第 25—26 页。

民身份"较妥当："首先在传统公民身份理论中，公民身份大体由公民的三种不同的权利组成：市民权利（civil right 或 legal right）、政治权利（political right）、社会权利（social right），因此如果将 Citizenship 译为公民权利则易与 civil right 发生混淆，并且忽略了公民身份中义务的方面，不能体现 citizenship 所应体现的丰富内涵。"①

本研究倾向于将 Citizenship 译为"公民资格"。Global/world Citizenship 即"世界公民资格"。正如宋建丽所说："Citizenship 一词，我国学者往往译为'公民权'、'公民身份'，前种译法易使人将'Citizenship'混同于'Civil rights'，从而缩小了'Citizenship'一词的丰富内涵；后种译法只强调了'Citizenship'作为地位的一个侧面，而没有抓住'Citizenship'的权利含义。因此，'公民资格'是当代西方政治哲学中越来越被普遍认可的译法。因为'资格'既强调了公民的权利，也强调了公民的义务，而且蕴涵着深刻的诸如自由、平等、民主、正义等重要的政治价值理念。"②

（2）"公民教育"概念的内涵与多学科性

当代一些中国学者对"公民教育"做了简要的定义。檀传宝认为"公民教育就是旨在培养现代公民的教育"③。蓝维认为公民教育"是社会通过培养使公民成为依法享有权利和履行义务的责任主体，成为在政治、经济及社会生活中有效成员的过程"④。有学者将"公民教育"分为广义、狭义两个维度，甚至细分为广义、折衷、狭义三个维度。

洪明综合了国内外关于公民教育的有关定义，以公民教育的连续性框架表形式阐明了狭义公民教育与广义公民教育的区别。对公民教育的"最小限度的解释"通常倡导的是狭义的公民教育（civics education），较为注重公民教育的正规途径，要求通过正规的教育计划向学生传授有关国家历史、地理、政体和宪制等方面的知识，注重知识为本和以教师为中

---

① 李艳霞：《公民资格与我国公民教育的历史逻辑》，《厦门大学学报》（哲学社会科学版）2011 年第 1 期。

② 宋建丽：《公民资格与正义》，人民出版社 2010 年版，第 1 页。

③ 檀传宝等：《公民教育引论：国际经验、历史变迁与中国公民教育的选择》，人民出版社 2011 年版，第 208 页。

④ 蓝维等：《公民教育：理论、历史与实践探索》，人民出版社 2007 年版，第 21 页。

心，通常以班级授课为主要形式，强调教学的教诲性，较少关注师生间的互动和发展学生的主动精神；对公民教育的"最大限度的解释"被认为是追求对团体、个人的包纳和共同参与的趣旨，它突出公民教育正规和非正规途径的广泛整合，因而也被称作广义的公民教育（citizenship education）。广义的公民教育不仅包含了狭义公民教育所注重的内容和知识要素，而且积极鼓励对决定和运用这些要素（包括公民的权利和义务）的各种不同方式的考察和解释：其基本目标不是形成知识，而是运用知识来帮助学生理解，提高学生的参与能力；它不仅重视教学和学习的内容，而且还重视过程；既有谆谆教诲，也有平等交流；公民教育的发生既在课堂内，也在课堂外。①

表1.1　　　　　　　　　　　公民教育的连续性框架

| 最小限度解释（minimal） | 最大限度的解释（maximal） |
|---|---|
| 浅层的（thin） | 深厚的（thick） |
| 排他的（exclusive） | 包容的（inclusive） |
| 精英主义的（elitist） | 行动主义的（activist） |
| 公民教育（civics education） | 公民资格教育（citizenship education） |
| 正规的（formal） | 参与的（participative） |
| 内容导向的（content-led） | 过程导向的（process-led） |
| 知识本位的（knowledge-based） | 价值本位（value-based） |
| 讲授式的传达（didactic transmission） | 互动式的阐释（interactive interpretation） |

资料来源：David Kerr, "Citizenship Education: an International Comparison across Sixteen Countries", *International Journal of Social Education*, Vol. 17, No. 1, 2002, pp. 1 – 15。

　　林清江、张秀雄概括了公民教育的广义、折中、狭义三个维度："从广义的观点看，公民教育包括一切教育的过程及内容，以培养健全的公民为整体教育的最终目的；从狭义的观点而言，公民教育是指各级学科'公民学科'的课程及教学活动（核心科目），如现行小学的'道德与健康'、国中的'公民与道德'及高中的'公民'等科目；就折中的观点而

_____

① 洪明、许明：《国际视野中公民教育的内涵与成因》，《国外社会科学》2002 年第 4 期。

言，所谓公民教育除了'公民学科'（核心科目）之外，还包括与公民教育密切相关的科目（相关科目）……总而言之，公民教育是指国家透过正式与非正式的教育途径，有目的、有计划的持续性对青少年及成人所实施的政治性教育，以培养能在民主社会中做一个见识广博、能承担责任、具有公民意识及社会参与能力的全方位公民。以教育的内容来看，可以分成广义、狭义及折衷的公民教育；以教育对象来看，可以分成青少年公民教育（准备教育）及成人公民教育（在职教育）；以教育方式来看，可以分为学校公民教育（正式教育）和社会公民教育（非正式教育及非正规教育）。"[1]

"公民教育"的概念具有多学科性，在人文社会科学领域，鲜有一个概念如"公民教育"这样，得到有关学科结合各自学科特点和关注点进行不同角度和维度的诠释。例如，"法学视野的公民教育关注公民的权利与义务教育；伦理学视野的公民教育关注公民道德教育的基本范畴和重点领域；政治学视野的公民教育关注维持政治稳定和推进民主政治的教育；社会学视野的公民教育关注教育对加快公民社会形成的功能；心理学视野的公民教育关注传统性人格向现代性人格转变的过程"[2]；全球视野的公民教育关注世界公民资格的构建。

（3）中国"公民教育"概念的发展

中国古代只有培养君子的士大夫教育，没有培养公民的国民教育。中国古代诸学者圣贤大都强调忠君，由孔孟到董仲舒再到朱熹、王阳明等都难逃窠臼，强调贵族政治及等级制。如孔子强调"有教无类"，把受教育的范围扩大到平民，但并不是要教育每一个人都接受同等的教育成贤成圣。古代教育可以传递封建价值、传递知识但不能传递公民意识和成为社会公民的能力。中国古代的权利义务观始终隐藏在封建道德之下，中国的公民教育直到五四运动前后方在实践层面兴起。

第一，自晚清到民国前期是公民教育的形成阶段（19世纪末—1937年）。

① 张秀雄：《公民教育的理论与实施》，（台北）师大书苑有限公司1998年版，第8页。
② 黄晓婷：《中小学公民教育政策：变迁与展望》，社会科学文献出版社2013年版，第27—30页。

　　洋务运动的失败意味着"仅从器物技能的层面接近现代化是远远不够的，制度层面的现代化转向，以及人的思想行为的现代化转向，开始得到越来越多的认同。这种现代化的探索就触及了公民教育的问题域，并一步步创造了开设公民教育课程的基础和条件"①。19 世纪末 20 世纪初，严复、康有为、梁启超、章炳麟、孙中山等思想先驱们对培养合格公民、建构强大国家进行了探讨。"梁启超等改良派主张先实施'公民教育'后'建国'，认为'真正的民主政治必须建立在相应的民众素养基础上，强调文化改造和民主建设的艰巨性和长期性'；而孙中山等革命派则主张先'建国'后'公民教育'，认为以暴力去除专制制度后即可追求理想中的公民教育。"② 严复作为中国近代公民教育的先驱，提出了三育救国论，即"鼓民力""开民智""新民德"，其核心是新民德，即用西方自由、平等、博爱的启蒙思想代替中国传统的宗法等级制度，进而达到重塑国民人格的目的；梁启超的《新民说》全面阐释了他的新民学说理论。"新民"包含了许多现代公民的人格特质。梁启超认为西方就是因为重视国民个性发展和国民各种潜质的发挥，才实现了高度发达的物质文明和精神文明，他特别强调新民"自由""独立"的人格品质。1905 年科举制度废除，出现了一股兴学热潮。1906 年，统辖全国的正式教育行政机关——学部确定了"忠君、尊孔、尚公、尚武、尚实"的教育宗旨，其中"尚公"就与"公民教育"相关联。1907 年，清政府学部在教育文告中首次提出了"公民"这一概念，并第一次明确强调公民具有接受教育、投票选举的权利和义务。1916 年，中华民国教育部公布《国民学校令实施细则》，首次将"公民须知"加入修身科，公民教育实现了从无到有的转变；1923 年《新学制课程标准纲要》规定公民科的授课时间、办法等，标志着我国正规的学校公民教育正式确立起来。

　　在 20 世纪 20 年代前后，公民教育思潮曾经盛极一时。一是学界及出版界开展了对各国公民教育的译介和比较研究。龚其昌编著了《公民教育学》，相菊潭编著了《公民教育实施办法》，熊子容编写了

---

① 陈华：《中国近代公民课程的孕育》，北京师范大学出版社 2014 年版，第 24 页。
② 同上书，第 43 页。

《公民教育》。商务印书馆等出版机构资助出版了一系列公民教育译著，例如王霄五等主编的《美国公民教育》《英国公民教育》《苏联公民教育》《德国公民教育》《瑞士公民教育》《日本公民教育》，以及《法国公民教育》《公民教育概观》《公民学课程大纲》等；群益书社编译了《美国公民学》。二是多个教育组织开展了公民教育运动。1924 年江苏省教育会、中华职业教育社等团体发起全国公民教育运动，1926 年江苏教育会组织公民讲习会，制定公民信条等，议定每年5 月 3 日至 5 月 9 日为公民教育运动周。三是教育理论与研究进一步丰富。蔡元培首倡德、智、体、美、世界观"五育并举"的公民教育思想，特别强调要"以公民道德教育为中坚"；晏阳初针对中国农村愚、穷、弱、私的四大病症，开出了"文艺教育、生计教育、卫生教育和公民教育"的药方，分别对应于四大病症。公民教育，包括国族精神研究、农村自治研究和公民知识教育，其最终目的是使农民具有最低限度的公民常识，发展团结力量，启发民族觉悟，训练自治能力，培养法治精神。① 此外，陈独秀、梁漱溟、陶行知、杨贤江等人都针对公民教育撰文立说，阐释了有关思想。

第二，民国后期是公民教育缓慢发展的阶段（1937—1949 年）。

民国时期战乱频仍，由军阀混战到三次国内革命战争再到抗日战争，真正意义上的"公民"的培养一再被独裁政治和党化教育所影响，公民教育实施效果极为有限。1941 年，抗日战争进行到最困难的时候，国立武汉大学哲教系的许守霞完成了我国较早的专门研究公民教育方面的硕士论文，但通篇将公民训练的最高理想放在"不犯上作乱"，指出以党（国民党）治国是"时势使然"，党便是最高的公共团体。公民教育的内容不是依法治国，公民权利和公民意识受到严重压抑。"若以党治国也，其在民族多难之秋，既欲扑灭内战，又欲抹杀党争，乃负国族兴亡之责，并群众聚散之职，亦时势之使然者也。故公民训练必为所注意，而政党之致力公民训练者，莫有过焉……公民训练之职务，惟在使公民直接或间接意识或无意识渐次接近道德的

---

① 檀传宝等：《公民教育引论：国际经验、历史变迁与中国公民教育的选择》，人民出版社2011 年版，第 208 页。

公共团体之理想，此目的与职务无论何时何地，乃永久而弗变者。"①

第三，中国现代公民教育发展历程简述（1949 年至今）。

中国现代公民教育发展经历了政治教育为主阶段（1949—1979）、公民教育转型阶段（由群体本位到个体本位，1980—2000），以人为本的公民教育阶段（2000 年至今）。自 2000 年以来，社会主义政治文明建设以及构建社会主义和谐社会的宏观目标为现代公民教育提出了新的时代要求。《公民道德建设实施纲要》（中共中央 2001 年 9 月 20 日印发）第一次系统、集中地提出了我国公民的基本道德规范；《关于培育和践行社会主义核心价值观的意见》（中办发〔2013〕24 号）对加强公民教育和实践提出了新的要求，其中以 24 个字概括了社会主义核心价值观的基本内容，即"富强、民主、文明、和谐"是国家层面的价值目标，"自由、平等、公正、法治"是社会层面的价值取向，"爱国、敬业、诚信、友善"是公民个人层面的价值准则。

近代公民教育产生于西欧，关于西方公民教育的发展，将在本书其他章节中，结合"世界公民"进行论述。

3. 世界公民教育

"世界公民教育"与"公民教育"有着必然的联系，从西方国家公民教育发展的角度来看，"世界公民教育"一定程度上是由"社会的公民教育传统"发展而来。正如陈华所说："在众多公民教育的取向上可以辨别出两种主要的传统：一个是以民族国家德国为代表的'国家的公民教育传统'，另一个是以移民国家美国为代表的'社会的公民教育传统'。国家的公民教育是指以民族国家为主体，主要以国家的统一和民族的复兴为目标而进行的公民教育，其课程设计注重国家发展的诉求、政府意志的传达、法律的威严和社会的秩序，其代表人物是德国的费希特（Fichte J.）和凯兴斯泰纳（Kerschensteiner G.）。根据凯兴斯泰纳的《国家公民教育的概念》一书，可以把这种传统称为'国家公民教育'；社会的公民教育是指以公民社会为主体的教育，在美国建国之初，就兴起了这种为了促进多元种族的移民尽快接受美国的共同价值观，更好地融入美国社会而进行

---

① 许守霞：《各国公民教育之比较》，硕士学位论文，武汉大学哲教系，1941 年，第 12—15 页。

的公民教育。根据美国学校公民课程'社会研究'（social studies）之名，同时相对于德国的'国家公民教育'，美国的这种公民教育传统可以称为'社会公民教育'。社会公民教育取向强调的是适用于民主社会的普适价值或普世价值，并重视'多元文化教育'和'全球教育'，其特征及发展趋势又都表现为一种'世界公民教育'。"①

但全球化时代"世界公民教育"的内涵除了体现民族国家的诉求外，还包括相关的国际组织的愿景。因此，"世界公民教育"就是将各国公民培养成"世界公民"的教育，即教导学生认识世界，担负起作为地球村一分子的公民责任，形成与此有关的知识、能力和价值观。主要指国际组织向世界各国推广的通过学校教育将学生培养成"世界公民"的教育，以及各国开展的"世界公民"相关课程。教育内容为和平教育、民主与人权教育、跨文化教育、环境教育等，着眼整个世界的协作、和平与发展。其基本目标是培养青年人的国际视野，鼓励他们关心本地、祖国以至全球的贫穷及发展议题；愿意承担在全球社会的公民责任，致力消除贫穷，缔造一个正义、和平和能够持续发展的世界。"世界公民教育"英文主要有 4 种表述：

Global/World Citizenship Education

Education For Global/World Citizenship

The Global Dimension To The Citizenship Education

Education For Cosmopolitan Citizenship

上述四种概念有时通用。奥黛丽·奥斯勒（Audrey Osler）就指出："Education for cosmopolitan citizenship"与"global citizenship education"同义（synonym）。②

需要说明的是，"世界公民教育"不同于"世界的公民教育"。"世界的公民教育"指的是全球各个国家的公民教育，着眼各个国家。本研究指向"世界公民教育"。

①　陈华：《中国近代公民课程的孕育》，北京师范大学出版社 2014 年版，第 8 页。

②　Alan Reid, *Globalization, the Nation-state and the Citizen: Dilemmas and Directions for Civics and Citizenship Education*, Oxon: Routledge, 2010.

### 4. 思潮

思潮在《辞海》指"在特定的历史环境中以动态形式相对集中地表现人们的理想愿望和利益要求的倾向。是在一定的历史条件下产生的特殊的群体意识。先进的社会思潮是某一历史时期时代精神的动态表现";《现代汉语词典》(第5版)指"某一时期内在某一阶级或阶层中反映当时社会政治情况而有较大影响的思想潮流"。

梁启超将"思潮"与时代文化的进步关联在一起。"凡文化发展之国,其国民于一时期中,因环境之变迁,与夫心理之感召,不期而思想之进路同趋于一方向,于是相与呼应汹涌,如潮然。始焉其势甚微,几莫之觉,浸假而涨——涨——涨,而达于满度,过时焉则落,以渐至于衰熄。凡'思'非皆能成'潮';能成'潮'者,则其'思'必有相当之价值,而又适合于其时代之要求者也。凡'时代'非皆有'思潮';有思潮之时代,必文化昂进之时代也。"①

思潮是社会潮流的一部分,思潮主要表现为社会思潮。正如毕红梅等人对思潮的定义一样:"思潮是指在特定的历史环境中,以人们的社会心理为基础,以某种思想理论为支撑,以动态形式反映一定阶级、阶层或社会群体的理想、愿望、利益要求的思想体系,又称社会思潮。"②《中国大百科全书》(哲学卷Ⅱ)将"社会思潮"解释为:"社会思潮有时表现为由一定理论形态的思想作主导,有时又表现为特定环境中人们的社会心理,是社会意识的综合表现形式。"③

国内当前对社会思潮的定义较为一致,集中在"产生、传播、影响、思想体系"等关键词上。例如,林双忠、陈庆本认为:"所谓社会思潮,是指在一定时期和一定范围内得到广泛传播的,对社会生活具有相当程度影响的思想体系和思想潮流。"④ 邓卓明认为:"社会思潮是在一定历史环境中,以人们的社会心理为基础,以某种思想理论为支撑,以动态形式反映一定阶级、阶层或社会群体的思想、愿望、利益、要求并在社会产生较

① 梁启超:《清代学术概论》,中华书局1954年版,第1页。
② 毕红梅、李东升:《当代西方思潮与思想教育》,华中师范大学出版社2010年版,第2页。
③ 《中国大百科全书》(哲学卷Ⅱ),中国大百科全书出版社1987年版,第765页。
④ 林双忠、陈庆本:《当代社会思潮与青年教育》,东北师范大学出版社1993年版,第1—2页。

大影响的思想潮流。"① 刘京生认为："社会思潮，一般是指在一定时期在某一社会得到广泛传播，对社会生活具有某种程度影响的思想趋势或思想潮流。"② 刘书林认为："社会思潮是在一定的社会历史条件下产生的，反映一定的民族、阶级、阶层或社会团体的根本利益并具有相当社会影响的思想潮流。"③ 胡宝平认为："社会思潮一般是指一定时期内反映一定阶级或阶层群众利益和要求的、以社会心理为基础的得到广泛传播并对社会生活产生某种影响的思想趋势或思想潮流。"④ 王娟、杨少波认为："社会思潮是在一定的历史环境中，以人们的社会心理为基础，以某种思想理论为支撑，以动态形式反映一定阶级、阶层或不同社会群体的理想、愿望、利益、要求，并在社会上产生较大影响的思想潮流。"⑤ 赵洋、张庆辉认为："社会思潮是一定时期在某一社会得到广泛传播，并对社会生活发生某种程度影响的思想趋势或思想潮流。"⑥ 魏红霞认为："社会思潮一般来讲是指在一定历史阶段，反映一定阶级、阶层和社会群体的利益诉求、情感需要和思想愿望，并有一定的社会理论作指导的社会意识形态和社会心理的思想潮流。"⑦ 龙静云等认为："所谓社会思潮，一般是指在一定时期内反映某一阶级或阶层利益和要求、以某种理论学说为主导或依据，得到广泛传播并对社会生活产生一定影响的思想趋势或思想潮流。"⑧ 佘双好认为："社会思潮是指某一时期内在某一阶级或阶层中反映当时社会政治情况而有较大影响的思想潮流，它以一定的社会存在为基础，以相应的意识形态为理论核心，并与某种社会心理发生相互影响、相互制约、相互渗透

① 邓卓明：《社会思潮专题研究》，中国社会科学出版社 2012 年版，第 6—7 页。
② 刘京生：《当代社会思潮的主要特征》，《理论前沿》1999 年第 19 期。
③ 刘书林：《社会思潮研究与"两课"教学改革》，《思想理论教育导刊》2003 年第 9 期。
④ 胡宝平：《社会思潮：性质、传播与引领》，《中共南京市委党校学报》2008 年第 3 期。
⑤ 王娟、杨少波：《社会思潮多元化背景下的大学生爱国主义教育》，《社科纵横》2009 年第 2 期。
⑥ 赵洋、张庆辉：《对影响大学生的当代社会思潮的社会学分析》，《黑龙江史志》2009 年第 4 期。
⑦ 魏红霞：《当代社会思潮的新特点及其对大学生的影响》，《研究与实践》2009 年第 6 期。
⑧ 龙静云、戴圣鹏、熊富标：《"以社会主义核心价值体系引领社会思潮"研究述评》，《学校党建与思想教育》2010 年第 5 期。

作用。"①

只有步德胜、邓卓明将社会思潮的定义由反映一定阶级、阶层的要求上升到整个人类的理想、愿望、利益上:"社会思潮是在一定社会历史环境中,以人们的社会心理为基础,以某种或多种思想理论为支撑,通过其载体以动态形式反映一定阶级、阶层或整个人类的理想、愿望、利益、要求,并在社会产生持久深刻影响的思想潮流。"② 世界公民教育思潮无疑包含在此种社会思潮定义中。吴仁华对社会思潮做了较完整的定义:"在一定时期、地域内反映某一阶级、阶层和社会群体的利益诉求、思想愿望或情感需要,以某种理论学说为主导或依据,进行了广泛传播并对社会生活产生一定影响和作用的思想倾向或思想潮流。社会思潮是一种非主流社会意识现象,具有阶级性、时代性、多变性、传播性、排他性等特征,是社会生活的重要内容和影响社会变化的重要因素。"③

5. 世界公民教育思潮

世界公民教育思潮指将各国公民培养为"世界公民"的思想潮流。其外延为多元文化教育、跨文化教育、国际理解教育。在群体意识一致的大前提下,各个国际组织和各国关于"世界公民"的教育宗旨、教育内容、培养策略以及相关的思想流派又不尽相同,需要深入研究。

世界公民教育已经由"思想"演变为"思潮"。一个人或多数人的思想如果没有一定群体的同情和支持,就不能传播开来,就终归是思想而不能称之为思潮。世界公民教育受到国际组织、民族国家有目的、有限制的支持,无疑是一种"思潮"。

世界公民教育已经由"理论"发展为"思潮"。在全球化时代世界公民教育能称为思潮而不是理论,主要有以下几个特征:在相对较短的时间内,国际组织大力推行;各国公民教育增加或加强了相关内容;有关研究文章快速增多;通过媒体广泛进入公众视野。

---

① 余双好:《当代社会思潮影响大学生的特点与应对方法》,《学校党建与思想教育》2010年第11期。

② 步德胜、邓卓明:《社会思潮内涵的再认识》,《重庆邮电学院学报》(社会科学版) 2006年第5期。

③ 吴仁华:《社会思潮十讲:青年师生读本》,福建教育出版社2014年版,第4页。

**（二）世界公民教育的外延：由世界维度到多元维度**

1. 世界公民教育与多元文化教育（跨文化教育）的关系

世界公民教育与多元文化教育（跨文化教育）主要是范围的区别。多元文化教育（跨文化教育）主要指一国内开展的面对不同民族、种族开展的教育，世界公民教育的范围面向世界各国，因此有国际与国内的区别，但两者又相互影响，实施良好的多元文化教育（跨文化教育）能有效推动世界公民教育和国际理解教育。

2. 世界公民教育与国际理解教育的关系

世界公民教育与国际理解教育主要是程度的区别。国际理解教育（Education for International Understanding）是世界公民教育的第一步，"指培养各国公民在对本民族主体文化认同的基础上，尊重、了解其他国家、民族、地区文化的基本精神及风俗习惯，培养与其他国家、民族、地区人民平等交往、和睦相处的修养与技能，探讨全人类共同价值观念，增进不同宗教信仰和文化背景的民族、国家、地区的人民之间的相互理解与宽容，促进整个人类及地球上各种生物与自然和睦相处、共同繁荣与发展为旨归的一种教育"[①]。毫无疑问，世界公民教育致力于由理解到合作、包容、共生，在推动全人类和平共处、共同发展的目标上走得更远。

3. "世界"与"全球"概念的使用辨析

（1）全球化的起始时间

"全球化"这一概念在学术界产生影响最初是由经济学家莱维（Te Levi）于 1985 年提出的。他用这个词来形容从 20 世纪 60 年代以来国际经济发生的巨大变化，即商品、服务、资本和技术在世界性生产、消费和投资领域中的扩张。"全球化"的影响则凸显于 20 世纪 90 年代。关于全球化的起始时间众说纷纭，有公元前、公元 15 世纪、第二次世界大战后、20 世纪 60 年代、20 世纪末 21 世纪初等多种看法。大卫·维尔森（David Version）认为全球化和帝国一样古老，古罗马帝国和成吉思汗帝国就曾表现出一定程度的全球化。沃特斯（Malcolm Waters）认为，"全球化"

---

① 《什么是国际理解教育》（http://www.zybang.com/question/8b145eda78480e2ab4c7b1f4b92b32bb.html）。

一词是在第二次世界大战之后才出现的概念。"全球的"（global）见诸词典始于四百多年前，而"全球化"（globalization，globalize，globalizing，globalism）被收入词典始于 20 世纪 60 年代。① 认为全球化从 15 世纪开始的意见占多数，即世界连为一体的进程可以从 1492 年哥伦布发现"新大陆"开始。具体到比较教育学中，马克·贝磊（Mark Bray）认为比较教育学中关于全球化的论述主要出现在 20、21 世纪之交，对此进行过论述的有阿尔诺维和托里斯（Arnove & Torres，1999）、梅布拉图（Mebrahtu，2000）、布尔布勒斯和托里斯（Burbules & Torres，2000）。② 笔者比较赞同马克·贝磊等人的观点，认为比较教育研究应重点关注 20 世纪 90 年代苏联解体、东欧剧变后形成的当今世界，在了解全球化的背景下主要关注现实意义上的全球化。

（2）"世界公民"与"全球公民"

现有中文文献中"世界公民"与"全球公民"交错使用，从词义来讲"世界公民"的提法更准确。"global"与"civic"搭配译为世界公民，global + ization 译为全球化。

"世界"在《辞海》指：①自然社会和人类社会一切事物的总和②地球上一切地方和国家③一定的范围、领域④世道；时代⑤佛教指宇宙。

"全球"在《辞海》指：泛指地球上整个人类社会和自然界。世界侧重人文色彩，有公民才有世界；全球侧重地理、地域概念，不宜与公民搭配。李荣安也倾向于"世界公民"的译法，他认为"global citizenship"译为"全球公民"侧重全球一体化的倾向；译为"国际公民"强调国际理解；而译为"世界公民"指向一个公民有认识世界的义务。③

（3）"世界公民教育"与"全球公民教育"

"全球公民"教育在全球化开始后使用（从 15 世纪开始，尤其是冷战结束以来）较贴切。但在 15 世纪前，各个文明世界彼此处于相对封闭中，每个文明学者心中的世界仅限于本国与周边国家的交往，西方到了大

---

① Malcolm Waters, *Globalization*, London and New York: Routledge, 1995, p. 2.

② ［英］马克·贝磊编：《比较教育学：传统、挑战和新范式》，彭正梅译，华东师范大学出版社 2007 年版，第 1—14 页。

③ 李荣安主编：《世界公民教育：香港及上海中学状况调查研究》，乐施会 2004 年版，xx-vii。

航海时代，中国到了明朝，才对世界地图有了初步正确的认识。1569 年墨卡托（G. Mercator，1512—1594）以"墨卡托投影法"绘制了第一张世界地图，开创了地理学史上的新篇章。至此，人类才得以对世界形成一个统筹直观的认识。因此，第欧根尼、斯多葛学派用"cosmopolitism"，中国古代先哲用"天下大同"便很正常。彼时哪有"全球"？要研究世界公民教育思潮，如果要做从古至今一脉相承的研究，那么"全球"不可提，"世界"可一以贯之。西方在大航海时代，中国在明朝，才得以对世界形成一个统筹直观的认识。而古今人眼中的"世界"有一个共同点，那就是到达了他们认知的边缘。

（4）"全球公民社会"与"世界公民社会"

全球公民社会是介于国家和个人之间的跨国活动领域，其基本的组成要素是国际非政府的民间组织。"全球公民社会"较适宜。因为全球侧重地域概念，与全球公民社会相关联的"全球治理"指世界各国达成治理环境、人权等共识并进行全球合作。世界强调国家一统，以全球为单位，国家概念、政治地缘概念较模糊；全球强调国家协作，以国家为单位。

# 三　研究思路与方法

## （一）研究思路

在把握世界公民教育思潮国内外研究现状并梳理其发展脉络的基础上，通过与自由主义、共和主义、社群主义、多元文化主义的公民资格观、公民教育观比较，分析世界公民教育的资格、权利、义务、参与等世界公民教育思潮的核心问题，探寻在实践和理论上如何处理国家认同和世界认同两个维度公民教育的关系。

马克·贝磊认为比较教育学应关注 20 世纪 90 年代苏联解体、东欧剧变后的当今世界，在了解全球化的背景下主要关注现实意义上的全球化。1992 年，时任联合国秘书长加利曾宣称："一个真正的全球化时代已经到来。"正如柯温（McGinn N. F.）所说，"现今比较教育的世界就是一个全球化的世界，一个与汉斯及阿诺夫时代不同的世界。在这样的世界中，以民族国家作为最主要的分析单位已经遭受了严峻的挑战"。本研究在把握世界公民教育发展的基础上，主要指向冷战结束后的世界公民教育，分析世界公民教育思潮的发展趋势以及世界公民教育思潮下民族国家公民教育的走向。

### (二) 研究方法

主要研究方法为文献研究法、历史法、因素分析法。其中,在文献检索中主要使用了文献研究法,在文献分析中主要使用了历史法和因素分析法。

1. 文献研究法

本研究通过多种渠道来获得较全面的、系统的、具有代表性的公开发行与未发行的材料。这些材料一方面是各国政府及国际组织发布的一手文献,如法规、报告、重大事件的报道、宣传等政策与教育实践类文献;另一方面是世界公民教育思想家对于思潮梳理、倡导、反思、实践检验等方面的学术研究成果。通过对专业的学术数据库、政府或国际组织的公开网站进行检索,获得了大量公开发表的图书、期刊、报告等文献。通过咨询领域专家对文献进行了补充,寻求两位访美学者的帮助,补充了部分未公开发表的文献。

(1) 论文

第一,外文类论文。研究者于 2013 年、2014 年、2016 年在 Web of Science、Scopus 两大数据库共进行了三次检索。Web of Science、Scopus 为世界著名的文摘数据库,收录文献均为同行评审。在 ERIC、Proquest 学位论文库中进行补充检索,并对《Citizenship Studies》《Education, Citizenship And Social Justice》《Comparative Education Review》《Comparative Education》等期刊进行了主题检索。

表 1.2　　　　　　　　　　外文检索情况

| 检索时间 | 2013 年 10 月 13 日 | 2014 年 5 月 19 日 | 2016 年 4 月 7 日 |
|---|---|---|---|
| 文献量 | 1936 | 2816 | 3413 |
| 作者数 | 2980 | 4130 | 5562 |
| 期刊 | 1020 | 1359 | 1819 |

第二,中文类论文。在中国知网、CSSCI、维普、万方检索四大中文

检索库中以"（SU＝世界 or SU＝全球）and（SU＝公民教育）or（SU＝世界公民 or SU＝全球公民）and（SU＝教育）"作为主题分别检索（检索时间：2015 年 12 月 20 日），去重后为 1085 篇。中国知网、维普和万方涵盖了学术期刊、学位论文、会议论文、重要报纸、学术辑刊等文献。

（2）图书

第一，境外出版图书。在 world cat、国家图书馆、上海图书馆、培生教育出版社等网站以"global citizenship""world citizenship"为主题词进行检索，检索到图书 786 部，通过筛选，并以馆际互借、电子图书下载等方式，共收集英文及中国香港、台湾出版图书 130 余部。

第二，境内出版图书。在国家图书馆、上海图书馆馆藏目录以及亚马逊、当当、百链、读秀、书生之家等网站以"世界公民""全球公民"为主题词进行检索，共检索到图书 132 种，通过筛选，收集到相关图书 40 余部。

（3）文件报告

在联合国教科文组织、乐施会（Oxfam）、世界公民教育委员会（Council for Education in World Itizenship）、世界未来协会（The World Future Council）等国际组织网站，斯伦贝谢（Schlumberger）、缤特力（Plantronics）等跨国公司网站、美国教育部等国家政府网站检索到多篇政策文件和研究报告。

（4）未公开发表文献

通过访美学者在美国图书馆检索到未公开发表的文献若干篇。

2. 历史法

以时间为线索，追寻世界公民教育思潮的发生发展规律。世界公民教育思潮发展的三个时期"萌芽期、初创期、快速发展期"依据"世界公民思想——世界公民教育思想——世界公民教育思潮"的递进发展而划分，结合全球化的发展，梳理由国家公民单一维度向世界公民多维度发展的历史脉络和关键节点，继而分析未来世界公民教育思潮的发展走向。

3. 因素分析法

在全球化背景下综合透视世界公民教育思潮，对决定思潮发展的诸因素进行分析，探索思潮的形成与发展原因。由思潮的理论基础切入，研究世界主义、全球化、全球治理等世界公民教育思潮的理论基础；由世界公民资格观切入，研究和比较公民资格中认同、权利、义务、参与等影响思潮发展的重要因素；由世界公民教育观切入，解构思潮倡导者关于教育地位、教育内容、教育途径等主要的世界公民教育观点。

# 四  研究意义

## （一）理论意义

1. 有利于明确世界认同问题及其在民族国家实施的可能性

在全球化时代，随着世界公民教育思潮的发展，需要直面两个"需要回答但前人较少涉猎"的核心问题。一是相对以往比较教育和公民教育研究中主要关注国家认同、部分涉及世界认同的现状，研究"公民教育中如何处理国家认同与世界认同的关系"问题；二是针对各类对世界公民教育可行性乐观和悲观的思想，研究"开展世界公民教育是否现实"问题。澄清这两个核心问题，有利于明确全球化带来的世界认同问题及其在民族国家实施的必要性与可能性。

2. 有利于对世界公民教育思潮的跟踪分析和科学研判

当前中国各种观念相互激荡，各种思潮此起彼伏。世界公民教育思潮作为诸多新兴思潮的一种，关注其思想理论领域的新情况、新问题，明确其性质成因、影响范围和发展趋势，有利于对思潮进行跟踪分析和科学研判，为加强在教育领域的引导提供科学依据。

3. 有利于探索世界公民教育思潮在中国的"本土生长"

从比较教育学的意义上，本项研究有利于探索世界公民教育思潮在中国的"本土生长"，即中国对思潮的接受程度和范围，如何将其中积极的因素运用到教育教学当中，形成中国的世界公民教育思想体系。"比较教育学不仅要反思和批判自西向东单向的'选择性输出'，还应当在'本土生长'的基础上，通过自身学术发展以贡献于世界来建立第三世界与整个世界的双向学术交流机制。"① 无论是学习借鉴还是交流对话，都意味

---

① 项贤明：《教育：全球化、本土化与本土生长——从比较教育学的角度观照》，《北京师范大学学报》（人文社会科学版）2001 年第 2 期。

着"先了解、再吃透、有思考、做分析"。正如强世功所说："没有理论的民族不过是一个没有可能性的被安排摆布的民族，无法掌握自己的命运，无法为自己的命运拓展新的空间。"①

**（二）实践意义**

1. 有利于民族国家参与全球治理，提升国际话语权

全球化的影响力正在迅猛扩张，任何国家都不可能置身事外，世界各国需要联合起来对全球问题做出回应。面对瞬息万变的世界格局，国家公民教育需要重视世界公民教育思潮研究，主动引入全球性的新观念及动态信息。世界公民教育思潮研究有利于思考民族国家在全球化时代的国家公民教育中，如何在世界认同方面制定教育政策、传递相应的知识、技能与价值观，以及如何处理公民教育中多元认同的关系。最终培养具有超越狭隘爱国主义、具备强烈全球责任意识、包容世界多元文化的公民。以此推动民族国家参与全球治理，提升国际话语权。

2. 有利于突破狭隘的民族主义，推动中国融入世界

当前一些公民的言行中还存在着狭隘的民族意识，存在排外情绪，不能包容其他民族和国家。但坚持爱国情怀、创新精神、世界眼光相结合，应是当代中国爱国主义的特征。世界公民教育思潮研究有利于教育思考处理好爱国主义与国际理解的关系，使学生学会关心全球事务、尊重理解别国文化，与他人和谐共同生活。形成"求同存异、交流互鉴、共同进步，共同推动人类文明发展进步"的意识，加快中国的国际化和全球化进程，最终推动中国融入世界。

# 五　研究问题与分析框架

**（一）研究问题**

研究问题聚焦在两个方面：一是世界公民教育思潮是如何理解和处理国家认同与世界认同的关系的；二是世界公民教育思潮主张的世界公民教育是否现实可行。研究问题具体指向世界公民教育思潮的三个递进的维

---

① 强世功：《法律的现代性剧场：哈特富勒论战研究》，法律出版社 2006 年版，第 4 页。

度：描述性研究、反思性研究、评价性研究。

1. 世界公民教育思潮"是什么"

对思潮进行描述性研究，集中在思潮的核心概念、国内外研究现状、主要观点等方面。

2. 世界公民教育思潮"为什么"

对思潮进行反思性研究，探寻思潮赖以产生、存在和发展的理论根源。主要梳理思潮的发展脉络，关注与世界公民教育有关的世界主义理论、全球治理理论、全球化理论以及"爱国主义、国家主义、民族主义等与世界主义截然相对的民族性概念与理论"和"超民族主义、国际主义、文化相对主义、人类主义等与世界公民教育思想有共通之处的世界性概念与理论"。

3. 世界公民教育思潮"怎么样"

对思潮进行评价性研究，对思潮的主要特征、实践影响与效果、合理性等核心问题进行梳理、回应和评价，并进行反思与展望。

### （二）分析框架

对世界公民教育思潮的研究始终要围绕认同、权利、义务、参与等公民资格观来展开，通过建立分析框架，将世界公民教育与自由主义、共和主义、社群主义、多元文化主义等公民资格观和公民教育观比较，可以看到世界公民教育思潮的特点及其与其他公民资格观和公民教育观的关联。

世界公民教育强调践行、道德、参与，重视世界认同与国家认同的关系。世界公民教育思潮是为了解决"人类生存危机"这一问题，即人类基本权利受到威胁，国家公民必须履行同时兼为世界公民的义务，积极进行社会参与，从而保障人类共生的权利。在这个过程中，受世界主义等思潮和世界体系等理论的影响，世界公民教育思潮在与自由主义、共和主义、社群主义、多元文化公民教育之间，在国家认同与世界认同中不断摇摆，这是世界公民教育思潮的不稳定因素和其没有成为大型思潮的根本原因。

表 1.3　　　　　　　　　　世界公民教育思潮分析框架

| 内容＼流派 | 公民资格观 | | | | | 公民教育观 | |
|---|---|---|---|---|---|---|---|
| | 认同 | 权利 | 义务 | 参与 | 教育地位 | 教育目标 | 教育内容 |
| 自由主义公民教育 | 个人认同 | 个人权利优先 | 消极义务 | 消极的政治参与 | 一般 | 提供个性化自由选择的知识 | 一般性知识 |
| 共和主义公民教育 | 国家认同 | 国家利益优先于个人权利 | 积极履行国家范围的义务 | 积极的政治参与 | 重要 | 提供成为国家公民必备的知识 | 一般性知识 |
| 社群主义公民教育 | 共同体认同 | 共同体利益优先于个人权利 | 积极履行共同体范围的义务 | 积极的共同体参与 | 重要 | 提供成为共同体公民必备的知识 | 一般性知识 |
| 多元文化教育 | 多元认同 | 保障少数族裔、弱势群体的权利 | 积极履行发展多元文化的义务 | 多元参与 | 一般 | 提供不同文化、种群的多样化知识 | 多元文化知识 |
| 世界公民教育 | 世界认同 | 强调普适性人权 | 积极承担全球责任和坚守共同道德 | 积极的社会参与 | 一般 | 提供成为世界公民必备的知识 | 世界性知识 |

# 第 二 章

# 文 献 综 述

## 一 国外研究

### (一) 总体特点

国外对世界公民教育思潮的研究有四个特点：专门研究早，文献庞杂，学术流派繁多，实践项目多元。

第一，专门研究早。"世界公民"的概念公元前4世纪即由古希腊犬儒哲学的创始人第欧根尼提出。其后，斯多葛学派进一步阐述了"世界公民"思想。第二次世界大战后，随着全球化的深入，西方开始系统研究世界公民教育，冷战结束后世界公民教育逐渐形成思潮。第二，文献庞杂。文献繁多且体裁多样，以学术专著和论文为主，还散落在小说（《世界公民》《咖啡馆里的世界公民》《昨日的世界》）、戏剧（《唐·卡洛斯》）、诗歌（华兹华斯、本尼·安徒生、齐纳葛等人的作品）、影视（《海贼王》）、歌曲（《heal the world》）、政治评论、法律条文、新闻报道等体裁中。学科庞杂，文献涉及教育学、政治学、社会学、伦理学、法学、哲学、文学、艺术学等多个学科及交叉学科。第三，学术流派繁多。古希腊时期有犬儒学派、斯多葛学派，第二次世界大战后新自由主义、社群主义、共和主义、多元文化主义、后殖民主义等学术流派都与世界公民教育相互影响。第四，实践项目多元。国际组织和一些国家开展了多元的实践项目。联合国教科文组织、乐施会等国际组织开展了多样的实践活动和国际课程。西方多个国家开设了世界公民教育的相关课程。

### （二）基于数据库的研究趋势分析

研究者于 2013 年、2014 年、2016 年在 Web of Science、Scopus 两大数据库共进行了三次检索。

2013 年 10 月进行了第一次检索。在 Web of Science、Scopus 两大数据库以"（world or global ＊）W/5（citizen ＊ or civic）and educat"作为检索式，并运用 Histcite 软件做统一分析，共搜索到 1936 条结果，作者总数 2980 位，发表期刊 1020 种，总引用文献 67172 条。通过阅读分析核心英文文献，归纳出世界公民教育研究的核心检索词（参见表 2.1）。

表 2.1　　　　　　　　世界公民教育研究的核心检索词

| | | |
|---|---|---|
| 全球公民 Global citizenship | 联合国教科文组织 UNESCO | 公民教育 Citizenship education |
| 世界公民 World citizen | 乐施会 Oxfam | 主动公民教育 Education for active citizenship |
| 世界主义 Cosmopolitanism | 世界政府 World government | 公民权利 Civic right |
| 道德世界主义 Moral cosmopolitanism | 和平 Peace | 公民义务 Civic duties |
| 多元文化主义 Multiculturalism | 博爱 Universallove; charity | 公民责任 Civic responsibility |
| 新自由主义 Neoliberalism | 合作 Collaborate | 社会科学 Social Studies |
| 共和主义 Republicanism | 非暴力 Nonviolent | 社会包容 Social inclusion |
| 生态 Ecology; Environmental | 尊重 Respect | 宽容 Tolerate |
| 环保主义 Environmentalism | 民主 Democracy | 正义 Justice |
| 文化认同 Cultural identity | 参与 Participate | 公正 Righteous |
| 种族差异性 Race diversity | 共生 Symbiosis | 政治觉知 Political awareness |
| 超越民族主义 Beyond nationalism | 相互依赖 Correlative dependence | 公民道德 Civic virtues; Citizen Ethics; Divilmorality |

续表

| 大同世界 Supreme harmony worldwide | 可持续发展 Sustainable development | 批判思考 Critical thinking |
|---|---|---|
| 普世价值 Universal value | 分享 Share | 解决冲突 Manage/resolve conflict |
| 普世主义 Universalism | 关怀 Care | 同情心 Sympathy |
| 文化 Culture | 关心 Concern | 自尊 Self-esteem |
| 多样性 Diversity；variety | 全球意识 Global consciousness | 自信 Self-confident |
| 一体化 Insegration | 换位思考 Transpositional consideration | 移情 Empathize |
| 全球化 Giobalization；globalize | 天下一家 One World，One Dream，and Peace | 民族认同 National identity |

2014 年 5 月 19 日，在第一次检索的基础上进行了更加集中的二次检索，调整检索式为：（（TITLE-ABS-KEY（（multicultural ＊ OR neoliberal ＊ OR republican ＊）W/5（world OR global ＊）））OR（TITLE-ABS-KEY（（"European Union" AND（citizen ＊ OR civic））OR "active citizen ＊"））OR（TITLE-ABS-KEY（（oxfam OR unesco OR｛United Nations Educational，Scientific and Cultural Organization｝）W/5（world OR global ＊）））OR（TI-TLE-ABS-KEY（（world OR global ＊）W/5（citizen ＊ OR civic））））AND（TITLE-ABS-KEY（educat ＊））。通过第二次检索，在 Web of Science、Scopus 两大数据库检索到 1975—2014 年发表的 2816 篇文献，作者总数 4130 位，发表期刊 1359 种，总引用文献 118324 篇，关键词 4678 个。

2016 年 4 月，在检索式不变的情况下进行了第三次检索。通过第三次检索，检索到 1919—2016 年发表的 3413 篇文献，作者总数 5562 位，发表期刊 1819 种，总引用文献 39869 篇，关键词 5121 个。经过检索并分析，2013—2016 年 3 年间，相关数据又发生了较大的变化，体现了世界公民教育思潮迅速发展的态势。因此，将综合二次检索和三次检索的内容进行分析。当前，世界公民教育研究主要呈现七个方面的趋势。

1. 相关论文自 1991 年之后快速增长，与冷战后全球化趋势相对应，世界公民教育思潮蓬勃兴起通过分析世界公民教育主题文章的发表年度和数量可知：在 1919—1976 年，每年基本只有一篇相关文章，其中只有 1922 年 3 篇，1971 年、1973 年 2 篇；自 1977 年开始，相关文章开始逐渐增多，但每年都没有超过 5 篇，在 1—3 篇之间浮动；自 1988 年后开始再次增长，1988 年为 6 篇，1989 年和 1990 年为 8 篇；自 1991 年后，论文迅速由个位数上升到十位数，由 1991 年的 9 篇达到了 2004 年的 64 篇；2005 年后，论文数由十位数快速增长到百位数，由 2005 年的 101 篇增长到 2015 年的 391 篇。通过图《1975—2014 年文章发表数量及引用情况》《1988—2016 年文章发表数量及引用情况》可以看到，世界公民教育主题文章自 1991 年之后快速增长，与冷战后全球化趋势相对应，世界公民教育思潮蓬勃兴起。

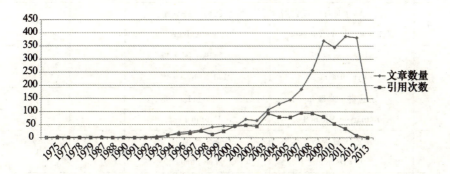

图 2.1　1975—2014 年文章发表数量及引用情况

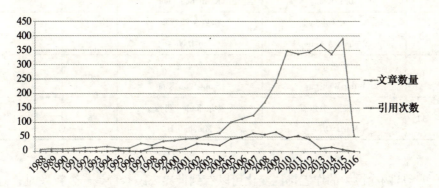

图 2.2　1988—2016 年文章发表数量及引用情况

注明：

· REGS：Record Score，作者的文章数量，可查看该领域的高产作者

· TLCS：Total Local Cite Score，检索文献向内被引用次数总数以下简称"引用次数"

## 2. 形成一批著述颇丰、思想观点有影响的思想家

**表2.2　　　　作者发文数量排名（发文6篇以上）**

| 序号 | 作者<br>（二次检索） | 作者<br>（三次检索） | 文章<br>数量 | 引用次数 |
|---|---|---|---|---|
| 1 | 奥黛丽·奥斯勒<br>Audrey Osler | 奥黛丽·奥斯勒<br>Audrey Osler | 10 | 28 |
| 2 | 詹姆斯·班克斯<br>James A. Banks | 卡洛斯·阿尔贝托·托雷斯<br>Carlos Alberto Torres | 10 | 21 |
| 3 | 休·斯塔基<br>Hugh Starkey | 迈克尔·塔兰特<br>Michael A. Tarrant | 9 | 16 |
| 4 | 卡洛斯·阿尔贝托·托雷斯<br>Carlos Alberto Torres | 詹姆斯·班克斯<br>James A. Banks | 8 | 19 |
| 5 | 林恩·戴维斯<br>Lynn Davies | 玛德琳·阿诺特<br>Madeleine Arnot | 7 | 1 |
| 6 | 凯瑟琳·米歇尔<br>Katharyne Mitchell | 李恩珠<br>Hyunju Lee | 7 | 9 |
| 7 | 伊恩·戴维斯<br>Ian Davies | 李·斯通纳<br>Lee Stoner | 7 | 4 |
| 8 | 马克·埃文斯<br>Mark Evans | 崔京姬<br>Kyunghee Choi | 6 | 9 |
| 9 | 迈克尔·皮特斯<br>Michael A Peters | 伊恩·戴维斯<br>Ian Davies | 6 | 15 |
| 10 | 罗永华<br>Wing-Wah Law | 金承元<br>Sung-Won Kim | 6 | 9 |
| 11 | 玛利亚·奥尔森<br>Maria Olson | 赫尔米娜·玛修<br>Marshall H | 6 | 8 |

从两次检索的作者排位变化可以看到世界公民教育是一个新兴的、朝阳的研究领域，近年来得到广泛关注。一方面，一批学者近年来迅速转向进入世界公民教育研究领域，说明随着全球化深入，世界公民教育思想对学者的影响更加现实和直接。例如，美国佐治亚大学的迈克尔·塔兰特副教授与新西兰梅西大学的李·斯通纳研究团队，韩国梨花女子大学的李恩

珠、崔京姬、金承元研究团队，英国剑桥大学的玛德琳·阿诺特教授等近年来发表了大量文章，迅速跻身世界公民教育研究的发文数前列，前任世界比较教育联合会会长、美国加州大学洛杉矶分校的卡洛斯·阿尔贝托·托雷斯教授发文数已排名第二，仅次于英国利兹大学奥黛丽·奥斯勒教授。另一方面，一些作者以往世界公民教育的研究文章开始得到广泛关注，如美国加州大学伯克利分校的赫尔米娜·玛修教授。

　　发文排行具有重要参考价值，但不是绝对参考。按 TLCS 排序可以快速定位该领域的重要研究者。例如，"世界公民教育"的倡导者之一美国芝加哥大学努斯鲍姆教授（Martha Nussbaum）、美国北部大学的斯凯特（Hans Schattle）教授的专著具有一定影响力，英国布莱顿大学的德里克·希特（Derek Heater）教授有多部与公民资格和世界公民教育相关著作，但是检索论文数较少。在该领域著述颇丰的英国利物浦大学的欧百伦（Darren J. O'byrne）教授、德国蒂宾根大学的赫费（Otfried Haffe）教授、美国纽约大学的阿皮亚（Kwame Anthony Appiah）教授也是此种情况。说明一部分世界公民教育研究者以论著而不是论文见长。此外，研究者的语言等也影响论文的排名，如赫费教授。相反，部分排名靠前的一些学者的研究与世界公民教育关联不大，只不过关键词关联恰好契合而已。

　　3. 论文发表主要集中在教育学期刊，得到比较教育、公民教育、教师教育、国际教育等相关期刊的关注

表 2.3　　　　　　　相关论文发表期刊排行（发文 20 篇以上）

| 序号 | 期刊<br>（二次检索） | 期刊<br>（三次检索） | 文章<br>数量 | 引用次数 |
| --- | --- | --- | --- | --- |
| 1 | 《公民研究》<br>Citizenship studies | 《课程研究》<br>Journal of curriculum studies | 27 | 30 |
| 2 | 《教育发展国际期刊》<br>International journal of educational development | 《教育评论》<br>Educational review | 26 | 51 |
| 3 | 《教育、价值与社会公正》<br>Education, citizenship and social justice | 《教育发展国际期刊》<br>International journal of educational development | 25 | 11 |

| 序号 | 期刊<br>（二次检索） | 期刊<br>（三次检索） | 文章<br>数量 | 引用次数 |
|---|---|---|---|---|
| 4 | 《教育评论》<br>Educational review | 《比较教育》<br>Comparative education | 24 | 18 |
| 5 | 《全球化、社会与教育》<br>Globalisation, societies and education | 《教育、价值与社会公正》<br>Education, citizenship and social justice | 24 | 7 |
| 6 | 《比较教育评论》<br>Comparative education review | 《全球化、社会与教育》<br>Globalisation, societies and education | 24 | 5 |
| 7 | 《国际教育研究》<br>Journal of studies in international education | 《教育政策》<br>Journal of education policy | 23 | 16 |
| 8 | 《比较教育》<br>Comparative education | 《社会科学地中海》<br>Mediterranean journal of social sciences | 22 | 0 |
| 9 | 《能源社会与行为科学》<br>Procedia social and behavioral sciences | 《教师教育档案》<br>Teachers college record | 22 | 16 |
| 10 | 《教育政策》<br>Journal of education policy | 《国际教育研究》<br>Journal of studies in international education | 21 | 38 |
| 11 | 《教师教育档案》<br>Teachers college record | 《比较教育评论》<br>Comparative education review | 20 | 25 |
| 12 | 《英国教育社会学》<br>British journal of sociology of education | 《教育杂志》<br>Revista de educacion | 20 | 0 |

从表《相关论文发表期刊排行》可知，近年来公民研究和非教育类杂志发文数所占比例逐渐下降，如《Citizenship studies》（《公民研究》）、《Education, citizenship and social justice》（《教育、价值与社会公正》）和

《Procedia social and behavioral sciences》（《能源社会与行为科学》）等杂志。而教育类杂志尤其是比较教育类杂志发文数逐年提升，《Journal of curriculum studies》（《课程研究》）和《Educational review》（《教育评论》）两种杂志发文数已经居于第 1 和第 2 位，比较教育学的两种重要杂志《Comparative education》（《比较教育》）和《Comparative education review》（《比较教育评论》）已经上升到第 4 和第 11 位。

4. 在论文撰写所使用的语言上，英语占据绝对优势，超过了排在其后的西班牙语、葡萄牙语、德语、克罗地亚语、法语等语言的总和，汉语影响力较弱

表 2.4 相关论文撰写语言

| 序号 | 语言<br>（二次检索） | 语言<br>（三次检索） | 文章数量 | 引用次数 |
|---|---|---|---|---|
| 1 | 英语 | 英语 | 2905 | 400 |
| 2 | 西班牙语 | 西班牙语 | 77 | 0 |
| 3 | 葡萄牙语 | 葡萄牙语 | 27 | 0 |
| 4 | 法语 | 德语 | 16 | 0 |
| 5 | 德语 | 英语；西班牙语 | 13 | 0 |
| 6 | 英语；西班牙语 | 克罗地亚语 | 11 | 0 |
| 7 | 克罗地亚语 | 法语 | 10 | 0 |
| 8 | 英语；克罗地亚语 | 意大利语 | 8 | 0 |
| 9 | 斯洛伐克语 | 英语；立陶宛语 | 5 | 0 |
| 10 | 捷克语 | 英语；葡萄牙语 | 5 | 0 |
| 11 | 英语；立陶宛语 | 波兰语 | 5 | 0 |
| 12 | 英语；葡萄牙语 | 汉语 | 4 | 0 |

由表《相关论文撰写语言》可以看出，在语言上英语始终占据绝对优势。与联合国六种官方语言相比较，除西班牙语和法语外，汉语、俄语、阿拉伯语影响力较弱。通过对比两次检索结果，一些小语种如葡萄牙语、德语、克罗地亚语、意大利语等语言的论文数反而排名靠前，克罗地亚语论文数量近三年上升较为迅速。汉语 4 篇文章分

别刊发在中国生态学会主办的《应用生态学报》（*Chinese Journal of Applied Ecology*）、《生态学报》（*Acta Ecologica Sinica*），台湾师范大学主办的《当代教育研究》（*Contemporary Educational Research Quarterly*），台湾辅仁大学主办的《哲学与文化月刊》（*Universitas-Monthly Review Of Philosophy And Culture*）。

5. 相关论文撰写国家以美、英、澳、加等英语国家为主，这些国家同时是发达国家

表 2.5 相关论文撰写国家或地区（发文 20 篇以上）

| 序号 | 国家或地区<br>（二次检索） | 国家或地区<br>（三次检索） | 文章数量 | 引用次数 |
|---|---|---|---|---|
| 1 | 美国 | 美国 | 270 | 110 |
| 2 | 英国 | 英国 | 181 | 49 |
| 3 | 澳大利亚 | 澳大利亚 | 63 | 13 |
| 4 | 加拿大 | 加拿大 | 59 | 14 |
| 5 | 西班牙 | 西班牙 | 50 | 1 |
| 6 | 荷兰 | 德国 | 34 | 5 |
| 7 | 德国 | 韩国 | 32 | 14 |
| 8 | 意大利 | 中国 | 29 | 10 |
| 9 | 瑞典 | 法国 | 25 | 2 |
| 10 | 南非 | 意大利 | 24 | 1 |
| 11 | 爱尔兰 | 南非 | 24 | 0 |
| 12 | 芬兰 | 土耳其 | 24 | 2 |
| 13 | 法国 | 荷兰 | 23 | 5 |
| 14 | 韩国 | 瑞典 | 23 | 5 |

对比两次检索结果，除美、英、澳、加等英语国家外，西班牙、德国、韩国、法国等国学者的发文数也在持续稳定增长。尽管中国学者的文章已经达到 29 篇，排名靠前，但总体来看，中国内地的文章较少，主要由中国香港学者撰写，或是与国外学者合作撰写，中国学者位列第二或第三位。

6. 研究优势机构主要分布在教育学、社会学、政治学、地理学、人

类学等系所和英、加、美、澳等国家知名高校

**表 2.6** 　　　　　　　　　　　研究优势机构

| 序号 | 研究优势机构<br>（二次检索） | 研究优势机构<br>（三次检索） | 文章数量 | 引用次数 |
|---|---|---|---|---|
| 1 | 社会学系 | 伦敦大学 | 30 | 8 |
| 2 | 教育学院<br>School of Education | 密歇根州立大学 | 13 | 7 |
| 3 | 政治学系 | 斯坦福大学 | 11 | 8 |
| 4 | 地理系 | 不列颠哥伦比亚大学 | 11 | 2 |
| 5 | 伦敦大学 | 佐治亚大学 | 11 | 20 |
| 6 | 教育学系<br>Department of Education | 伊利诺伊大学 | 11 | 4 |
| 7 | 教育学系<br>Faculty of Education | 威斯康星大学 | 11 | 2 |
| 8 | 人类学系 | 香港大学 | 10 | 4 |
| 9 | 教育学院<br>Institute of Education | 亚利桑那州立大学 | 9 | 2 |
| 10 | 多伦多大学 | 利兹大学 | 9 | 6 |
| 11 | 密歇根州立大学 | 昆士兰大学 | 9 | 2 |
| 12 | 亚利桑那州立大学 | 多伦多大学 | 9 | 1 |
| 13 | 教育学院<br>College of Education | 哥伦比亚大学师范学院 | 8 | 0 |
| 14 | 哥伦比亚大学师范学院 | 梨花女子大学 | 8 | 9 |
| 15 | 社会科学系 | 罗格斯州立大学 | 8 | 0 |
| 16 | 教育研究生院 | 根特大学 | 8 | 1 |
| 17 | 罗格斯州立大学 | 明尼苏达大学 | 8 | 3 |
| 18 | 佐治亚大学 | 诺丁汉大学 | 8 | 2 |
| 19 | 格拉斯哥大学 | 南洋理工大学 | 7 | 1 |
| 20 | 昆士兰大学 | 斯德哥尔摩大学 | 7 | 3 |

　　排名前 20 位的研究优势机构中，分布着英国、美国、中国香港、澳大利亚、加拿大、韩国、比利时、新加坡、瑞典等国家和地区的高校，主

要有伦敦大学、密歇根大学、斯坦福大学、哥伦比亚大学、佐治亚大学、伊利诺伊大学、威斯康星大学、香港大学、亚利桑那大学、利兹大学、昆士兰大学、多伦多大学、梨花女子大学、罗特格斯州立大学、根特大学、明尼苏达大学、诺丁汉大学、南洋理工大学、斯德哥尔摩大学等；中国的香港大学在二次检索时未进入前 20 位，在三次检索时位列第 8。联合国教科文组织二次检索时发文 6 篇，与世界各大学一起排名时位列第 17 位；三次检索时虽然还是 6 篇，但排名已下降到第 31 位，表明世界各大学发文数显著提升；二次检索时显示，教育学、社会学、政治学、地理学、人类学等系所居于优势地位，三次检索时，相关系所被数据库软件归为未知机构（Unkonwn），故以世界知名大学和机构排名为主。

7. 研究核心词汇主要集中在教育学、政治学、社会学等学科

表 2.7 研究核心词汇

| 序号 | 词频（二次检索） | 词频（三次检索） | 文章数量 | 引用次数 |
|---|---|---|---|---|
| 1 | Education | Education | 1192 | 271 |
| 2 | Citizenship；civic；citizens | Citizenship | 632 | 311 |
| 3 | Global；globalization | Global | 618 | 197 |
| 4 | World | World | 302 | 37 |
| 5 | Social | Learning | 254 | 37 |
| 6 | Learning | International | 215 | 29 |
| 7 | European | Social | 197 | 21 |
| 8 | Development | Development | 185 | 26 |
| 9 | New | European | 161 | 33 |
| 10 | International | Educational | 139 | 25 |
| 11 | Policy | New | 138 | 10 |
| 12 | Active | Students | 134 | 8 |
| 13 | Case | Globalization | 131 | 39 |
| 14 | Cultural | Higher | 129 | 31 |
| 15 | Public | Citizens | 122 | 26 |
| 16 | Multicultural | School | 122 | 7 |
| 17 | Union | Multicultural | 120 | 9 |

| 序号 | 词频<br>（二次检索） | 词频<br>（三次检索） | 文章数量 | 引用<br>次数 |
|------|------|------|------|------|
| 18 | Political | Cultural | 118 | 2 |
| 19 | Neoliberal | UNESCO | 115 | 22 |
| 20 | Students | Policy | 112 | 20 |
| 21 | National | Case | 109 | 4 |
| 22 | Higher | Active | 100 | 37 |
| 23 | Politics | Curriculum | 97 | 21 |
| 24 | Community | Civic | 90 | 5 |
| 25 | School | National | 88 | 35 |

研究核心词汇以"全球、世界以及公民、公民资格"为主。除普通教育中的"学习、学校、学生"，公民教育中的"主动"，还出现了政治学领域常见的"公共、政策、联合国教科文组织、欧盟"，社会学领域常见的"社会、民族、多元文化"，还包括"新、发展"等多学科常见词。对比两次检索结果，学者愈加关注学校、国际化、课程等微观层面的研究，越来越多地从理论探讨走向教学实践。

### （三）国外研究的热点和存在的问题

1. 世界公民教育的意义：人权保护与共同发展

第一，注重普适性的人权保护。以往各国公民的基本权利由民族国家保护即可，但在全球化时代，一个国家或区域共同体做出的促进本国和本地区发展的决定却有可能对其他国家和区域产生消极影响。英国利兹大学奥斯勒（Audrey Osler）教授指出："世界公民教育的特征包含了公民教育中的'当地、国家、区域（例如欧盟）、全球'四个维度。"[①] 这就需要涵养个人、区域、国家、全球四个层级的"世界公民意识"来保护普适性人权。根据联合国教科文组织前法律顾问卡雷尔·瓦萨克提出的"三

---

① Audrey Osler and Hugh Starkey, "Learning for Cosmopolitan Citizenship: Theoretical Debates and Young People's Experiences", *Educational Review*, Vol. 55, No. 3, November 2003, pp. 243 – 254.

代人权"理论，"第三代人权是对全球相互依存现象的回应，关乎普适性的人权。第三代人权以探讨关涉人类生存条件的集体'连带关系权利'，如和平权、民族自决权、发展权、人类共同遗产权、环境权等为主要内容，即所谓的集体人权，因为这些人权的实现只能'通过社会中所有参与者共同努力——包括个人、国家、公共机构和私营机构以及整个国际社会'"①。奥黛丽·奥斯勒认为："公民资格通常被政府机构视为重要身份（status），所有人包括无国籍者都有人权。认识到人类都享有人权也是教育对世界公民资格（cosmopolitan citizenship）支持的一项原则。"② 为了保护人类普遍拥有的权利如生存权、发展权等，除了民族国家，联合国安理会、国际法庭等全球共同体也承担了一部分职责。入江昭肯定"全球共同体主要关注'人类安全'（human security），也就是保障世界各地的人们免于环境伤害、免受人权暴行和各种歧视"③。美国明尼苏达大学教育学教授科根（John J. Cogan）等学者希望 21 世纪的公民应具备"敏于捍卫人权的能力"④。世界公民概念在义务方面强调构建普遍的人权制度，⑤如各种人权公约。沃克（George Walker）还乐观地认为："普遍需求一定会创造出普世价值。有一些并不难判断：联合国《世界人权宣言》向往着这样一个世界：在这个世界中，人人享有言论和信仰自由并免于恐惧和匮乏。"⑥

但发展中国家的学者对普适人权尚存质疑。印度哲学家桑迪普·瓦斯菜克认为：虽然有过关于利用"普世价值"，用那些被神圣地记录在《普世人权宣言》（*Universal Declaration of Human Rights*）中的种种原则来约束

---

① 王广辉：《比较宪法学》，武汉大学出版社 2010 年版，第 87—90 页。

② Audrey Osler, "itizenship and the Nation-State: Affinity, Identity and Belonging", *Globalization, the Nation-state and the Citizen: Dilemmas and Directions for Civics and Citizenship Education*, 2010, pp. 217 – 220.

③ ［美］入江昭：《全球共同体：国际组织在当代世界形成中的角色》，刘青等译，社会科学文献出版社 2009 年版，"译序"第 11—12 页。

④ John J. Cogan and Ray Derricott, *Citizenship for the 21ˢᵗ Century: An International Perspective on Education*, London: Kogan Page Limited, 1998, p. 97.

⑤ Engin F. Isin and Bryan S. Turner, *Handbook of Citizenship Studies*, London: Sage Publications, 2002, p. 324.

⑥ George Walker, *Educating the Global Citizen*, Suffolk: John Catt Educational Ltd, 2006, p. 95.

各人类社会的争论；可是，这些思考仍然是把民族国家当成是社会组织的首要形式。也就是说，迄今为止还从来没有存在过一种全球性的文明，或者一种全球性的共同体。这也就意味着，没有任何一种经验性的、实在的经历（empirical experience）能够被用来检测这个"作为世界的世界"概念。

第二，注重生态、环保的共同发展。保护人类的权利是为了共同发展，营造一个更加生态、环保的地球。世界未来协会（The World Future Council）表达的愿景就是：我们希望一个可持续、正义、和平的未来，在那里普遍的人权得到尊重。① 其创始人于克斯库尔（Jakob Von Uexkull）说："我们的新故事也需要包括后代的生活，我们的决定现在能影响地质学的时限。这个故事可以基于地球公民资格（earth citizenship），这是当前人类和道德的必要。我们的新故事将尊敬我们作为地球公民的价值，超过我们倾向作为全球消费者的价值。"世界未来协会指出，当前世界上一些人在决定关乎未来人类的关键问题上不再宽容，变得拖沓和不作为，导致长期严重广泛的自然环境破坏、威胁人类健康、破坏生态系统和物种的行动，这都是影响后代的罪行和破坏地球的行为，要受到法律的惩罚。②

2. 世界公民教育的实施：教师培训与课程改革

围绕世界公民教育，国际组织和一些国家开展了多元的教师培训与实践项目。联合国教科文组织、乐施会等国际组织开展了多样的实践活动和国际课程。西方多个国家开设了世界公民教育的相关课程。

但在实践中，教师在心理与精神上面对"国家认同与全球认同"的困扰，难以有效培养"世界公民"。教师教育未能赋予职前教师培养"世界公民"的心理基础。西方国家教师教育院校没有足够的师资来讲授和"世界公民"相关的国际性课程，在已实施的课程计划、教育内容等方面更是千差万别。要想开设包括"世界公民"视角的高级选修课，还需要更多详细可行的规划以及更多制度上的支持。尽管西方开展了多样的教师教育项目，但总体上来说，教师教育中关于世界公民的内

---

① http：//www. worldfuturecouncil. org. 2015 - 1 - 29。

② James R. Mancham, *Seychelles Global Citizen*: *The Autobiography of the Founding President of the Republic of Seychelles*, St. Paul: Paragon House, 2009, pp. 236 - 238.

容还不成体系。

3. 世界公民教育的维度：国家认同与世界认同

全球化带来了国家认同与世界认同的矛盾，世界公民教育思潮对这一问题给予了关注，但至今没有提出有效的解决办法。"在一个动荡和危机的时期，既有的生活方式受到威胁，差异性的他者明显存在时，自我会对自己的地位和价值产生强烈的感知，认同就成为了一个明显的问题。也正因如此，科伯纳·麦尔塞指出，只有面临危机，认同才成为问题。那时一向被认为固定不变、连贯稳定的东西被怀疑和不确定的经历取代。"[①] "世界公民并不是国家公民的一种供替代的选择，而是对加强世界范围内代议制和参与性民主坚实的补充，争取捍卫有关个人权利的社会民主公约，而不仅仅是财产权。换句话说，世界公民为国家公民增添了附加价值。国家公民的建构可以看作是未完成的事业。因此，世界公民的附加价值应从另一层次来支持公民资格形成中的转变，最终将公民教育转变为建立在全世界人民自由与平等原则的基础上"[②]。

在认同角度，可以说世界公民教育呈现三个方面的倾向。

第一，从国家角度培养世界公民（基于国家的世界公民教育）：主要是民族国家教育机构和教育者。

第二，从全球角度培养世界公民（基于全球的世界公民教育）：主要是国际组织和一些自诩为世界公民的社群、个人。国际组织包括联合国教科文组织、乐施会、战争儿童等，还包括巴哈伊教、日本创价学会等国际宗教组织及世界性宗教。

第三，兼顾国家与全球培养世界公民（兼顾国家与全球的世界公民教育）：主要是民族国家中世界认同重于国家认同的机构和公民。

三个倾向都难以回应"如何处理国家认同与世界认同的关系"这一核心问题。正是由于世界公民教育思潮对国家认同与世界认同两者的关系难以把握，德里克·希特便尝试分析其原因："如果世界主义

---

① 吴玉军：《现代性语境下的认同问题：对社群主义与自由主义论争的一种考察》，中国社会科学出版社 2012 年版，第 4 页。

② Carlos Alberto Torres, "Global Citizenship and Global Universities. The Age of Global Interdependence and Cosmopolitanism", *European Journal of Education*, Vol. 50, No. 3, September 2015.

的愿景没有深深打动人们的心理，原因最有可能在民族传统的强固力量和相比之下脆弱的全球情感纽带中找到。公民们需要共享某种共同体的感觉，而这种情感最有可能得到有效培育的方式是，生长和生活在一个社会之中，这个社会存在着明确的共同语言、文化、强烈的历史叙事和引人注目的神话故事。……问题在于，不存在这样一种类似的文化、历史和神话，它在空间范围上如此普遍，以至世界主义的认同感可以牢固地扎根其中。即使是在欧盟成员国之间强调共同的欧洲遗产——一种高度同质的文化因素——这样一种更加可行的努力，都只取得极为有限的成功。"①

4. 世界公民教育的载体：全球治理与世界政府

世界各国在政府治理问题上经历了"社会建设—国家治理—全球治理"的过程。各国对在全球化语境下加强全球治理有着广泛的共识，但这种共识的前提是国家利益不能受到侵犯或者只能做有限度的让步。在各国同意加强全球经济治理的同时，国际组织和部分学者在政治、法律、文化等领域，对全球公民社会和世界政府、世界联邦的建立提出了更多的要求，并通过宣传和教育项目、专题课程来实施。正如俞可平所说："今天，虽然仍有一些思想家支持一个世界政府，更多的人则关注从其他实体产生和支持下的制度化权威。一些学者强调，虽然全球化在很大程度上削弱了传统的国家主权，但主权国家的政府过去是全球治理的主角，将来也仍将是全球治理的主角。另一些学者则竭力主张建立一个超越各国政府之上的世界政府，像国民政府在国内行使主权功能一样，世界政府将在全球范围内行使主权职能。少数学者直截了当地指出，应当强化联合国对各成员国的强制性约束力量，逐渐将联合国改造成为世界政府。"②

但是，加拿大学者威尔·金利卡（Will Kymlicka）不看好世界政府的产生。他说："公民身份本身是一种群体差别观念。除非人们愿意接受唯一的世界政府，除非人们赞同国家之间完全开放边界，否则，基于公民身

---

① ［英］德里克·希特：《何谓公民身份》，郭忠华译，吉林出版集团有限责任公司2007年版，第154页。

② 俞可平：《民主与陀螺》，北京大学出版社2006年版，第90页。

份的权利和利益分配只能是根据人们的群体身份区别对待。"① 美国斯坦福大学教授诺丁斯（Nel Noddings）也指出：公民资格指被承认为某一特殊国家公民的人，拥有该国政府所规定的特别权利和义务。但"世界公民"资格却还不能如此形容。因为尚未有一个世界政府，让身为个人的我们去效忠，也没有国际法律来约束我们，除非我们的国家政府接受它们。因此，我们不能援引一般所熟悉的公民资格的技术定义，来帮助我们说明"世界公民"资格。② 美国普度大学的拉波波特（Anatoli Rapoport）也认为："世界公民"没有一个统一的定义，我们不能用从"公民"这一概念推演出的熟悉的定义来对"世界公民"界定，因为世界公民没有一个世界政府的联盟与之相对应，这一世界政府根本不存在。③

因为世界政府与世界联邦遥不可及，与世界公民教育思潮中较一致的观点是：当前世界公民教育的主要载体（实施主体）还是国际组织与民族国家。

5. 世界公民教育的普适性：西方式普适思想与多样文明

正如国外研究趋势中的图表所示，从论文作者、论文撰写语言、优势研究机构到研究国家，都是以西方发达国家为主导。这难免使一些学者尤其是发展中国家的学者对世界公民教育本身进行反思，探寻其背后是否以西方价值观为主导，是否适用于多样文明。一些学者更是运用依附论、世界体系理论、后殖民主义理论对此进行了批判，例如，霍米·巴巴就试图"伸张一种尊重文化差异、强调弱势文化在强势文化内部实行有效抵制的混杂化策略，其焦灼的目光最终落在一种不同文化互相交杂、不同民族彼此尊重相互依存的后殖民的世界主义上面"④。文化相对主义者也持有此观点："价值观只有在某一特定文化中才有意义。因此，所谓'绝对的文化中立价值观'的概念是自相矛盾的。由此断定，一种文化的价值体系

---

① ［加］威尔·金利卡，《多元文化的公民身份——一种自由主义的少数群体权利理论》，马莉、张昌耀译，中央民族大学出版社 2009 年版，第 179 页。

② Nel Noddings, *Educating Citizens for Global Awareness*, New York: Teachers College Press, 2005, p. 2.

③ Anatoli Rapoport, "A Forgotten Concept: Global Citizenship Education and State Social Studies Standards", *The Journal of Social Studies Research*, Vol. 33, No. 1, Spring 2009, pp. 91 – 112.

④ 生安锋：《霍米·巴巴的后殖民理论研究》，北京大学出版社 2011 年版，第 154 页。

不能被理性地认为绝对比另一种文化优越，因为没有一种文化中立的立场仅仅是从'异文化价值观可以理解'的哲学角度获得的，更不必说能容许基于绝对价值观的标准来公平地比较和理性地判断。"①

但还有一些西方学者坚持普适思想，对学校不谈论价值观以免文化引起争议的做法深恶痛绝。马特恩就坚信，这些价值"不论对于过去还是现在的公民来说都是普遍存在的"。比如说："每一种道德制度都十分看重诚实；每一种道德制度都教导人们尊重他人的权利，尊重这一种制度；实际上，地球上的每一个国家都提倡民主；每一种社会都看重人与人之间的尊重与仁爱。"② 这种对于世界公民教育是普适思想还是适用于多样文明的争论直到今天还是没有平息。

## 二　国内研究

### （一）总体特点

国内对世界公民教育的研究有五个特点：思想萌芽早，专门研究起步晚，研究未形成规模，研究问题模糊，研究内容重综述轻原创。

第一，思想萌芽早。有关思想可追溯至先秦时期，《礼记》中有对大同世界的描述："大道之行也，天下为公。"《论语》中有"和而不同"的表述。自西学东渐始，康有为、梁启超、孙中山等先贤大胆超越了狭隘民族主义，有关思想达到了世界主义的人类大同境界。当代教育家的很多教育思想与此一脉相承。顾明远先生提出"国际理解是国际和平的基础"，王逢贤先生提出创造性素质包含"为国家为人类立功、立德、立言"，鲁洁先生提出"教育应该培养走向世界历史的人"。第二，专门研究起步晚。在批判与简单译介后，较早将世界公民教育思想与我国教育结合的是2003年古人伏从德育角度论述的文章。第三，研究未形成规模。近年来，陆续出现了一些对世界公民教育思潮的梳理、国际组织推进世界

① George Walker, *Educating the Global Citizen*, Suffolk: John Catt Educational Ltd, 2006, p. 94.

② Jonietz. P. L. and Harris D. , *World Yearbook of Education 1991: International Schools and International Education*, London: Kgan Page, 1991.

公民教育的评述以及在中国开展世界公民教育的探讨，但整体上研究文献较少，且分析角度主要集中在国际理解教育、多元文化主义教育等。世界公民教育的研究并未独立作为专题研究列入学术刊物各类热点问题专栏，只是在"全球化、国际理解教育"等专栏中有所体现。虽有学者直接提出，培养世界公民是公民教育的一种新趋势。不过，对世界公民教育进行研究的学者整体数量太少，直接相关的文献少，被比较教育、公民教育等研究领域引用少，并未形成规模。第四，研究问题模糊。有一部分研究者指向的是"世界的公民教育"，并将其简称为"世界公民教育"，以至于从学术界到民众都没有普遍理解和接受这一概念。第五，研究内容重综述轻原创。多集中在境外理论和实践的分析和评判上，缺乏对我国世界公民教育实施现状和未来策略的研究。

### （二）基于数据库的研究趋势分析

一方面，在"中国知网、CSSCI、维普、万方检索"四大中文检索库中以"[（SU＝世界 or SU＝全球）and SU＝公民教育] or[（SU＝世界公民 or SU＝全球公民）and SU＝教育]"作为主题分别检索（检索时间：2015年12月20日），去重后为1085篇，通过Endnote软件对其中的518篇CSSCI论文进行了分析；另一方面，鉴于中国知网涵盖了学术期刊、学位论文、会议论文、重要报纸、学术辑刊等主要中文数据库，对非CSSCI论文的数据库进行了对比分析。综合两种检索结果，可以看到以下趋势。

1. 研究经历了由对"西方化"的批判到接受和本土化的过程

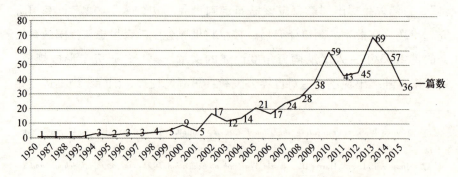

**图2.3  中国学者关于"世界公民教育"研究文章的篇数**

（1）批判期（1949—1978 年）

1950 年，我国首次译介了俄罗斯教育科学院高级科学研究员莫尔达夫斯卡亚撰写的文章《美国学校内的"世界公民教育"》，文章带有冷战时期强烈的意识形态色彩，指出美国开展的"世界公民教育"目的是以美国价值观统治世界。文章指出："自由和平的假面具是战后各学校公民科提纲的一个特点，这种假面具的作用是掩盖美国垄断者在经济和思想方面的侵略。提纲和附文中所论及的世界主义宣传——'世界各国合作'及'亲善的国际联系'等等，这种宣传的使命是掩盖美国垄断者在消除了它的竞争敌手法西斯国家（德、日、意）之后而要统治世界的企图。战后公民科新提纲的编者们，以对'狭隘民族主义'斗争为藉口，现正运用一切办法为美国垄断者侵略野心创建'理论'基础。作为一种教学科目的公民科，在这个场合起着重要的作用。"①

此后近 30 年，由于阶级斗争和意识形态等原因，与国际组织和西方国家倡导与推行世界公民教育相反，中国大力开展的社会主义建设和社会主义阵营推行的共产主义理想都没有跨出民族国家的范畴。这一时期，中国基本没有关于世界公民教育的研究与实践。

（2）译介期（1978—2000 年）

改革开放后，中国从经济发展的角度谈到了"世界公民"问题，"邓小平指出'中国作为世界公民还不够格'，中国与先进发达国家比，落后半个世纪。理论界的有识之士在忧心如焚地讨论中国的'球籍'问题"②，主要关注的是少数民族和贫困地区发展问题。整个 20 世纪 80 年代，中国教育界强调的是通过教育能卓有成效地培养出人才，在国际对抗和竞争中取得优势。"进入 80 年代，国际上缓和的趋势逐步在发展，但是缓和不是天下太平，不是没有对抗和竞争，大量的是经济竞争、市场竞争，也存在新形势下的政治斗争和作为力量的制造新式武器的竞争"③。1986 年，

① ［苏联］莫尔达夫斯卡亚：《美国学校内的"世界公民"教育》，《人民教育》1950 年第 5 期。

② 曾宪东：《愚昧型贫困论——中国少数民族地区贫困原因及治理办法之考察研究》，《社会科学家》1988 年第 6 期。

③ 叶立群：《课程改革的困惑和思考（下）》，《课程·教材·教法》1989 年第 7 期。

中国学者应邀前往日内瓦参加国际大学协会召开的"国际冲突和和平教育"的国际学术讨论会，介绍了大会议题之一是"大学如何通过对学生的教育使他们成为世界公民从而对世界和平作出贡献"①，但并未对此做出评价。

　　冷战结束后，中国学者开始陆续介绍国际组织和世界各国关于世界公民教育的实践情况。一方面是纯粹的介绍，例如德国开展的历史教学着眼于培养"世界公民或欧洲公民"。"历史教学是唤起学生社会意识、生活意识、实践意识与参与意识的重要途径，而不是培养历史学家与历史研究学家"②。中国学者1994年才开始引用介绍上海译文出版社1979年翻译出版的《学会生存》（联合国教科文组织1972年发布）一书，教育目的之一是"培养民主主义的促进者，承担社会义务的国家公民与世界公民"③。

　　另一方面还是坚持批判的态度。有学者介绍了新加坡世界公民教育的情况，但主要基于批判的角度，认为世界公民教育还是西方价值观的产物，当时新加坡75%是华人，"新加坡一小部分受英文教育者要全盘西化，提出'新加坡华人非华人'，应成为'世界公民'的论调。他们崇尚英美生活方式，认同西方价值观，宣扬'文化'"④。在这一时期，日本将接受英美式的国际化课程视为培养世界公民的一种方式。"在20世纪80年代的经济繁荣时期，日本引进了一种昂贵的新产品——西方式高等教育。美国的几十所大学和一所英国大学在日本的城市里建立了它们的分校。这些分校设立'国际研究'和英文课程，为学生们提供到美国和英国名牌大学留学的机会。其他国家的学生也被邀请到这些国际化的学校来读书，学生们在这儿受到终身教育，作为'世界公民'而生存。但至少有一半的分校不能吸引足够的学生来维持其生存。"⑤ 因此，这种国际课

---

①　钱荣堃：《莱蒙湖畔聚谈世界经济》，《群言》1987年第8期。

②　马庆发：《批判理论与闵斯特学派课程理论（下）》，《外国教育资料》1994年第3期。

③　周奇：《从"应然"到"实然"——试论教育目的的转化机制》，《温州师范学院学报》（哲学社会科学版）1994年第4期。

④　杨瑞文：《新加坡独立后华人民族精神与凝聚力异化的个案分析》，《哲学动态》1993年第3期。

⑤　周国辉：《西方大学在日本失去吸引力》，《世界教育信息》1994年第8期。

程在日本很快失去了吸引力。

此阶段，只有寥寥 20 余篇译介和批判的文章。但在 20 世纪末，对于世界公民教育的研究开始"解冻"："在下一世纪来临时，我们需要有创造力、锲而不舍、肯追根究底的人才。我们也需要有集体精神、随时随地学习新知、不断充实自我的新世界公民。"①

（3）融合期（2000 年至今）

伴随着全球化对中国的影响不断深入，世界公民教育进入了人们的视野。2001 年 12 月 11 日，中国成为 WTO 的第 143 个正式成员，融入全球的速度加快，培养熟悉国际贸易规则、掌握国际交流规范的世界公民逐渐被提上了日程。2002—2003 年，学界集中讨论了全球化及其对中国带来的影响。一些期刊开设专栏，集中讨论全球化背景中的教育改革和公民教育，如《比较教育研究》2002 年第一期出版了全球化与教育改革专刊，《外国教育研究》2002 年到 2004 年刊发了《经济全球化中的国家危机与教育》《顺应全球化：教师教育全球观的确立》《全球化与本土化视野下的比较教育研究范式之审视》《从文化全球化看世界一流大学的交往功能》《经济全球化视野下中国比较教育的发展取向》等与全球化相关的文章；《全球教育展望》2001 年到 2004 年刊发了 9 篇有关全球化教育的文章。

国家相关政策的颁布促进了有关研究的增多。相关论文自 2002 年之后快速增长，到 2010 年达到了第一个峰值，为 59 篇；2011 年、2012 年的短暂低谷后，2013 年达到了第二个峰值，为 69 篇。在 2006 年，中国共产党第十六届中央委员会第六次全体会议通过的《中共中央关于构建社会主义和谐社会若干重大问题的决定》既强调了公民责任又强调了公民权利。指出要"从各个层次扩大公民有序的政治参与……着眼于增强公民、企业、各种组织的社会责任"；2007 年，"公民意识"一词首次出现在中国共产党第十七次全国代表大会的报告中。2010 年《国家中长期教育改革和发展规划纲要（2010—2020 年）》指出：要"加强公民意识教育，……培养社会主义合格公民"；2012 年党的十八大报告根据我国经济社会发展实际，提出了"社会主义核心价值体系深入人心，公民文明

---

① 李远哲、朱桦：《新世纪的教育方向》，《世界教育信息》1997 年第 4 期。

素质和社会文明程度明显提高""扎实推进社会主义文化强国建设，全面提高公民道德素质"等公民教育新的要求。这些政策文件都使 2002 年后世界公民教育有关研究文章出现了较快的增长。

2002 年，北京师范大学学者翻译了西方学者关于公民教育的文章，[①]文章展示了加拿大和日本中学生怎样理解和想象"世界公民身份"的实验性研究的结果。但中国学者最早专门研究和介绍世界公民教育的依然是古人伏教授在 2003 年发表的文章。2004 年，古人伏教授与李荣安教授受香港乐施会资助开展的调研形成报告并公开出版，为国内最早的世界公民教育实证调研成果。[②]

2. 比较教育学刊物和教育学科成为刊载和研究的主体

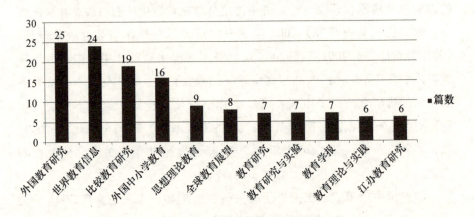

**图 2.4   发文 6 篇以上的刊物**

通过单独分析中国知网的来源数据库，由图《关注"世界公民教育"的主要学科及领域》可知，"教育理论与教育管理、高等教育、中等教育、成人教育与特殊教育"四个教育学所属学科构成了发文的主力，"思想政治教育"尽管属于马克思主义理论下的二级学科，却与教育学密切相关。

3. 期刊论文为主要研究来源，出现了专门研究的博士、硕士学位

---

① ［加］George H. W. Richardson, David Blades：《培养全球观：日、加学生对于世界公民责任问题的看法》，贾玉梅译，《比较教育研究》2002 年第 1 期。

② 李荣安主编：《世界公民教育：香港及上海中学状况调查研究》，乐施会 2004 年版。

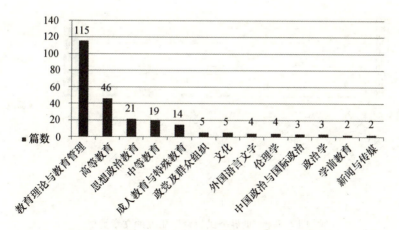

**图 2.5 关注"世界公民教育"的主要学科及领域**

论文

　　通过单独分析中国知网的来源数据库，由图《"世界公民教育"研究的文章类型》可知，相关研究期刊论文占据了大多数，为 182 篇，博士学位论文有 4 篇，主要是姜元涛的一篇《"世界公民"教育思想研究》，其他 3 篇在研究公民教育相关问题时提到了"世界公民教育"；硕士学位论文有 23 篇，包括《全球公民教育思潮研究》《全球公民教育在外语教育中的实践》《研究生的跨国体验及其全球公民身份发展》《中学生世界公民意识》《作为世界公民教育的中国外语教育》《全球化背景下我国青少年世界公民教育探析》《我国当代"世界公民"教育研究》《后世博时代的中学世界公民教育研究》《中等职业学校世界公民教育研究》等，但其余硕士论文就不与"世界公民教育"直接相关了。

　　4. 出现了一批研究世界公民教育的核心作者，未出现 H 指数居于核心的学者

　　中国学者对于世界公民教育大都有所涉猎，但整体上还未形成话语权，尚无将世界公民教育作为专门研究方向的学者，青年学者还未充分发声，产生重要影响。例如卢丽华、姜元涛两名青年教师，虽有多篇文章，但被引次数不高。在中国的"世界公民教育"研究领域，H 指数（文章源被引次数高）居于处于核心地位的学者还未形成。一些知名学者如冯建军、万明钢都是有所涉猎，但冯建军主要从思想政治教育，万明钢主要从多元文化教育和少数民族教育着眼。一些学者初期将"世界公民教育"

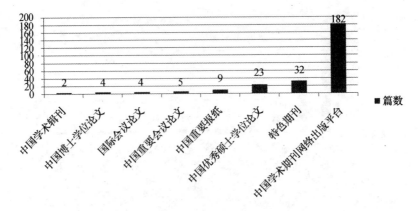

图 2.6 "世界公民教育" 研究的文章类型

作为一个研究方向，但写完相关文章后又转向了。这也导致当前世界公民教育研究热而不深的现状。目前，发文两篇以上的第一作者有冯建军、万明钢、古人伏、姜英敏、黄晓婷、卢丽华、陈以藏、陈明英、杨小翠、姜元涛、宋强。其中最高为冯建军的 9 篇，接下来是万明钢的 3 篇，两位学者都仅有 1 篇专门论述世界公民教育。

5. 已形成了若干专门研究机构，但还处于译介、探讨的阶段，没有在国际上的原创性发声

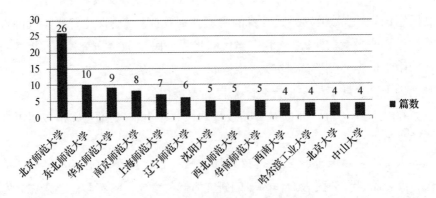

图 2.7 发文 4 篇以上的研究机构

总体来看，我国师范类大学对于世界公民教育的研究居于主导。具体来说，北京师范大学姜英敏副教授承担了教育部人文社会科学重点研究基地重大课题"国际组织及世界部分国家'全球公民'教育模式的比较研

究"（11JJD880012），主要从国际理解教育的角度来研究，杨小翠、陈明英等均为姜英敏副教授团队成员，此外，李钰洁、王璐及其博士生也围绕"全球公民"教育发表了多篇文章；东北师范大学依托公民与道德教育研究所和教育部人文社会科学研究项目"国外公民意识教育研究"，主要由饶从满教授及陈以藏、宋强等研究生撰写了多篇文章。此外，杨秀玉等教师也发表了相关文章；辽宁师范大学张桂春教授近年在研究公民教育和当代国际教育思潮时关注了世界公民教育，因此，张桂春教授及其博士生卢丽华、姜元涛、芦雷等撰写了多篇相关文章。

综观其他高校，华东师范大学只有课程与教学研究所的高振宇对世界公民教育进行了译介和原创性研究；南京师范大学只有冯建军及其硕士生刘启红围绕"全球公民社会与全球公民教育"进行了专题研究；上海师范大学并未形成一个稳定的研究领域，在古人伏教授首先介绍世界公民教育之后，一直到2012年才有陈洁撰写了一篇相关硕士论文；西北师范大学的万明钢教授2005年曾关注过"多元文化背景中的全球教育与世界公民培养"，滕志妍副教授在《上海教育》简要介绍过"全球公民"教育。除此之外，检索到的大多数文章都是在主题中提到世界公民教育，但并不是进行专门的介绍和分析。

因此，国内研究世界公民教育较集中的机构主要是北京师范大学、东北师范大学和辽宁师范大学。由于辽宁师范大学2012年以后未有新发表的文章，东北师范大学发表相关文章呈不规则点状分布，当前较稳定研究世界公民教育的机构是北京师范大学。

### （三）国内研究的热点和存在的问题

从研究的核心问题来看，在世界认同与国家认同的关系，世界公民教育的操作实施等方面还未有人做深入研究与论证。尚未明确梳理世界公民资格观和世界公民教育观。

从研究内容来看，尽管对世界公民教育思潮的研究贴近"全球化、国际理解教育、多元文化教育"等教育研究热点，但整体是零散的、多元的，学者主要结合各自的研究领域和兴趣点进行涉猎式的研究。译介类的主要介绍世界公民教育是什么和国际组织、世界各国开展的教育实践；比较类的探索在中国开展世界公民教育的政策、制度和文化心理准备；实践类的宣称已开展的实验教学和国际课程就是在培养"世界公民",但内容却大多属于国际理解教育范畴。即便如陈以藏、姜元涛等以"全球公民教育思潮""世界公民教育思想"作为学位论文主题的作者,在工作后也没有继续相关的研究。国内学界对世界公民教育思潮的产生、发展和走向尚缺乏系统的研究。

从研究的原创性来看,东北师范大学、辽宁师范大学已有文章主要参考了英语国家的一手资料,进行译介和分析;北京师范大学的研究中运用了大量日本和韩国的一手资料,在东亚国家的"全球公民"教育方面产出了多篇文章。中国香港学者李荣安教授创立了亚洲公民观,系统梳理了西方公民观中从古典公民观到超国家公民(supra-national citizenship)与地域性公民观再到世界公民观的过程。概括了此过程中,亚洲文化独特的"天人合一,顺应自然"的世界公民精神面貌和境界。除了一些机构和作者的较高水平文章外,当前许多作者是从翻译后的中文著作以及已发表的相关期刊论文中提取信息进行相关文章的撰写。

从国际影响力来看,在 Web of Science、Scopus 两大数据库中基本没有中国大陆学者发表的相关主题的 SSCI 论文。只有中国香港学者李荣安(WING ON LEE)和罗永华(Wing-Wah Law)发文较多;用汉语撰写的文章只有两篇且没有被引用过;论文撰写国家中中国排名第 8 位,尽管作者国籍为中国的文章已经达到 29 篇,排名靠前,但总体来看,中国内地的文章较少,主要由中国香港学者撰写,或是与国外学者合作撰写,中国学者位列第二或第三位。发文机构中香港大学排名第 8 位,香港中文大学排名第 38 位,香港教育学院排名第 56 位,前 100 位机构中无中国大陆高校。

综上说明,中国对世界公民教育思潮的研究还处于译介、探讨的阶段,尚未形成中国特色的话语体系,在国际学界上发声。

# 第 三 章

## 世界公民教育思潮的历史发展

梁启超以"时代思潮"为主轴来喻示思潮的流变,划分为启蒙期、全盛期、蜕分期、衰落期。梁启超认为,无论在哪个国家哪个时代,思潮的发展变迁"多循斯轨"。

启蒙期。旧思潮经全盛之后,如果之极熟而致烂,如血之凝固而成瘀,则反动不得不起。反动者,凡以求建设新思潮也。然建设必先之以破坏,故此期之重要人物,其精力皆用于破坏,而建设盖有所未遑。所谓未遑者,非阁置之谓。其建设之主要精神,在此期间必已孕育,如史家所谓"开国规模"者然。虽然,其条理未确立,其研究方法正在间错试验中,弃取未定,故此期之著作,恒驳而不纯,但在淆乱粗糙之中,自有一种元气淋漓之象。此启蒙期之特色也,当佛说所谓"生"相。

全盛期。破坏事业已告终,旧思潮屏息伏慑,不复能抗颜行,更无须攻击防卫以糜精力。而经前期酝酿培灌之结果,思想内容,日以充实;研究方法,亦日以精密。门户堂奥,次第建树,继长增高,"宗庙之美,百官之富",粲然矣。一世才智之士,以此为好尚,相与淬厉精进;阘冗者犹希声附和,以不获厕于其林为耻。

蜕分期。境界国土,为前期人士开辟殆尽,然学者之聪明才力,终不能无所用也。只得取局部问题,为"窄而深"的研究,或取其研究方法,应用之于别方面,于是派中小派出焉。而其时之环境,必有以异乎前。晚出之派,进取气较盛,易与环境顺应，故往往以附庸蔚为大国，则新衍之别派与旧传之正统派成对峙之形势，或且骎骎乎夺其席。

衰落期。凡一学派当全盛之后，社会中希附末光者日众，陈陈相因，固已可厌。其时此派中精要之义，则先辈已浚发无余，承其流者，不过掇摭末节以弄诡辩。且支派分裂，排轧随之，益自暴露其缺点。环境既已变易，社会需要，别转一方向，而犹欲以全盛期之权威临之，则稍有志者必不乐受，而豪杰之士，欲创新必先推旧，遂以彼为破坏之目标。于是入于第二思潮之启蒙期，而此思潮遂告终焉。①

参考梁启超对思潮流变的论述，综合徐辉、吴仁华、毕红梅、唐爱民等人思潮论著②中对思潮演进和发展的划分，本研究将世界公民教育思想的演进概括为"三期七段式"。"三期"为萌芽期、初创期、快速发展期，三期下又细分为"道德普世主义""宗教普世主义""政治普世主义""前经济普世主义""文化普世主义""经济普世主义""数字普世主义"

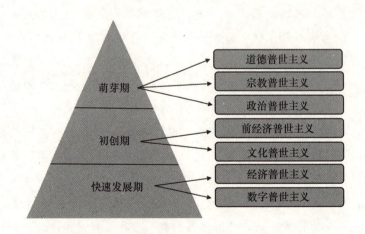

图 3.1　世界公民教育思想演进的"三期七段式"

---

① 梁启超：《清代学术概论》，中华书局 1954 年版，第 6—7 页。
② 思潮论著分别为徐辉的《现代外国教育思潮研究》、吴仁华的《社会思潮十讲：青年师生读本》、毕红梅的《当代西方思潮与思想教育》、唐爱民的《当代西方教育思潮》。

七个阶段。本研究中的"普世主义"淡化意识形态色彩，主要强调普遍的事实或广为传播的能够被认知和理解的思想和理念。划分依据是相对的：每个阶段以最有代表性的时代特征和思想特征命名，不同阶段思想又有交叉、融合，一个阶段又有其他阶段主要思想的继承、延续和穿越。

# 一 萌芽期（公元前 4 世纪—1945 年）

在世界公民教育思想被正式提出之前，思想家们所阐释的主要是"世界公民"思想，尽管在"道德普世主义"阶段"世界主义"思想兴盛，但理论尚不成体系，主要分散在思想家的只言片语中，且难以在实践中运行，更难以开展系统的世界公民教育。但是，这些思想为世界公民教育思想的产生和发展提供了肥沃的土壤，因此这一时期是"世界公民教育思想"发展的萌芽期。德里克·希特认为这些思想对国际联盟、联合国、联合国教科文组织的建立起到了奠基作用。在此期间，世界公民思想经历了"道德普世主义"（第欧根尼、斯多葛学派）、"宗教普世主义"（圣保禄、普罗提诺、奥古斯丁、但丁、伊拉斯谟、夸美纽斯）再到"政治普世主义"（空想社会主义者、维兰德、伏尔泰、康德、费希特、马克思、恩格斯）的发展过程。

## （一）"道德普世主义"阶段（公元前 4 世纪—476 年）——"世界公民"的提出与世界主义的兴盛

世界公民理念产生于奴隶制社会。在结束了原始社会集体所有制的时代之后，奴隶制社会的特点是：不同国家及邦国、城邦之间通过战争掠夺奴隶及生产资料，以满足上层阶级的需要。但是除了奴隶主和奴隶之外，在东西方奴隶制社会都存在自由民、平民以及所谓的"公民"阶层，这一阶层渴望结束战争、休养生息、安居乐业的愿望比较强烈。因此他们希望通过国家、公民间的正常交流沟通来避免冲突和矛盾。从构成"世界公民"理念的来源来看，古希腊的世界主义文化传统、非洲的乌班图①、

_____

① 乌班图（Ubuntu）是南非的一种民族观念，着眼于人们之间的忠诚和联系。其精神的大意是"天下共享的信念，连接起每个人"。

印度教的"天下一家"、儒家的"大同世界"理念与学说等都提供了有益的准则。古希腊思想家较系统地阐发了"世界公民"思想，并开展了一系列教育实践。"世界主义在公元前 4 世纪的学界、官方和民间风行一时，并且成为早期基督教的沃土"①。"世界公民"最早是由古希腊犬儒哲学的创始人第欧根尼（Diogenēs，约公元前 412—前 324，古希腊思想家）提出，第欧根尼所说的"kosmou polites"就是我们今天所说的"世界公民"（cosmopolitan）。在第欧根尼前后，"古希腊三杰"苏格拉底、柏拉图、亚里士多德的公民教育思想中也有对古希腊世界及各城邦止战、和平、包容、美德共有等世界主义思想的零星论述。其后，斯多葛学派及一些思想家主要从哲学或文学的角度来谈及"世界公民"，主张建立美德与智慧相结合的世界国家。"道德""美德"成为这一时期思想家论述的核心词，而道德能超越国家与城邦的界限为人类共有，故称此阶段为"道德普世主义"。

斯多葛学派（The Stoics）于公元前 310 年由芝诺创立，该学派系统提出了世界主义的思想，要求超越民族国家的地域界限来思考人的权利。他们认为自然法赋予每个人的理性是相同的，人为地划分不同的等级和国家是违反自然法的。应该废除国家的界限，消除等级的差异，组成一个共同的社会，即"世界国家"。"斯多葛派那种更为坚定、更有创造性的世界主义不久就压服了犬儒主义那种模糊的、浪漫的尚古主义。"②

第欧根尼

①　郭台辉：《公民身份研究新思维——评 Citizenship The Civic Ideal in World History，Politics and Education》，《公共行政评论》2011 年第 1 期。

②　［英］德里克·希特：《公民身份——世界史、政治学与教育学中的公民理想》，郭台辉、余慧元译，吉林出版集团有限责任公司 2010 年版。

芝诺

　　斯多葛学派的早期代表人物为芝诺和克利希波斯，中期为西塞罗，晚期为罗马皇帝马可·奥勒留。芝诺（Zeno，公元前333—前261，古希腊斯多葛学派早期代表人物）主张树立一种超越单一种族和国家的世界主义观念，实行一种统一法律即人类共同法，也就是自然理性、宇宙理性，信奉同一个神。在他设想的世界邦国内，每个人都是人类大家庭中的一员，人人如同兄弟，人人都有善良的愿望，所有的世界公民皆应平等。"人是种族的一员，具有到处大致相同的人类本性"①。芝诺的世界主义思想与罗马人创造世界帝国的政治追求相吻合。

　　克利希波斯（Chrysippus，公元前280—前206）提出"世界是统一的"公民学说，认为世界国家的普遍性不在于包括全人类，而在于它是

克利希波斯

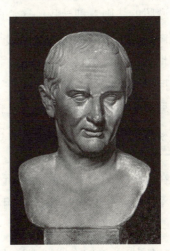

西塞罗

① 北京大学哲学系、外国哲学史教研室：《西方哲学原著选读》（上卷），商务印书馆1982年版，第180页。

由神与无论身居何处的智慧的人构成；它的特点不在于幅员广大，而在于完全是另一种类型的社会，这样的社会是美德与智慧的结合……作为社会生活和社会政治制度的奴隶制是不合理的，因为它与人的世界公民资格相抵触。①

马可·奥勒留

西塞罗（Marcus Tullius Cicero，公元前 106—前 43）首创"责任公民"学说，强调人类的协作。"在所有的灾难中最具毁灭性的是人对人的伤害，比如战争或革命等……人是最能帮助人的，但同时又是最伤害人的。值得庆幸的是，我们的社会还存在着各种美德，它能够驯服我们的心，使我们彼此心存诚善和互助之心。"②

马可·奥勒留（Marcus Aurelius Antoninus Augustus，121—180）曾经在其极具特色的三段论法中展示了普世性自然法的存在及其与"世界公民"之间的关系。"人类的理性也一定存在着共性，由理性而产生的人类共同遵照的法则，训导我们这些同属于一类的人类公民，什么该做，什么不该做。也正因为有了这共同的基础，我们可以组建一个政治共同体，全世界也就可以组建成一个国家，我们每一个人都是这个共同体的成员，而非各自为政。这个政治共同体，又培养了人类所共享的理智行事的能力、推理思辨的能力和依照法则来治理社会的能力……教育人的目的，实际上也都是为了能使他们自觉遵照宇宙法则做事，实现自己作为人，作为宇宙世间一分子的价值"③。

在世界主义的兴盛时期进行世界公民教育似乎不是一件难事，德里克·希特说："至于古典时代的年轻人准备晋升世界公民身份的地位，很

---

① 秦树理等：《西方公民学说史》，人民出版社 2012 年版，第 137—138 页。

② ［古罗马］西塞罗：《友谊责任论》，林蔚真译，光明日报出版社 2006 年版，第 151—152 页。

③ ［古罗马］马可·奥勒留：《沉思录》，王邵励译，北京出版社 2009 年版，第 31—32 页、第 69 页。

少有证据表明他们能够给予任何真正深入的思考。实际上并不要做出决定性的努力，就可以把年轻人从早期就教育成为世界公民……在亚历山大大帝那个时代，世界主义的政治观念和实践是非常具有说服力的，以至于即使不反映到教育中也同样引人注目。学园和文献资料都的确明显是国际化的，尤其是通过希腊这种'共同语言'的传播，把这种世界主义观传递到地中海和西亚许多地方。"①

### （二）"宗教普世主义"阶段（476 年—16 世纪）——由"宗教世界的公民"向"世界公民教育"过渡

该时期从欧洲进入中世纪到资本主义兴起。在漫长的封建专制时代，"公民"概念被"子民""臣民"（都译为 subject）所取代。神学构成这一时期思想家关于世界公民学说的基础，宗教普世主义成为主流。

圣保禄（Sanctus Paulus，5—67，早期基督教领袖之一）、普罗提诺（Plotinus，205—270，新柏拉图主义奠基人）、奥古斯丁（Aurelius Augustinus，354—430）等人都主要是从神学的角度来阐明世界公民理念。该思想虽然美好，但笼罩着浓厚的神秘色彩。作为最有影响力的早期基督教传教士，圣保禄的观点是："世界上既没有犹太人也没有希腊人，既没有奴隶也没有自由民，既没有男人也没有女人，在耶稣的眼里，你们都是同样的人。"② 普罗提诺指出："宇宙灵魂，是我们这个世界的主导原则。至于具体个人的灵魂和具体万事万物，又是本体进一步漫溢的结果。"奥古斯丁心中的"上帝之城"中的各国公民都是为了世俗和平的同一目的。纵观整个中世纪，无论是普罗提诺的"太一说"还是奥古斯丁的"光照说"，都充分地体现了用整体视角看世界的历史意识。然而，将神性与理性相融合、将唯实论与唯名论相转换的标志性人物则是但丁。

---

① ［英］德里克·希特：《公民身份——世界史、政治学与教育学中的公民理想》，郭台辉、余慧元译，吉林出版集团有限责任公司 2010 年版，第 21 页。

② Kwame Anthony Appiah, *Cosmopolitanism：Ethics in a World of Strangers——Issues of Our Time*, New York：Norton Paperback, 2007, p. 5.

普罗提诺　　　　　　　　　　　　　圣保禄

在中世纪晚期，但丁（Dante Alighieri，1265—1321，欧洲文艺复兴时代的开拓人物之一）在神学的基础上提出了建立世界帝国的设想。对但丁而言，教会和"地上之城"都可以是"上帝之城"在人间的准备。"但丁关于人类社会在单一权威统治下最为理想的观念，也恰恰与柏拉图《理想国》及亚里士多德《政治学》中以君主制为理想政体的观念有所契合。但在柏拉图与亚里士多德的世界里，人类共同体的理想规模是以家庭和公民间的友谊为基础的城邦，城邦生活的基础是公民的分工劳作，但丁却借助奥古斯丁的'自由意志'学说，以对基督的无差别信仰取消了古典政治哲学中的分工论，同时以奥古斯丁'救赎历史'的总体视野，将亚里士多德式的城邦扩大到了整个人类世界"①。但丁指出，"全人类文明的普遍一致的目的是全面地、不断地发展人的智力，使人类在一切学科和艺术方面有所作为，有所创新。要实现这一目的，需要世界和平，而要实现世界和平，就必须建立一个统一的君主国家。只有在这样的世界帝国里，才能解决世上所有的国家之间的纷争，实现和平与正义的统治，充分发挥人的智能，使其过上幸福的生活"②。但丁的公民学说对于推动以推崇人的个性解放为核心的人文主义公民思想的发展，起到了理论先驱作用。

_____

① 朱振宇：《但丁的"世界帝国"理念——古典政治哲学的再现与新生》，《中国社会科学报》2015年10月28日第3版。

② ［意］但丁：《论世界帝国》，朱虹译，商务印书馆2007年版，第92—93页。

伊拉斯谟　　　　　　　　　　　　但丁

在但丁之后，作为 16 世纪初欧洲人文主义运动的主要代表人物，荷兰的伊拉斯谟（Desiderius Erasmus，约 1466—1536）花费毕生精力致力于促进不同文化、不同语言的人与人之间的相互理解。伊拉斯谟承认没有狭隘的公民忠诚，一种共同的语言——拉丁语、一个共同的教会、一种同质的文化以及永久的和平构成伊拉斯谟的社会理想。

夸美纽斯（Comenius，Johann Amos，1592—1670，西方近代教育理论的奠基者）希望同时改进教育和宗教，他是最早将"世界公民"与学校"教育"相结合的思想家。一方面，他号召"把一切知识教给一切人"，主张通过教育使人获得和谐发展，希望通过教育改良社会，实现教派和民族的平等。并试图通过教育实验来实现"泛智教育"和"泛智学校"的理想。他全面地论述了改革中世纪旧教育、建立资本主义新教育的主张，提出了一套完整的教育理论体系。另一方面，为了

夸美纽斯

改进宗教事务，他主张各国教会在基督教基本教义的基础上达成协议，成立"世界宗教法庭"，消弭教派纷争。为了改进政治事务，他建议组成一个处理国际政治事务的最高机构——"世界元老院"，以制止战争，保卫公共幸福。夸美纽斯呼吁全世界一切民族，在讨论国际关系时，应宣传宗教宽容思想。夸美纽斯在1643年这样写道："现在需要迅速医治毁灭人类和驱使人们相互残杀的残暴行为，我们知道，只要人间还存在相互残杀的阴谋，毁灭人类的战争火焰就不会熄灭，战争要把全人类和宇宙焚毁。所以，人类要想生存，世界要想稳定，培养世界统一的思想是必不可少的。"①

在此时期，道德普世主义蜕变为神和上帝监督与控制人的心灵，创造道德法则，世界主义思想逐渐衰落。正如德里克·希特所批判的那样："如果但丁梦想的是一个世界性政府，那么他就不可能想象到一种世界性的公民身份。因为在他的框架中没有为个人参与留下任何空间。"②

### （三）"政治普世主义"阶段（16世纪—1945年）——源于社会契约理论的近代公民观念诞生与"世界公民"政治诉求的明晰化过程

政治普世主义阶段的重要特征是：一方面，源于社会契约理论的近代公民观念诞生，资产阶级推行资本主义的自由、民主、平等的理念，民主制度得以普及和在民族国家中成为可能；另一方面，社会主义的尊重公民诉求、和谐相处、共生共进等理念也期望通过政治制度得以实行。作为与政治紧密结合的现代公民资格理论开始孕育、诞生并发展。

这一时期的公民观念与古希腊时期的公民观念不同。西方近代公民观念源于社会契约理论。社会契约理论认为国家是平等独立的个人的集合，公民权是受法律保障的个人权利。但希腊公民是城邦中的居民，并没有与城邦分离的意识和要求。在希腊人心中，"公民资格不是拥有什么，而是

---

① ［美］约翰·S.布鲁柏克：《教育问题史》，吴元训主译，安徽教育出版社1991年版，第73页。

② ［英］德里克·希特：《公民身份——世界史、政治学与教育学中的公民理想》，郭台辉、余慧元译，吉林出版集团有限责任公司2010年版，第22页。

分享什么。这很像是处于一个家庭成员的地位"①。"权利概念形成于罗马私法，希腊人还没有权利观念，他们的所谓公民权只是指公民资格或身份而言，还不是一种个人权利，而是一种特权。希腊公民身份是作为一种特权存在的。它以排斥其他人，甚至以对他人的奴役为前提。公民观念一方面强调公民内部的平等和对公共事务的参与，另一方面又承认对无公民权者的歧视和压迫，两者完全缠结在一起"②。随着公民观念的发展，公民资格中逐渐包括了法律权利、政治权利和社会权利，"自由、民主、平等，享有政治、参与政治"的理念逐渐深入人心。

16 世纪前后，资本主义兴起，并随后逐渐成为欧美国家的政治制度和经济体制，自此一直到 20 世纪，"世界公民教育"思想带有强烈的资本主义色彩。1648 年欧洲各国签订了欧洲中世纪与近代史时期之交的第一个多边条约——《威斯特伐利亚和约》，民族国家开始登上历史舞台，国家之上不再有任何权威，曾经一统天下的神权世界已经无可避免地趋于瓦解，宗教普世主义的时代彻底结束。荷兰在 16 世纪末，英国在 17 世纪中叶，法国在 18 世纪末，德国及其他一些国家在 19 世纪中叶，先后爆发资产阶级革命，变革了封建制度，从而为资本主义生产方式取代封建的生产方式扫清了道路。欧美国家在世俗化、市民化过程中，社会各方面产生了剧烈的变革。面对这一趋势，各国为了培养新型的国民，巩固新的社会制度，开始重视对未来一代的国民进行具有资产阶级思想倾向的公民教育，将公民教育作为核心内容。

19 世纪马克思完成了社会主义从空想到科学的发展，20 世纪初第一个社会主义国家苏联诞生及国际共产主义运动，在思想体系和政治制度上对资本主义式的"政治普世主义"提出了挑战。此时期民族主义与世界主义的思想不断碰撞。战争和革命催生了"公民"与"世界主义"的结合，"世界公民"的思想和政治诉求逐渐清晰。

1. 空想的国家——"空想社会主义"的世界公民思想

对美好社会的向往一直是人类想象的动力，文艺复兴、宗教改革与启蒙运动三大思想解放运动为思想先驱展开理想社会的构思奠定了基础。此

---

① ［美］萨拜因：《政治学说史（下）》，刘山译，商务印书馆 1986 年版，第 25 页。
② 王琪：《美国青少年公民教育理论与实践研究》，北京理工大学出版社 2011 年版，第 3 页。

康帕内拉

莫尔

间，自莫尔（St. Thomas More，1478—1535，欧洲空想社会主义的创始人）开始，空想社会主义者们以文学为载体，基于犹太—基督教想象，描绘了空想的国家（乌托邦）中的政治、经济和生活方式。按照莫尔的本意，其《乌托邦》在某些方面是柏拉图《理想国》的延伸，指向一个政治清明、社会平等、民众乐业、道德崇高的岛国社会。莫尔描写了"乌托邦"这一虚构岛国的社会基础是财产公有制，公民在经济、政治权利方面平等。康帕内拉（Tommas Campanella，1568—1639，意大利文艺复兴时期的空想社会主义者）的《太阳城》描绘了一个根本不同于当时西欧各国社会的新型理想社会。在这个社会里，没有剥削，没有私有财产，人人劳动，产品按需分配。巴尔赞（Jacques Barzun，1907—2012）在分析《乌托邦》《太阳城》《大西岛》（作者培根，Francis Bacon，1561—1626，英国唯物主义哲学家）三部乌托邦著作后指出："关于青年人教育的观点是500年来人民不断重

培根

复提出的，即学校教的应该是事物，而不是词语，教学方法必须循循善诱。康帕内拉认为城市的设计应体现出所有艺术和科学的成就，创造一个有利于教学、接近自然的环境。早期的乌托邦文学又是一种渴望文学。在每况愈下的 15 世纪和之后长达 150 年之久的教派间战争中，乌托邦以其特有的方式表达了西方对于统一的热情。"①

其后又涌现了安德里亚（Andrea Kemmerling，1586—1654）的《基督城》、哈林顿（James Harrington，1611—1677）的《大洋国》、莫理斯（William Morris，1834—1896）的《乌有乡消息》等乌托邦作品。这些作品"要么和航海旅行、漫游探险有关，借助空间的发现把梦想带入现实；要么和人类发展进步有关，憧憬不断完善的人性可以在未来把乌托邦变成现实"②。尽管没有乌托邦著作系统的描写和论述，但从拉伯雷（Francois Rabelais，1495—1553）、蒙田（Michel Eyquem de Montaigne，1533—1592）、莎士比亚（William Shakespeare，1564—1616）、斯威夫特（Jonathan Swift，1667—1745）和其他人的作品中，都可以看到对完美世界与该世界中人们率性生活的描述。

2. 代议制政府和世界联邦——世界主义理想的再次萌发

伏尔泰

18 世纪末，世界主义理想的再次萌发对这个时期的世界公民教育思想起到了一定程度的推动作用。正如德里克·希特所说："在文艺复兴和启蒙运动的复古浪潮中，这种世界主义的道德价值理念再度得到复兴。18 世纪的作家和知识分子——如伏尔泰、富兰克林和潘恩等人——以拥有'世界公民'的称号而感到自豪。1788 年，维兰德（Christoph Martin Wieland，1733—1813）说：'世界主义……认为，地球上的所有民族，

---

① ［美］雅克·巴尔赞：《从黎明到衰落：西方文化生活五百年，1500 年至今》，林华译，中信出版社 2013 年版，第 131—136 页。

② 吕超：《从"乌托邦"到"异托邦"》，《中国社会科学报》2013 年 12 月 27 日 B01 版。

都是单一家庭的众多分枝，整个宇宙就是一个国家，其中有着难以计数的理性人士，他们都是同样的公民；他们在相同的自然规律指引之下，共同为创造一个完美世界努力，与此同时，他们也以各自方式为其自身福祉而忙碌'。"① 伏尔泰（Voltaire，1694—1778，法国启蒙时代思想家、哲学家、文学家）曾经雄辩地证明，我们每个人都有义务理解与我们共同生活在这个星球上的人们，明确地将这一义务与全球经济的相互依存联系起来。"我们食用他们土地上生长的食物，穿着他们纺织的衣服，赏玩他们发明的游戏，甚至还受到他们祖先道德寓言的教诲，我们为什么不去理解这些国家的思想？……在任何地点，在任何时代，为公益作出最大牺牲的人，都是人们称为最道德的人"②。

德国哲学家费希特（Johann Gottlieb Fichte，1762—1814，德国古典主义哲学的主要代表人之一）较早谈及了民族认同与世界认同、全球主义与爱国主义平衡的问题："没有爱国主义的全球主义是冷酷的、无用的和荒诞的；没有全球主义的爱国主义是狭隘的和自私的。"③ 全球主义发展的高峰最终由德国哲学家、思想家康德（Immanuel Kant，1724—1804，德国古典哲学创始人）缔造。他基于对欧洲宗教战争、法国大革命以及共和政体的思考，在《论永久和平》《世界公民观点之下的普遍历史观念》等论述中建构了世界公民主义理论，提出了和平与国际合作的观点。"世界公民法权应当被限制在普遍友善的条件上。……既然如今在地球各民族间一度普遍剧增的（或较狭隘或较广泛的）联系已达到如此程度，以至于在地球的一个地方对法权的侵害被所有民族都感觉得到，所以，一种世界公民法权的理念就不是一种幻想的和夸张的表象方式"④。康德认为代议制政府和世界联邦最终必将形成，"尽管这一国家共同体目前还只是处在很粗糙的轮廓里，可是每个成员却好像都已经受到一种感觉的震

---

① [英] 德里克·希特：《何谓公民身份》，郭忠华译，吉林出版集团有限责任公司2007年版，第137页。

② 转引自 Kwame Anthony Appiah, *Cosmopolitanism: Ethics in a World of Strangers——Issues of Our Time*, New York: Norton Paperback, 2007, pp. 6-7。

③ Derek Heater, *A History of Education for Citizenship*, London: Routledge Chapman & Hall, 2004, p. 194.

④ 李秋零主编：《康德著作全集》（第8卷），中国人民大学出版社2010年版，第366页。

动，即他们每一个都依存于整体的保全；这就使人可以希望，在经过许多次改造性的革命之后，大自然以之为最高目标的东西，那就是作为一个基地而使人类物种的全部原始秉赋都将在它那里面得到发展的一种普遍的世界公民状态，终将有朝一日会成为现实"①。

费希特　　　　　　　　　　康德

托马斯·潘恩（Thomas Paine，1737—1809，英裔美国思想家、激进民主主义者）喜欢世界公民的理想，他在《人权》中宣称："我把任何事物都视为它本来的样子，无关乎位置和人；我的国家是世界，我的宗教就是从善……我是以一个不服从于任何国王的世界公民而写作的。我在早年丧失了祖国，但已经换回了一个整体世界。"②启蒙运动时期的许多西方思想家都像潘恩和席勒一样，不但真切地感受到自己是一个世界公民，自由运用这个术语，而且有人也把世界公民视为与理想相一致的行动职责。"比较教育学之父"朱利安（Marc-Antoine Jullien，1775—1848，比较教育学创始人）在1817年提议实施名副其实的"夸美纽斯方案"（A Veritable Comenian scheme），提倡在教育者之间相互理解，以此作为增进和平的一

_____

① ［德］康德：《历史理性批判文集》，何兆武译，商务印书馆1996年版，第18页。

② ［英］德里克·希特：《公民身份——世界史、政治学与教育学中的公民理想》，郭台辉、余慧元译，吉林出版集团有限责任公司2010年版，第84页。

种手段。①

托马斯·潘恩　　　　　　　　　朱利安

　　需要说明的是，由于这一时期民族主义的强大和殖民主义的热潮，世界主义和世界公民教育思想无法在各国平等地付诸实践，因此作为当时的一种社会思潮，萌发却没有复兴。

　　3. "自由发展联合体"——社会主义的世界公民思想

　　马克思（Karl Heinrich Marx，1818—1883）和恩格斯（Friedrich Von Engels，1820—1895）提出了无产阶级的公民民主思想。《共产党宣言》指出："代替那存在着阶级和阶级对立的资产阶级旧社会的，将是这样一个联合体，在那里，每个人的自由发展是一切人的自由发展的条件。"

　　恩格斯提出："马克思和我从 1845 年起就持有这样的观点：未来无产阶级革命的最终结果之一，将是我们称为国家的政治组织逐步解体直到最后消失。这个组织的主要目的，从来就是依靠武装力量保证富有的少数人对劳动者多数的经济压迫。随着富有的少数人的消失，武装压迫力量或国家权力的必要性也就消失。"② 马克思关于"世界公民"的基本思想是：

---

① 转引自 Derek Heater, *Citizenship*：*The Civic Ideal in World History*，*Politics and Education*，New York：Longman Inc，1990，p. 78。

② 《马克思恩格斯选集》（第 4 卷），人民出版社 2012 年版，第 558 页。

恩格斯　　　　　　　　　　　　马克思

个人消除一切地域性的狭隘的观念，消除异化了的社会关系，真正成为自然和社会的主人，成为具有共产主义理想和道德的全面发展的人。而这又必须以实现共产主义作为保证。在马克思看来，个人成为"世界公民"与实现共产主义，两者是互为前提的：只有最大限度地跨入世界历史领域，个人才能成为世界历史性的存在，最终实现共产主义；也只有真正实现了共产主义，才最终意味着一切民族和地域的局限都被打破，个人才真正成为具备共产主义素质的"世界公民"①。

　　第一次世界大战后，国际政治格局发生了变化，1918 年，国际联盟协会（League of Nations Union）在英国成立，为增进理解，避免再次经历世界大战，该联盟成立了教育委员会并试图推动国际理解教育。但是受时代局限和意识形态的影响，该教育委员会发挥的作用非常有限，国际联盟在两次世界大战之间只有 29 个成员国。在德、日、意等国，世界公民、世界主义的思想受到极端的国家主义思想的压制。但即使是在两次世界大战期间，国际主义运动仍然在发展。"世界大战打破了国际贸易的航运的模式，尤其是在欧洲，但在其他地区，商品和资本仍继续流动，一些国家

---

　　① 朱志萍：《从马克思的"世界公民"到邓小平的"四有新人"——读〈德意志意识形态〉》，《重庆邮电学院学报》（社会科学版）2002 年第 2 期。

开始了工业化进程。就全球意识而言，即使是经历了前所未有的大屠杀，战争也还是加强了这种意识。正如列夫·托洛茨基（Leon Trotsky）在1917年指出的，66战争似乎将普世性的意识，将个人命运与人类总体命运密不可分的意识提升到一个新的高度。"①

## 二　初创期（1945—1991 年）

第二次世界大战给人类带来的灾难是空前的。为了永久避免大规模的全球战争，联合国于1945年成立，致力于促进各国在国际法、国际安全、经济发展、社会进步、人权及实现世界和平方面的合作。联合国教科文组织在世界公民教育的初创期发挥了主要作用。之所以称为"初创期"，是因为联合国教科文组织在1950年将"国际理解教育"正式更名为"世界公民教育"（Education of world citizenship），联合国作为由主权国家组成的国际组织，其专门机构联合国教科文组织形成的决议无疑有广泛的影响力，自此，"世界公民教育"一词正式进入各国视野。

尽管与萌芽期相比时间短暂，但在世界公民教育初创期，世界政治、经济格局经历了巨大的变革与调整，产生或兴起了大批具有深远影响的思想流派，这一时期"赞成与推进调整"和"质疑与反对批评"争执从未停止过。世界公民教育从萌芽期的零散论述，初步实践演变为国际组织推进、思想流派众多的初兴局面，并为随后的快速发展奠定了基础。

### （一）"前经济普世主义"阶段（1945—1973 年）——"世界公民教育"的正式提出与思想初兴

此时期以布雷顿森林体系（Bretton Woods system）的建立与瓦解为划分依据。第二次世界大战结束后，只有美国极度扩张了自己的经济，增强了国际经济地位，成为资本主义世界中唯一的超级经济大国，构建了战后初期到20世纪50年代末60年代初的单极格局，随后，苏联、日本、欧共体的复苏和崛起有力地冲击了美国在经济、政治上的地位。20世纪60年代

---

① 　［美］入江昭：《全球共同体：国际组织在当代世界形成中的角色》，刘青等译，社会科学文献出版社2009年版，第22—23页。

后，亚非拉殖民地半殖民地国家纷纷独立，两极世界格局形成并处在以美国为首的北约和以苏联为首的华约两大力量的此消彼长中。一方面，为避免核战的危险，各国希望加强彼此之间的沟通和合作；另一方面，由于意识形态的强大影响，进行无偏见的世界公民教育成为教育的难题。

在此阶段有三个特征，一是联合国教科文组织促进"世界公民教育"发展。其若干决议和报告逐步深入地对世界公民教育进行了阐述；发展教育、多元文化教育、国际理解教育、和平教育等这一时期开展的项目在理念上与世界公民教育相通。正如时任联合国教科文组织总干事的勒内·马厄所说，联合国教科文组织的工作就是要把教育"普及"到全世界，"普及"到全人类的每一个人。用教育的"普及"去塑造"普世的文明"（the civilization of the universal）。[①] 二是思想流派多元化发展。国际理解教育、多元文化主义的兴起有力地支持了世界公民教育的发展，世界主义与公民资格理论进行了更好的融合，国家主义、民族主义、共和主义成为推行世界公民教育必须考虑的因素。文明形态史观还超越意识形态，以文明作为分析世界的尺度。三是经济思想与环保主义助推世界公民教育。1962年，蕾切尔·卡逊（Rachel Carson，1907—1964，美国海洋生物学家）《寂静的春天》的问世叩响了全球环境问题的警钟。1972 年联合国环境会

蕾切尔·卡逊　　　　　　　　罗马俱乐部

---

① 张民选：《国际组织与教育发展》，上海教育出版社 2010 年版，第 86 页。

议指出：必须超出狭隘地忠顺于部族和国家的老传统，而忠于更广大的全人类。1972年，罗马俱乐部（Club of Rome，成立于1968年4月，总部设在意大利罗马。主要从事有关全球性问题的宣传、预测和研究活动）发布《增长的极限》，成为世界公民教育环保思想的重要助推。

## （二）"文化普世主义"阶段（1973—1991年）——"世界公民教育"思想的多元发展

此间的"文化"主要指短短的不到20年时间，与世界公民教育有关的思想流派兴起，并在教育内容、政治制度、经济体制上有所诉求，一大批经典论著也随之问世，一定程度上体现了人类创造的精神财富的井喷，因此定义为"文化普世主义"阶段。

这一时期，1973年布雷顿森林体系解体，美国在世界经济中的霸主地位丧失，而日本和欧共体的经济地位不断上升，资本主义世界经济格局呈现多极化发展趋势。经济的发展与变革催生了公民意识的觉醒。促进民族国家的发展成为各国教育的首要任务。联合国在1975年将发展教育定性为关注发达国家及发展中国家的人权、尊严、自主及社会公义等问题的工作，其中最重要的含义即鼓励思想交流与汇集，并继而行动起来推动社会改变，以塑造一个更合理且公正的政治经济秩序，正构成了世界公民教育的基本立足点。"70年代可以被看作是全球化进程的一个关键阶段，这一进程随后又持续了几十年。之前已经有所显露的全球化力量如今更加有效地将世界不同地区联系在了一起。在这一进程中，一个真正的世界共同体出现了"①。

在思想潮流上，主要有20世纪50年代提出、70年代兴起的依附论和70年代兴起的世界体系理论、后殖民主义理论等，这些理论对世界公民教育的合理性提出了质疑。70年代勃兴的新自由主义倡导全球资本主义化，使新兴经济体及发展中国家对世界公民教育（美英等发达国家研究和积极倡导者最多）背后是否有国家利益诉求和思想渗透有所担忧。自由主义、社群主义开始与共和主义、多元文化主义、世界公民教育一起

---

① ［美］入江昭：《全球共同体：国际组织在当代世界形成中的角色》，刘青等译，社会科学文献出版社2009年版，第132—133页。

构成公民教育的主要思想流派。

# 三　快速发展期（1991 年至今）

苏联解体、东欧剧变后，国际社会面临着多元文化与文明如何更好地相处和融合的问题。与全球化相对应，世界公民教育不可遏制地成为一种思潮，并从初创期的国际组织推进、思想流派众多的初兴局面演变为国际组织与民族国家本土化推进并行、理论的演绎与归纳并行的繁荣景象。如果说，18 世纪康德的世界公民主义在一定程度上唤起人们对以"道德普世主义"阶段为主的世界公民古代理想的追忆和思考的话，那么冷战结束后，国际组织与民族国家以及诸多思想家、教育家便重拾世界主义以为所用，"世界公民教育"思想也随之迎来了新的快速发展。当前主要分为"经济普世主义"时期和"数字普世主义"两个时期。在数字普世主义后有可能还会出现资源、环境、人权、人口、和平等要素占据主流的普世主义。

## （一）"经济普世主义"阶段 （1991—2000 年）——世界公民教育思潮兴起

经济普世主义强调培育自由贸易且较少政治干预的单一的全球经济市场，并与资本全球化相对应。资本全球化是文明全球化和推行世界公民教育的基础。资本的全球化把不同的文明拉到一起。文明的全球化本质要义是各民族交往构建共同文化的问题。全球经济一体化的程度要远远大于文化一体化，在某种意义上，正是经济一体化带来的影响才催生人们对于培养世界公民紧迫性的思考。

冷战结束后的最初 10 年，部分社会主义国家集体所有制经济改革的失败使新自由主义抬头，加速推动了资本主义向国际垄断阶段过渡，各国对外贸易依存度不断增加，区域经济一体化、国际服务贸易快速增长，新自由主义、垄断资本、经济全球化紧密交织。这一时期，跨国公司成为国际贸易的主渠道，国际贸易有三分之一在跨国公司内部进行，三分之一在跨国公司之间进行；协调机制增强，世界贸易组织（WTO）确定了国际贸易的游戏规则和争端解决机制；区域经济一体化加快，欧盟成立、北美自由贸易协定签订，东盟向政经一体化迈进。正是由于经济全球化的影响，世界公民教育思潮兴起，世界公民教育思想演进到一个新的高度。在此阶段，各类文献中世界公民（world citizenship）与全球公民（global citizenship）通用，学者们更多采用了后者。

在此阶段，世界公民教育思想的发展主要有四个特征：一是全球治理理论的提出。美国学者卡特指出："直到冷战结束后，世界机构的目标获得了新的意义，世界联邦政府的模式在很大程度上被全球治理以及改革现有的机构来增进对世界人民的更大责任这样的理念所取代。"① 1992 年，"全球治理委员会"（Commission on Global Governance）成立，并于 1995 年发表了《全球成比邻》（*Our Global Neighborhood*）的研究报告，较为系统地阐述了全球治理的概念、价值以及全球治理同全球安全、经济全球化、改革联合国和加强全世界法治的关系。二是多元文化教育与世界主义、世界公民教育结合，提出了较为系统的思想。多元文化教育与世界公民教育主要是范围的区别，从某种意义来说，各国的多元文化教育为推行世界公民教育打好了基础。威尔·金利卡、班克斯、努斯鲍姆等人探讨了通过多元文化教育培养共生、包容的"世界公民"的方式与路径。三是文明形态史观的讨论逐渐超越意识形态之争。"文明的冲突"理论与全球治理理论、多元文化主义理论有着共同滋养的思想土壤。继汤因比后，亨廷顿（Huntington Samuel P，1927—2008，美国当代政治学家）断定相当长的时期不会有普世的文明而是多元文明共存，因此必须加强各文明、各民族人民的相互了解。亨廷顿于 1993 年提出冷战后世界冲突的根本原因将不再主要是意识形态因素或经济因素，人类的最大分歧和冲突的主导因素将是文化方面的差异，文明的冲突将主宰政治，文明的差异将成为未来的战线。亨廷顿认为："在可见的将来，不会有普世的文明，有的只是一个包含不同文明的世界，而其中的每一个文明都得学习与其他文明共存。"② 四是新共和主义与世界主义相结合探讨成立世界政府的可能。共和主义的复兴到了 20 世纪 90 年代，由政治思想史领域波及到法理学、政

---

① April Carter, *The Political Theory of Global Citizenship*, New York: Routledge, 2001, p. 146.
② 王逸舟：《国际政治的又一种透视——亨廷顿〈文明的冲突〉一文述评》，《美国研究》1994 年第 1 期。

治哲学、公共政策等领域，逐渐产生了新共和主义。新共和主义在自由、民主、公共善、公民美德、公民身份等议题上与自由主义对话互动，同时又与世界主义结合，阐述了成立世界政府和践行世界公民责任的思想，代表人物为美国普林斯顿大学的佩迪特教授和美国圣路易大学的博曼教授。

亨廷顿

**（二）"数字普世主义"阶段（2000年至今）——世界公民教育思潮广泛传播与国际组织、民族国家的积极应对**

　　信息技术和网络的发展引发了西方代议制民主的危机。1998年底，全球互联网用户接近1亿人，2001年这一数字就接近4亿。B2B、B2C等电子商务模式融入日常生活中，国际贸易也从商品输出过渡到资本输出，通过直接投资绕过贸易壁垒。信息技术和网络既为公众获得各种信息提供了方便，也为人们表达自己的政治意愿提供了可能。2000年后，绿色和平运动、大赦国际等全球公民社会组织的蓬勃发展都借助于信息和网络技术的突飞猛进。2000年至今，世界公民教育有三点特征。

　　1. 国家深入推进

　　全球化与多样化的影响给各国的公民教育带来的三类挑战：一是强调"审议（deliberation）和公民美德（civic virtue）"的公民教育对"权利和义务"中心的公民教育的挑战；二是建基于"差异的公民资格观"（differentiated citizenship）的公民教育对建基于"普遍公民资格观"的公民教

育的挑战；三是包容国家和超国家认同以及权利与义务的"弹性的公民资格观"对囿于民族国家范畴的"定型的公民资格观"（fixed citizenship）的挑战。①"世界各国在顺应全球化的发展需要，不断探索与构建全球公民教育的内容体系过程中，逐渐确立了以下几种关于全球公民教育的核心价值诉求。分别是公平与正义（Equity and Justice）、生存与发展（Survival and Development）、民主与理性（Democracy and Rational）。"② 斯凯特通过调查指出："近年来围绕世界公民理念的话语一直被公众关注，其关注度与日俱增。其在教育舞台上的实践更加突出。欧美国家支持大中小学精心设计了相关项目和任务来开展世界公民教育。这些学校开展的项目内容非常广泛，包括语言学习、环境意识、跨文化交往、世界历史和文学、科研能力等"③。

2. 学者演绎及归纳理论

由于信息技术的快速发展，学者掌握过往资料的途径越来越便捷，世界公民教育相关学者开始系统研究和梳理世界公民教育的内容。

世界公民教育应当教什么？阿皮亚认为，教育主要是要培养世界主义精神。他通过大量资料证明世界公民思想与人类有记载的历史一样久远，且不仅仅是一种西方独特的思想。他质疑了近期培养世界公民的方法，指出世界公民教育在今日的世界已经形成了独特的潮流，"我们每个人都想联系其他70亿同胞，想送给他们一些应有的或者避免送给他们有害的"④；而奥斯勒和斯塔基认为，世界公民教育应当将"和平、人权、民主、发展"的理念传递给青年人，使从本土到全球各个级别的青年人能相互影响⑤；麦金托什认为世界公民理念是一种思维习惯，心灵、肉体和灵魂都为之工作，坚守着跨越隔阂来维持沟通和人际关系的网络，同时保

① John Cogen, Paul Morris and Murray Print, *Civic Education in the Asia-pacific Region*: *Case Studies across Six Societies*, New York: Routledge Falmer, 2002, pp. 185 – 187.

② 卢丽华、姜俊和：《"全球公民"教育：基本内涵、价值诉求与实践模式》，《比较教育研究》2013年第1期。

③ Hans Schattle, "Education for Global Citizenship: Illustrations of Ideological Pluralism and Adaptation", *Journal of Political Ideologies*, Vol. 13, No. 1, February 2008.

④ Kwame Anthony Appiah, Education for Global Citizenship, unpublished.

⑤ Audrey Osler and Hugh Starkey, "Learning for Cosmopolitan Citizenship: Theoretical debates and young people's experiences", *Educational Review*, Vol. 55, No. 3, November, 2003, p. 233.

持和深化了自己身份和完整性的意识①；派克和塞尔比在 2000 年建构了世界公民教育的四维框架：包括核心议题、空间范畴、时间范畴和内在体验。②

3. 全球实践加强

全球化带来了大量非政府组织的诞生。全球化程度越高，非政府组织发展越充分，这为推行世界公民教育的联合国教科文组织和乐施会提供了时代契机。世界公民教育实践加快推进。

2001 年，联合国教科文组织发布了《世界文化多样性宣言》。宣言指出："从文化多样性到文化多元化，日益走向多样化的当今社会中，必须确保属于多元的、不同的和发展的文化特性的个人和群体的和睦关系和共处。主张所有公民的融入和参与的政策是增强社会凝聚力、民间社会活力及维护和平的可靠保障。"③ 联合国教科文组织素质教育促进会主席皮格兹指出，联合国教科文组织支持推行世界公民教育，"主动参与世界公民教育是必要的……德洛尔报告提出了学会学习、学会做事、学会生存、学会共同生活。前三项我们完成得比较好，但推进最后一项——学会共同生活，对我们来说还是一项挑战。这是由于从卢旺达到波斯尼亚发生的战乱，使得人们即使外貌相似、做了几个世纪的邻居，仍然彼此心存恐惧"④。

乐施会推行世界公民教育影响力的扩大主要是在冷战后。乐施会通过设立互动教育中心、开展青年及教师培训、出版系列教材、施行发展教育资助计划等活动方式支援教师在校内实践世界公民教育。乐施会认为，推进世界公民教育的原因有："世界公民"使儿童感到振奋并与自己息息相关，给了他们学习的意义；"世界公民"承认我们作为个体的力量，我们每一个人都可以改变一些事情，可以选择怎样行动；我们生活的世界是不

①　McIntosh P., "Gender perspectives on educating for global citizenship", In N. Noddings (Ed.), *Educating citizens for global awareness*, New York: Teachers College Press, 2005, pp. 22 – 39.

②　Graham Pike and David Selby, *In the Global Classroom 2*, Toronto: Pippin Press, 2000, pp. 133 – 135.

③　Universal Declaration on Cultural Diversity (http://www.unesco.org/most/lnlaw37.htm. 2001 – 11 – 2).

④　Mary Joy Pigozzi, "A UNESCO View of Global Citizenship Education", *Educational Review*, Vol. 58, No. 1, February 2006.

公平和不平等的，"世界公民"促使我们向其挑战并做出改变；"世界公民"可以使儿童致力于世界多数国家的错误信息和刻板印象，反对无知和狭隘；"世界公民"鼓励我们在相互依存的世界承认对彼此的责任和相互学习；"世界公民"在快速改变的世界不仅具有灵活性和适应性，而且具有面向未来的正面形象。①

　　通过对"世界公民教育"思想进行"三期七段式"的划分和描述，我们可以看到："世界公民教育"思想发展到今天，已经成为一种理论与实践兼备的思潮，其形成和发展有着深厚的历史底蕴和多元的思想基础。这一思想潮流伴随着全球化的拓展，正深刻地影响着民族国家的基础教育、高等教育阶段的思想政治教育、公民教育和德育。在数字化传播如此迅速的今天，如何引导学生在坚持国家认同与民族认同的基础上具有世界视野，积极参与全球事务，成为我们需要认真思考和解决的问题。

---

① Oxfam Education（http：//www.oxfam.org.uk/education/global-citizenship.2014 – 5 – 17）.

# 第 四 章

# 世界公民教育思潮的理论基础

## 一 世界主义

### （一）世界主义的内涵

1. 世界主义的词源

"世界主义（cosmopolitanism）术语实际上是由两部分组成的：前半部分 'cosmos' 出自希腊语的 'Κόσμος'（the Universe），Κόσμος意指宇宙和世界；后半部分 'polis' 则来自希腊语的 'Πολίτης'（city），意指城市和城邦。两者合在一起，意味着世界城市或世界城邦。持有这种信念和伦理道德信条的人，被称为 '世界主义者'（cosmopolite/cosmopolitan）。他们所持有的这种主张和信念，被称为世界主义。"①

"世界主义者"的一般用法指的是个人在一系列国家里都具有一种宾至如归的感觉。如果一个人被描述为宇宙公民，那么意味着他具有作为整个宇宙、整个生活、整个自然中的一部分的意识，认为人类在这些整体中——个人身处其中的政治国家这种共同体更不待言——无非是沧海一粟而已。②

2. 世界主义的核心观点

（1）应由国家忠诚上升为人类忠诚

本哈比指出："世界主义是西方哲学和政治思想史中的一个古老的理

---

① 王宁:《"世界主义"及其之于中国的意义》,《南国学术》2014 年第 3 期。
② ［英］德里克·希特:《何谓公民身份》,郭忠华译,吉林出版集团有限责任公司2007 年版, 第 140 页。

想，它的核心观念是每个人都拥有一些基本的权利，这些权利来源于他作为人类的一员，而不是他作为特定的政治共同体的一员，世界主义要求超越民族国家的地域界限来思考人的权利。"① 正如余创豪所说："世界主义就是将对国家民族的忠诚，转移到对全人类；世界公民意识，就是对全球问题抱着休戚与共的态度。强调世界主义高于民族主义，可以减轻因着全球化而产生传统与现代、本土与外来的张力。"② 阿皮亚也认为："世界主义者共同接受的一个思想是，任何区域性忠诚，都不能迫使人们忘记，每个人对别人还负有一份责任。所幸的是，我们可以选择自己的立场，要么追随民族主义，舍弃所有的外国人；要么追随坚定的世界主义，冷静而公正地看待自己的朋友和同胞。世界主义不应当被视作某种高贵的理念：它不过是始于人类社会的一种简单思想，我们需要培养共存的习惯，也就是说，我们应当按照'对话'的原始含意，养成共同生活、相互提携的习惯。"③

（2）应包容相关甚至对立理论

阿皮亚指出："世界主义承认人类由不同的群体构成和群体之间的差异，这为我们提供了相互学习的空间。"④ 乌尔里希·贝克（Ulrich Beck）认为："真正的世界主义不应该以'排他'的方式看待和处理相关的问题；相反，它应当是'包容'的，无论是普遍主义、语境主义、民族主义还是跨国主义，其都予以充分重视。"蔡拓总结道："乌尔里希·贝克所讲的世界主义已不是通常意义上的世界主义，而是经过批判反思的全球化时代的新世界主义。"⑤ 王宁也认为："世界主义不应当与爱国主义或民族主义形成一种对立关系，因为一个人可以在热爱自己祖国的同时也热爱整个世界，即作为一个世界公民，他也应该热爱其他国家的人民。此外，作为一个善良的好人，他更应该不仅热爱人类，而且还应当热爱地球上的

---

① ［美］西拉·本哈比：《世界公民体制与民主——从康德到哈贝马斯》，许昳宁译，《当代国外马克思主义评论》2010 年。

② 余创豪：《在全球化的脉络下探讨 Nussbaum 的世界主义和世界公民意识》，《开放时代》2006 年第 3 期。

③ ［美］奎迈·安东尼·阿皮亚：《世界主义：陌生人世界里的道德规范》，苗华建译，中央编译出版社 2012 年版，"序言"第 9、12 页。

④ 同上书，第 8 页。

⑤ 蔡拓：《全球学：概念、范畴、方法与学科定位》，《国际政治研究》2013 年第 3 期。

其他生物。"①

3. 世界主义的多重取向

国内外学者从不同角度归纳了世界主义的多重取向。

（1）个人主义·普世性·普遍性取向

根据博格的界定，各种不同的世界主义理论有三方面的共同点。

第一，个人主义（individualism），指所有世界主义理论以个人为道德关怀的终结单位，而非家庭、部落、族群、文化、宗教共同体或国家。

第二，普世性（universality），作为终结关怀单位的每一个个人的地位都是平等的。

第三，普遍性（generality），个人作为终结关怀单位的这种地位是普遍性的，有着全球范围的效力，并不因国籍、宗教信仰或其他方面的不同而产生差异。② 以这些共同点为基础，当前规范理论中的世界主义在人权的普遍性、全球范围的分配正义和世界主义民主等不同的问题领域都表达了自己的价值诉求。③

（2）学术·道德·政治取向

李永毅认为世界主义整体上有三种取向。

第一，学术取向：柯林武德（Robin George Colling Wood，1889—1943）、霍布斯鲍姆（Eric Hobsbawn，1917—2012）和斯塔夫里阿诺斯（Leften Stavros Stavrianos，1913—2004）等在学术取向的基础上对世界主义思想做了进一步发展，突出历史的思想性质和理性精神，强调历史的整体性，并且用全球的目光看问题。

第二，道德取向：以阿多尔诺（Theoder Wiesengrund Adorno，1903—1969）、汤因比（Arnold Joseph Toynbee，1889—1975）和巴勒克拉夫（Geoffrey Barraclough，1908—1984）为代表。道德取向的世界主义是与学者的良心和责任感紧密联系在一起的，在体现整体意识的同时，突出对于生态文化的关怀，平等观念也是道德取向的世界主义思想的重要组成

① 王宁：《"世界主义"及其之于中国的意义》，《南国学术》2014 年第 3 期。

② Thomas Pogge，"Cosmopolitanism and Sovereignty"，转引自王宁《"世界主义"及其之于中国的意义》，《南国学术》2014 年第 3 期。

③ 张旺：《世界主义的价值诉求——国际关系规范理论的视角》，《教学与研究》2006 年第 12 期。

部分。

第三，政治取向：政治取向的世界主义是诸多世界主义观念中影响最大的一支。

世界主义力图回答两个问题：第一，人与人能否和平共存。第二，人作为人，是否具有共同的东西。韦尔托维奇和科恩从政治学的角度把世界主义分为国家间（inter-state）、国家内（intra-state）和超国家（ultra-state）三个层面。这个框架为我们归纳当代纷繁的世界主义政治思想提供了方便。[1]

（3）多元取向

在王宁看来，世界主义可以从以下十个方面进行建构，这涉及政治、经济、文化、道德等多元层面。"第一，作为一种超越民族主义形式的世界主义；第二，作为一种追求道德正义的世界主义；第三，作为一种普世人文关怀的世界主义；第四，作为一种以四海为家，甚至处于流散状态的世界主义；第五，作为一种消解中心意识、主张多元文化认同的世界主义；第六，作为一种追求全人类幸福和世界大同境界的世界主义；第七，作为一种政治和宗教信仰的世界主义；第八，作为一种实现全球治理的世界主义；第九，作为一种艺术和审美追求的世界主义；第十，作为一种可据以评价文学和文化产品的世界主义"[2]。

（4）弱世界主义取向

黄其洪认为，"在当代世界，存在着两种世界主义，一种是强世界主义（hard cosmopolitanism），一种是弱世界主义（soft cosmopolitanism）。强世界主义带来暴力、战争和恐怖，弱世界主义才是真正维护世界和平、发展和繁荣的力量"[3]。黄其洪认为个体的权利的绝对性、自由民主制度的普适性、推广自由民主制度在道德上的正义性以及具有奖惩性质的世界政府，是这种世界主义的四个基本支柱。它们表达的是对唯一真理和唯一实体的认同，是用唯一的模式去改造世界和统治世界的雄心，这与西方的一

---

① 李永毅：《西方世界主义思想的复兴》，《国外理论动态》2006 年第 12 期。

② 王宁：《世界主义与世界文学》，载王宁编《文学理论前沿》（第 9 辑），北京大学出版社 2012 年版，第 12 页。

③ 黄其洪：《弱世界主义是世界和平和繁荣的保障》，《社会科学报》2016 年 3 月 31 日第 3 版。

神教传统紧密相连，是这种一神教传统的世俗化表达。它对异质性的文化和生活方式具有很强的攻击性。强世界主义带给世界的是战争、动乱、衰退、污染的转移和人道主义灾难，今天中东和北非的乱局、欧洲的难民问题和正在向全世界扩散的恐怖主义都是这种强世界主义带来的。当下，以中国为代表的弱世界主义正在得到越来越多国家和人民的认同，新的平等、开放、可持续发展、互利合作、和平的国际政治经济秩序正在弱世界主义的指导下逐步出现。

4. 世界主义的困境与面对的质疑

（1）世界主义面对着统一性与差异性的矛盾

阿皮亚认为，围绕着对世界主义的理解，有两种不同的观念。"一种观念认为，我们对其他人承担着义务，这些义务涉及的范畴，超越了亲情关系与仁慈，甚至超越了共同的公民责任这种更为正式的人际联系。另一种观念则认为，我们不仅高度推崇整个人类的生活价值，还高度推崇特定人群的生活价值，也就是说，我们推崇对特定人群生活造成重大影响的那些习俗与信仰的价值。世界主义认为，不同人群之间存在差异，不同人群可以相互学到很多东西。世间存在很多的可能性，值得人类努力探索。因此，我们不期望也不愿意看到，每个人或者每个社会都遵循相同的生活方式。不论我们对其他人应当承担何种义务（或者说，不论其他人对我们应当承担何种义务），其他人通常都有权利按照自己的生活方式生活。我们将会看到，上述两种观念，即对整个人类的关注，以及对合理差异的尊重，经常发生冲突。从某种意义上说，世界主义与其说是一种解决方案，不如说是一种挑战。"①

阿皮亚指出："你不能在尊重人类社会多样性的基础上，期待每个人都成为世界主义者。有人希望享受合理的自由权利，愿意与所在群体发生更多关联，也就是说，与世界的其他部分保持隔离状态，如美国的阿米什人（Amish）那样；那么，这部分人的义务就与我们的基本义务只在一个方面相同：为他人去做道德要求我们做的事情。如果在一个世界里，各种群体被清晰地区分开来，那么，这样的世界不再被视为严肃选择的结果，

---

① ［美］奎迈·安东尼·阿皮亚：《世界主义：陌生人世界里的道德规范》，苗华建译，中央编译出版社 2012 年版，"序言"第 7 页。

即便过去有人这样认为。对于人类这个不停迁徙的种类来说，隔绝与隐居的生活方式永远是一种异常的现象。世界主义不是一种违背人性的理论，它拒绝任何违背人性的理论与做法。"①

（2）世界主义面对着有根者和无根者的矛盾

王宁认为存在着两种形式的世界主义：有根的（rooted）和无根的（rootless）世界主义。"前者指那些立足本国或本民族但有着多国经历的人，他们的根仍然牢牢地扎在自己民族的土壤里，例如马克思、孙中山这样的革命者，既热爱自己的祖国，同时又对全世界人民有着关爱；后者则指那些浪迹天涯、居无定所的人，尤其是那些波西米亚人，他们没有自己的根，或者说没有自己的家园，只能四海为家，流离失所"②。

（3）世界主义面对着西方价值观输出的质疑

于文杰指出："传统社会的世界主义在地域上主要存在于西亚和南欧，在内涵上是以神性为背景的，或者说是以上帝为核心的，而且思想与实践常常处于交叉与错位的被动状态之中；近代社会的世界主义在地域上主要存在于西欧和美国，在内涵上更多是由于哲学解构宗教不仅成为可能，而且科学、技术的崛起尤其是宗教的改革，从根本上改变了世界主义的品质，并使之转换成为理性主义与基督教文明合二为一的、富有张力的理念和霸权话语。"③ 而且，不同的世界主义者所强调的世界主义有所不同。王宁认为："左翼世界主义者认为，世界主义实际上是民族主义和爱国主义的自然延伸，也即一个有着宽阔的世界主义胸襟的人应当既热爱自己的民族或国家，同时也热爱世界上其他民族或国家的人，当这些民族或国家遭到外来侵略时，应该报以同情的态度伸出援助之手。右翼的世界主义者则为帝国主义的强权政治所辩护，主张世界政治、经济朝着一个模式发展，文化上也以强势文化的价值观念为准则。这就使得他们宣扬的世界主义成了民族主义的对立物。"④

---

① [美] 奎迈·安东尼·阿皮亚：《世界主义：陌生人世界里的道德规范》，苗华建译，中央编译出版社 2012 版，"序言"第 14 页。

② 王宁：《绝不存在单一的世界主义》，《社会科学报》2015 年 7 月 9 日第 6 版。

③ 于文杰：《论世界主义思想的历史形态》，《世界民族》2005 年第 6 期。

④ 王宁：《"世界主义"及其之于中国的意义》，《南国学术》2014 年第 3 期。

**（二）世界主义的发展历程**

1. 世界主义在西方的发展历程

世界主义的道德价值理念在经历了古希腊时期的辉煌后，在文艺复兴和启蒙运动的复古浪潮中得到复兴。伏尔泰、富兰克林和潘恩等 18 世纪的作家和知识分子以拥有"世界公民"的称号而感到骄傲和自豪。席勒（Schiller）在其《唐·卡洛斯》（*Don Carlos*）一书中创造了波萨侯爵（Marquis Posa）这样一个人物角色来体现这一心境。在该部剧中，国王为波萨之死深感悲痛，并宣称："他为世界和整个人类而生。"（*Don Carlos*, Act V. , Scene ix）与席勒同时代的德国哲学家康德更是系统地提出了世界主义思想。

第二次世界大战后世界主义得到了迅速发展，人类认识到携手共生的重要性。正如德里克·希特所说："在 20 世纪，通过两次惨绝人寰的世界大战，核武器的严酷威胁以及环境灾难等事件，负责任的、有思想的人们应当培养出一种世界主义的精神，这种信念重新得到复兴。如果民族国家政权使人性几近泯灭的话，那么，忠于国家的公民道德原则难道就不应当得到世界公民身份的责任心和义务感的补充，甚至取而代之吗？"①

20 世纪末，伴随着全球化的深入推进，世界主义又迎来了复兴。"由于全球化理论在 20 世纪 80 年代的活跃，导致人们对康德哲学思想中世界主义因素的新的兴趣，使之在 20 世纪末得以复兴。从世界思想史发展看，任何一种具有广泛影响力的理论话语一经出现都会得到理论界的阐释和学术界的讨论，而它本身也需经历不同的建构和重构过程。因此，在经过当代学者的讨论和不断建构后，世界主义又被赋予了新的意义。它超越了基于古代伦理道德层面的世界主义和由康德创建的法律世界主义之界限，首次成为政治、文化上的世界主义。"②

2. 世界主义在中国的发展历程

中国先秦时期有世界主义思想萌芽。汉学家杜威·佛克马

---

① ［英］德里克·希特：《何谓公民身份》，郭忠华译，吉林出版集团有限责任公司 2007 年版，第 139 页。

② 王宁：《"世界主义"及其之于中国的意义》，《南国学术》2014 年第 3 期。

（D. W. Fokkema，1931—2011）不断提请人们注意，"西方世界以外的中国人的传统观念也与这种世界主义不无关系"①。中国的世界主义思想主要表现为一种"天下"思维，在政治理想上表现为"大同世界"的理想，在教育上表现为"仁"的教育和天人合一的君子人格培养。《礼记·大学》的"平天下"、《礼记·礼运》的"以天下为一家，中国为一人"等说法，反映的是儒家的世界主义；《老子》的"以天下观天下""以无事治天下""抱一为天下式"等说法，反映的是道家的世界主义；《商君书·修权》的"为天下治天下"，斥"区区然擅一国者"为"乱世"等说法，反映的是法家的世界主义；《墨子·天志》的"天兼天下而爱之"、《墨子·兼爱》的"视人之国若其国"、《墨子·尚同》的"天子壹同天下之义"等说法，反映的是墨家的世界主义。这是一股发源很早的世界主义潮流。

但与古希腊先哲一样，那种希望通过"世界公民"及"君子"消弭国家和城邦之间战争的教育理念只是有限的生命教育、和平教育、理解与包容教育。如果可比的话，这种教育内容仅是 20 世纪 90 年代以来的世界公民教育的一小部分，而且当前的世界公民教育的背景是全球化的影响和挑战，单靠一国无法解决所有问题。时代在进步，当前开展的世界公民教育内容已远远超出东西方先哲哲学上的思考。

清末民初，中国思想者既引入西方的世界主义概念，又对其做了批判的继承。梁启超是较早揭示中华文明之世界主义特征的思想家之一，他在《先秦政治思想史》（1923 年出版）一书中，认为中国先秦之政治学说，"可以说是纯属世界主义"。理由是，中国人讲政治，总以"天下"为最高目的，国家、家族等不过是达到此最高目的一个阶段。② 这一时期，孙中山的同盟会中就有一些人鼓吹世界主义，而孙中山更看重这种世界主义是否合乎中国当时的国情："强盛的国家和有力量的民族已经雄占全球，无论什么国家和什么民族的利益，都被他们垄断。他们想永远维持这种垄断的地位，再不准弱小民族复兴，所以天天鼓吹世界主义，谓民族主义的

---

① Cf. Douwe Fokkema，"Towards a New Cosmopolitanism"，转引自王宁《"世界主义"及其之于中国的意义》，《南国学术》2014 年第 3 期。

② 梁启超：《先秦政治思想史》，东方出版社 1996 年版，第 248 页。

范围太狭隘。其实他们主张的世界主义，就是变相的帝国主义和变相的侵略主义。"① 但是孙中山并非绝对地反对世界主义，他认为，只有当中国实现了自己的民族复兴，"恢复了民族的平等地位"时，"才配得来讲世界主义"②。"在新文化运动中，鲁迅（1881—1936）、蔡元培（1868—1940）、郑振铎（1898—1958）等人在抨击狭隘的民族主义时也鼓吹过世界主义。经过他们以及另一些知识分子的努力，到了 20 世纪二三十年代，世界主义以不同的形式，主要是无政府主义的形式，进入了中国，吸引了一些崇尚无政府主义的青年知识分子"③。

赵汀阳在当代提出"天下"的概念，拓展了世界主义的内涵。"天下"具体包含三层含义：第一，世界整个大地；第二，世界上的全体人民；第三，一种世界制度。赵汀阳认为："只有良好治理的世界才是个合格的和有效的世界，所以，拥有天下制度的世界才有资格被定义为'世界'，否则将是个'无效世界'。如果说在天下概念中，天下之地是其质料，而天下之心是其价值，那么，天下制度就是天下的存在形式。'天下'概念对世界的理解便因此构成了这样一种世界观：在其中世界按理解成物理世界（大地）、心理世界（人民的共通心意）和政治世界（世界制度）的统一体。"④

总体来看，世界主义的各种形态，在中华文明中是齐备的。张耀南提出中华文明自古就有世界主义的传统：有破"国家中心论"的较低层次的世界主义，如梁启超、顾炎武等；有破"区域中心论"的较高层次的世界主义，如先秦诸家等；有破"人类中心论"的最高层次的世界主义，如张载、陆象山、康有为等。世界主义的各种形态，在中华文明中是齐备的。中华文明的世界主义具有宇宙主义的、和平主义的、文化主义的特征，而且并不反对国家主义和个人主义，是一种"全息主义"的世界主义。⑤ 不过，正如康有为根据《春秋公羊传》重新阐释的"三世说"所

---

① 《孙中山全集》（第 9 卷），中华书局 1986 年版，第 216—217 页。

② 同上书，第 226 页。

③ 王宁：《"世界主义"及其之于中国的意义》，《南国学术》，2014 年第 3 期。

④ 赵汀阳：《天下体系：世界制度哲学导论》，中国人民大学出版社 2011 年版，第 83—84 页。

⑤ 张耀南：《中华文明的世界主义对于构建全球伦理可有之贡献》，《北京行政学院学报》2003 年第 3 期。

指出的那样：君主专制是据乱世，君主立宪是小康世，民主共和是大同世。世界主义在奴隶社会、封建社会的发展，只不过是由"据乱世"向"小康世"发展的演进、不断追求"大同世"的过程。在当前资本主义和社会主义并存的世界，"大同世"仍是一个追求的过程，而不是一个结果。因此，研究"世界公民教育思潮"的当代价值更为重要。

### （三）世界主义是世界公民教育思潮的理论之源

世界主义思想理论是世界公民教育思想的理论之源，在世界公民教育处于发展低潮时，世界主义始终以螺旋式在不断发展，不管是在古希腊城邦时代还是民族国家崛起时期都是如此。正如沃特·帕克（Walter Parker）所说："世界主义是世界公民的先驱。世界主义也在教育论述中惊鸿一瞥（make a brief appearance）。世界主义与国家论述场域中的公民教育和多元文化教育有着微弱的联系，但作为先驱（harbinger），诱发产生了不同种类的政治共同体——世界公民。"[1]第二次世界大战后，世界主义更加致力于打破民族与国别界限并深深影响了世界公民教育的倡导者和实践者。姚晓鸣认为："现代意义上的世界主义随着玛莎·努斯鲍姆 1994 年在《波士顿评论》上对其重新定义而进入主流。"[2] 而努斯鲍姆又将世界主义引向世界公民教育。"世界公民教育鼓励学习者将自己视为世界公民，作为道德的世界主义者。"[3]

世界主义的多种形式为课程改革作为一种世界可能的理论和方向提供了更多的思考。"世界主义作为一个有着很多定义的复杂术语通常对应一个模糊的概念——成为世界公民（being a 'citizen of the world'），却较少持久与专门问题相关，例如现实和想象中的环境问题。这种面临世界问题比国家问题更大的感觉在今天的很多年轻人中很普遍，他们坚持自己是更大的世界的一部分，已超出了当地民族、社区、学校和宗教机构的束缚。

---

① Walter Parker. "Oppositions and possibilities", *Globalization, the Nation-state and the Citizen: Dilemmas and Directions for Civics and Citizenship Education*, 2010, p. 209.

② 姚晓鸣：《从后殖民主义到世界主义》，博士学位论文，上海外国语大学，2013 年，第 ii 页。

③ Hill and J. D., *Becoming a Cosmopolitan: What It Means to Be a Human Being in the New Millennium*, Lanham, MD: Rowman and Littlefield, 2000, p. 3.

世界主义包括多重归属，正如更早的双重或多重的公民资格一样，包括对全球问题、事件、趋势及其与日常生活相关性的意识。世界主义也包括对跨文化情境的道德立场。世界主义者的研究也涉及与市场经济的其他方面一样，过度的用户至上主义成为全球化的一种结果。知识、相互作用、国际化的公民社会也能成为兴趣，尤其是认识到非政府组织（NGO）的力量，贸易联盟和社会运动等相互影响、建议或为政府提供咨询"①。

当下，世界主义也正在形成一种与文化和跨文化能力一同发展的意识："这种能力与语言学习、情境学习（例如在欧洲共同文献框架下）相关。理想上需要国际人权立法的有影响和相关的语料库知识，例如，联合国人权宣言（UN Decaration of Human Rights）和儿童权利公约（Convention on the Rights of the Child），这些人权宣言与各国相应法律相连接。应当授权和可操作化的国际法庭，维护安全和和平的意识，比较研究世界的文化权利，寻求融入教育课程的可能。"②

马德里自治大学（Universidad Autónoma de Madrid）的塔蒂安娜等学者设计了10个公民教育方面的理论量表，通过对西班牙中学教师和学生的调查发现，世界公民资格与世界主义和社会公正框架直接相关：公民资格中的世界主义观念越多，导致指向社会公正和公民资格问题的社会意识越强，例如更关心社会参与、承认多样性和人权。鉴于世界公民教育有重要的道德教育成分，塔蒂安娜等人认为应把它理解为在认知情感和行为中的互动。③

## 二　全球化理论

### （一）全球化主要体现为经济全球化

在这里的全球化理论关注的是与世界公民教育思潮相关的观点。并不着眼于解析人们通常关注的当代全球化理论，例如沃勒斯坦（Immanuel

---

① Alan Reid, *Globalization, the Nation-state and the Citizen: Dilemmas and Directions for Civics and Citizenship Education*, Oxon: Routledge, 2010, p. 236.

② Ibid.

③ Tatiana García-Vélez, Liliana Jacott Vanesa Sainz, Everardo Pérez, Almudena Juanes and Antonio Maldonado, *Understanding Cosmopolitan Citizenship and Moral Development*, 41st Association for Moral Education Conference, 2015, p. 32.

Wallerstein）的世界体系论、罗兰·罗伯逊（Roland Robertson）的多元文化全球论、罗西瑙（James N. Rosenau）的两个社会理论以及吉登斯（Anthony Giddens）的时—空超拔理论等。全球化理论包括经济、政治、文化等方面全球化的理论体系，但当前全球化理论对经济领域的影响最直接，狭义的全球化指"经济全球化"。日本管理学家大前研一在《无国界的世界：民族国家的终结》中指出：民族国家是经济上的硬化剂，虽然在世界系统中仍属操控者之一，却失去控制其国家经济的能力，尤其是在控制交换率和保护其货币上。甚至再也无法产生真正的经济活动，并且日渐丧失它在全球经济中重要的参与者角色。他提出四个"I"，即投资（investment）、工业（industry）、资讯科技（information technology）以及消费者个人（individual consumers），正在操纵着全球化经济的扩张与运作，接替曾被民族国家掌握的经济权力。①

### （二）全球化理论的主要观点

全球化理论并不像近代学科形成和发展中所呈现的一个或多个学派的集合体，相反，全球化理论同时包含了各种相互质疑或排斥的观点，尚不是一种逻辑缜密、系统全面的理论。

1. 全球化不是西方化，而是一种客观历史进程

多尔富斯（Olivier Dollfus）指出："全球化是包含了经济、政治、战略、社会、文化等多方面在内的总的现象，他既体现在这些领域自身的内部关系之中，又体现在领域之间的相互作用之中。……全球化不是市场，也不是资本主义。……即使我们的世界目前受到资本主义、市场、新自由主义以及寻求最佳因素生产力的技术体系的影响，全球化依然是一个超越了国家和意识形态的当代现实。""面对所遭受和经历的变化，在无法预知的未来面前迷失方向的人——国家的公民当然也是整个世界的公民（虽然人们长期意识不到这一点）——开始思考全球化的含义"②。

---

① 转引自［美］卡洛斯·阿尔伯托·托雷斯《民主、教育与多元文化主义：全球社会公民职权的困境》，张建成译，学富文化事业有限公司 2010 年版，第 85 页。

② ［法］奥利维埃·多尔富斯：《地理观下全球化》，张戈译，社会科学文献出版社 2010 年版，第 3—4、9 页。

　　俞可平指出："全球化既不是'西方化'，更不是'美国化'和'资本主义化'，它是一种客观的世界历史进程。不管人们承认与否，喜欢与否，害怕与否，它必将深刻地影响中国与世界的命运。唯有深入研究全球化的规律，积极应对全球化的挑战，我们才能在理论与实践上掌握全球化的主动权。尤其在实践层面上，中国不仅深度介入全球化进程，而且是国际社会公认的全球化赢家之一。全球化不仅是一种经济和政治现象，也是一种文化和学术现象，正在重塑我们的民族文化和学术研究，改变我们的思维所赖以参照的坐标系，要求我们同时具有民族性和全球性的双向思维。唯有如此，才能真正发展起具有'中国特色'和'中国气派'的中国学术，并使之走向世界，展现中国文化和中国学术的魅力和实力。"[①]

　　2. 全球化有西方意识形态的痕迹

　　世界各国主要是发展中国家普遍对全球化的影响进行了反思，综合依附论、世界体系理论、后殖民主义理论的观点可以看到：全球化是一种经济殖民和文化殖民，其中带有西方意识形态和价值观的痕迹。徐晓风认为："全球化历程中也处处体现出意识形态性，它催生出许多具有意识形态性质的思想观念与价值体系。全球化是一把双刃剑。一方面，通过世界各民族文化之间的广泛深入交融，我们可以加强与其他国家和社会在意识形态领域的相互交流、相互借鉴、相互了解、相互认同，从而拓展我们自身意识形态的原有视域，增强其科学性、合理性、包容性和开放性。另一方面，在全球化浪潮的冲击下，国外不同的文化和价值观念，不同的政治和宗教制度，也以不同的形式在不同的程度上潜移默化地影响中国民众，我国传统的主流意识形态的教育正经历着前所未有的冲击和挑战。全球化带给中国的不仅是经济的世界一体化，也带来了与中国传统所不同的异域思想观念、价值体系和生活方式。与以往长期存在的意识形态一元化不同，如今是意识形态的多元并存，文化的多元并存。中国当今社会出现了人们的价值取向和文化认同逐步倾向于多元化的态势，人们的日常生活中则出现了商品化和消费主义的盛行。种种事实都对我国传统的以马克思主

---

　　① 转引自［美］入江昭《全球共同体：国际组织在当代世界形成中的角色》，刘青等译，社会科学文献出版社 2009 版，"总序"第 1—2 页。

义为核心的主流意识形态教育，提出了种种崭新的课题。"①

3. 全球化造成了全球分化

赵汀阳指出："全球化进程正将我们带向某个新的时代，但是它在本质上是个盲目的运动，它是没有控制的经济和文化激流，而人们还没有为未来时代准备好新理念。全球化特别地表现为经济运动与政治理念之间的失调，表现为文化运动与价值观之间的失调。虽然全球化一般被认为是对民族国家体系的冲击，但实际上却还没有形成一种全球化政治。全球化意味着所有国家在所有方面都更深地卷入到同一个游戏中去，不仅政治和经济需要斗争，文化和精神也需要斗争，不再有藏身之地就意味着死无葬身之地，所有冲突和竞争都变成了背水一战，胜者通吃的规律比任何时候都更显眼。全球化运动方式加在民族国家游戏之上就是使这个游戏进入最后的疯狂，所增加的当然只是国家与文化间的冲突（正如亨廷顿当年所发现和预料的），而不是世界的普遍利益和人类的普遍发展。在这个意义上，全球化（Globalization）同时就是全球分化（Global—breaking）。"②

社会学家迈克·费瑟斯顿（Mike Featherstone）在 1995 年写道："全球化进程的一个自相矛盾的后果……非但没有生产出同质性，反倒使我们对更大的多样性和各种地方文化有了更多的了解。"③ 入江昭指出："当然，这也并不是说全球化就等同于碎片化。正如戴维·赫尔德（David Held）和安东尼·麦格鲁（Anthony McGrew）在 1993 年观察到的那样，即便商品、资本、人口、知识、形象、交通，以及犯罪、文化、污染物、毒品、时尚和信仰能够跨越地理边界而流动，人们却越来越意识到世界各民族、各文化和各宗教之间存在着差异——这种差异已经达到了这样的程度，以至塞缪尔·亨廷顿在 1993 年发表了一篇如今已被广泛阅读的文章《文明的冲突》。"④

4. 应当辩证地看待全球化

一方面，全球化对民族国家具有积极意义，俞可平对全球化进行了辩

① 徐晓风、张博：《论主流意识形态建构中的多元文化背景》，《理论探讨》2015 年第 1 期。
② 赵汀阳：《天下体系：世界制度哲学导论》，中国人民大学出版社 2011 年版，第 78 页。
③ 转引自 [美] 入江昭《全球共同体：国际组织在当代世界形成中的角色》，刘青等译，社会科学文献出版社 2009 年版，第 191—192 页。
④ [美] 入江昭：《全球共同体：国际组织在当代世界形成中的角色》，刘青等译，社会科学文献出版社 2009 年版，第 191—192 页。

证性的思考："带着沉重的怀古情结来观察和评判现实，一看到或听到新的观点和理论，往往不是冷静地分析，而是根据既定的标准进行指摘和抵触，这是我们的传统思维定式。全球化是现代化的延伸，是对传统的超越，无情地摧毁了过去的各种理想模式。在全球化时代，过去的和现存的每一种社会生活模式都暴露出其固有的缺点。它迫使人们进行前瞻性的思考，把理想模式建立在未来，而不再是过去。全球化既不是单纯的同质化，也不是简单的碎裂化，它是一个合理的悖论：它既是国际化，又是本土化；既是普遍化，又是特殊化；既是民族化，又是世界化；既是分散，又是整合。全球化是一种真正的'对立统一'，两种完全相反的趋势却奇妙地结合在一起，相辅相成，你中有我，我中有你。全球化不是一种目标，甚至也不是一种稳定的状态，而是一个过程。它迫使民族国家不断对自己的制度和价值进行创新，使改革和创新也变成一个持续的过程。"[1]德里克·希特指出："在任何一个合作的社会里，分配正义要求最不利者从社会与经济状况的变化中受益。美国学者查尔斯·贝兹（Charles Beitz）认为国际间的相互依赖已经达到了如此的水平，以至于现在可以认为（罗尔斯的）这一原则可以应用于全球的层面之上。"[2]

　　另一方面，全球化受到国家政府的制约。正如美国哈佛大学罗德里克教授所说："全球化问题的根本在于：没有政府不行，有了政府也不行！所以说全球市场面临着双重问题：它不像本国市场那样，有国内上层建筑的支持，只能在各国社会制度的夹缝中生存。就算各国对跨国贸易和国际金融没有直接限制，这双重魔咒也使得全球化非常脆弱，交易成本高昂。追求完美的全球化一定会徒劳无功。"[3]

### （三）全球化促进世界公民意识的形成

　　经济基础决定上层建筑，作为世界公民教育的经济思想源流，全球化

---

① ［美］入江昭：《全球共同体：国际组织在当代世界形成中的角色》，刘青等译，社会科学文献出版社 2009 年版，"总序"第 3—4 页。

② ［英］德里克·希特：《公民身份——世界史、政治学与教育学中的公民理想》，郭台辉、余慧元译，吉林出版集团有限责任公司 2010 年版，第 348、393 页。

③ ［美］丹尼·罗德里克：《全球化的悖论》，廖丽华译，中国人民大学出版社 2011 年版，第 17 页。

理论对教育学也产生了深远影响。本研究在杨雪冬归纳的各学科对于全球化的研究①中加入了教育学的基本表述，正如表"不同学科对全球化的研究"所示，各个学科从不同角度研究了全球化问题。

**表 4.1**　　　　　　　　　　**不同学科对全球化的研究**

| 学科 | 基本对象 | 对全球化的基本表述 | 研究的基本问题 |
|---|---|---|---|
| 经济学 | 市场 | 经济全球化、经济一体化、市场关系的扩展 | 贸易、投资、就业、经济区域化、金融风险、福利制度等 |
| 社会学 | 社会（民族社会和世界社会） | 多维度的全球化（经济、文化、社会等）、全球性、世界体系 | 全球前景、文化之间的关系、非西方社会的反应、移民等具体问题 |
| 政治学国际关系学 | 民族国家 | 多层次的管理（全球治理）、世界主义民主、跨国公民社会 | 全球性问题的解决、主权问题、多层次治理问题、民族国家的命运和作用等、民主的前途等 |
| 哲学 | 人类文明 | 全球性、人类共同体 | 全球价值、人类存在、生态价值、后现代性等 |
| 文化研究 | 全球文化和本土文化 | 可口可乐、麦当劳化、后殖民主义 | 本土文化的反应、全球文化的可能 |
| 历史学 | 全球史 | 全球史 | 如何把各种文明纳入一个解释框架 |
| 教育学 | 全球教育和世界公民教育 | 教育全球化、国际课程、国际理解教育、跨文化教育、和平教育 | 如何让儿童学会合作共生并主动参与全球事务 |

英国苏赛克斯大学的约翰·加文塔（John Gaventa）教授认为全球化有利于促进世界公民意识的形成："全球化改变了权力的形式，形成了新的范围的权力和公众行动新的空间，世界力量对日常生活的影响与日俱增。从国家到世界，权力和权威图景的领域被重新配置。影响了星球上公

---

① 杨雪冬：《全球化：西方理论前沿》，社会科学文献出版社 2002 年版，第 47 页。

民的生活和未来，同时又重新塑造了公民在哪里和怎样做事可以使他们的声音被听到。全球权力如何扩展到当地和国家，形成公民行动。相反的，当地的权利要求怎样扩展到国际机构。在全球时代这包括可兼有的和主动的公民。全球化为公民参与营造了新的空间和机会。公民资格从地理边界剥离，变得更加多层（multilayered）和多维（multi-scaled）。新的全球重构提供了新的世界公民意识成为优势的条件，这深入与扩展了民主参与和对人权的认识。"①

但德里克·希特对全球化是否有利于传播世界公民意识进行了冷思考，他认为："将个体与全球网络微妙地联系在一起，使他更不从国家的角色进行思考、更不具有排外意识，甚至赋予他们积极的世界主义精神，使他回想起康德的世界法（cosmopolitan law）。如果对现在的跨国职业、利益集团、财政以及商业之间的联系大加论述，你一定认为这是一种极为无聊的观察。但是，它的确存在着无可置疑的真实性：在描述这些现象时，全球化已经迅速进入了新闻记者、社会科学研究人员的词汇表。但是，我们并不能确定，彼此交织的全球化网络是否真的具有传播世界公民意识的道德效果，抑或只会促进对于既得利益的追求。"②

斯凯特（Hans Schattle）并不满足世界公民教育单纯地从全球化、全球主义等理论中汲取营养，认为世界公民教育应在已有理论基础上以世界导向深入发展。"如果世界公民教育方案目前在几种熟悉的理论中停滞不前，那么全球主义作为一个未来新的思想意识的可行性是什么呢？那种'全球主义已作为一种思想潮流登上中心舞台'的观点弱化了吗？受斯蒂格（Manfred Steger）关于全球主义的三个核心要求的影响，世界公民教育方案中一些能力本位的特性已经愈加趋同。这三个观点是：全球化是自由化和全球市场一体化的过程；全球化是必然的和不可逆的；全球化从长远看会让每个人受益。世界公民教育如果继续保持对斯蒂格关于全球主义的三个核心要求的认同，就会是一种不可之论（agnostic），斯蒂格认为：

① John Gaventa, *Globalizing Citizens: New Dynamics of Inclusion and Exclusion*, London: Zed books, 2010, pp. 3 - 4.

② ［英］德里克·希特:《何谓公民身份》，郭忠华译，吉林出版集团有限责任公司2007年版，第147—148页。

'没有人对全球化负责，全球化促进了民主在世界的传播，全球化需要开展一场全球反恐战争'。当我们从整个世界的角度来审视世界公民教育时，观察其在思想上与全球主义的密切关系时，斯蒂格呈现给我们这样一种未来的图景看起来是难懂的。即使斯蒂格关于全球主义的论点是正确的，世界公民教育仍然不适用于这个范式。世界公民教育积极地鼓励我们，提供了一套明确相对的核心要求，以世界导向（globally-oriented）的思想挑战全球主义"①。

# 三 全球治理理论

全球治理理论虽然根源于全球化理论，但是随着全球化的深入发展，逐渐形成了本土理论鲜明的特色，同时又与世界公民教育有着紧密的联系。与全球化理论一样，全球治理理论也是包含着全球政治治理、经济治理、文化治理等多层面的治理理论，但当前还是主要作为一种政治思想源流，对世界公民教育产生着重要影响。世界各国在政府治理问题上经历了"社会建设—国家治理—全球治理"的过程。各国对在全球化语境下加强全球治理有着广泛的共识，但这种共识的前提是国家利益不能受到侵犯或者只能作有限度的让步。在各国同意加强全球经济治理的同时，国际组织和部分学者在政治、法律、文化等领域，对全球公民社会和世界政府、世界联邦的建立提出了更多的要求，并通过宣传和教育项目、专题课程来实施。

## （一）全球化背景下由"统治"到"治理"的转变

"在经济全球化和政治民主化的背景下，公民社会组织正在承担越来越多和越来越重要的公共管理职能。政治学家把这种由民间组织独立从事的公共管理，以及民间组织与政府部门合作进行的公共管理活动，不再叫做政府统治（government），而称做治理（governance）。治理一词的基本含义是指官方的或民间的公共管理组织在一个既定的范围内运用公共权威维持秩序，满足公众的需要。治理的目的是指在各种不同的制度关系中运

---

① Hans Schattle, "Education for Global Citizenship: Illustrations of Ideological Pluralism and Adaptation", *Journal of Political Ideologies*, Vol. 13, No. 1, February 2008, pp. 73 - 94.

用权力去引导、控制和规范公民的各种活动，以增进公共利益。所以，治理是一种公共管理活动和公共管理过程，它包括必要的公共权威、管理规则、治理机制和治理方式。'少一些统治，多一些治理'，成了一些政治学家的流行口号"①。

### （二）全球治理的内涵

俞可平认为："当前对'全球治理'至今并没有一致的、明确的定义。所谓全球治理，指的是通过具有约束力的国际规制解决全球性的冲突、生态、人权、移民、毒品、走私、传染病等问题，以维持正常的国际政治经济秩序。全球治理的价值，就是全球治理的倡导者们在全球范围内所要达到的理想目标。全球规制就是维护国际社会正常的秩序，实现人类普世价值的规则体系。全球治理的对象，包括已经影响或者将要影响全人类的跨国性问题。这些问题很难依靠单个国家得以解决，而必须依靠国际社会的共同努力。多数学者相信，全球治理对于维护公正的国际秩序是有效的，而且这种效果可以通过一定的评估标准加以测定。特别需要强调指出的是，在西方的全球治理理论中也存在着一种极其危险的倾向，这就是它有可能成为某些跨国公司和国家干预别国内政、谋求国际霸权的理论依据。"②

科布林（Stephen Kobrin）认为当前正处在由国际化到后威斯特伐利亚（post-Westphalian）的政治—经济体系过渡之中。"我们还没有建立一种'合作、系统甚至必需的语言'模式来有效管理全球整体的经济，这些导致全球治理的代沟，使得政治落后于'延展并超出民族国家范围'的市场。最终，公共与'被假设为传统的政治经济学自由理论'私人领域的分离，被'企业既被管理又是管理者'质疑。同时，可以观察到一种涉及国际规则的强烈趋向。在发展过程中，分层治理（hierarchical governance）逐渐被市场兼容（market-compatible）取代，而这都是由非国家行为体（non-state actors）频繁实施的。这一过程的结果既没有出现无力的国家（powerless state）也没有出现去政治化（de-politicization）。国家保

---

① 俞可平：《民主与陀螺》，北京大学出版社 2006 年版，第 31—32 页。
② 同上书，第 33—34 页。

持了应对几乎所有变化所必需的完整能力。国际机构和大公司在这一进程中变得更加政治化，因此'以政府治理和无政府治理'（governance with and without government）从属于'被政府治理'（governance by government）"①。

### （三）全球治理的主要推进机构

1. 全球治理委员会

全球治理委员会（commission on global governance）成立于 1990 年，1992 年得到联合国的认可。"全球治理委员会已敦促采取一种全球公民伦理，以便为比当前治理模式更加有效的全球治理体系奠定道德基础。另外，它在加强已经确立的基本人权项目的同时，还列举了六种与之配套的责任。它们包括：考虑个人行为对他人福利和安全所造成的影响；促进包括性别平等在内的平等；保护子孙后代的利益。此外，一个包括前国家元首、政府首脑等知名人士在内的团体——自称为国际行动委员会（Inter-Action Council）草拟了一份《人类责任世界宣言》（Universal Declaration of Human Responsibilities），意在平衡《世界人权宣言》"②。

2. 国际非政府组织

俞可平指出：越来越多的学者则开始强调非政府的全球公民社会组织在全球治理中所起的作用。"全球公民社会是介于国家和个人之间的跨国活动领域，其基本的组成要素是国际非政府的民间组织。罗西瑙对全球治理的主体提出了一个新的概念——'权威空间'（SOAs）。他强调，权威空间与国家领土疆界并不必然一致，主权国家和政府属于权威空间，但大量非政府的超国家组织和次国家组织也都在权威空间之内。所以，在他看来，全球治理的单位不仅仅是国家和政府，'至少有十个描述世界政治的相关术语已经得到人们的认可：非政府组织、非国家行为体、无主权行为体、议题网络（issue network）、政策协调网（policy networks）、社会运

---

① Andreas Georg Scherer and Guido Palazzo, *Handbook of Research on Global Corporate Citizenship*, Cheltenham and Northampton: Edward Elgar Publishing Limited, 2008, pp. 1 – 14.

② ［英］德里克·希特：《何谓公民身份》，郭忠华译，吉林出版集团有限责任公司2007年版，第142—143页。

动、全球公民社会、跨国联盟、跨国游说团体和知识共同体（epistemic community）'"①。在这十个描述世界政治的相关术语中，当前国际非政府组织对全球治理和推行世界公民教育的影响最大。

"非政府组织"这一术语是 1946 年首次在联合国被使用的。1951 年共有 188 个国际非政府组织得到了联合国的正式承认，"这 188 个组织都隶属于联合国的某个机构，这样在政府间组织和国际非政府组织之间，就建立起了一种密切合作的关系。这一合作关系将会在全球形成一个利益和关切共享的网络。这对于正在兴起的威胁说要分裂世界的冷战地缘政治无疑是一个大的挑战"②。以世界普遍面临的环境问题为例，"如肯尼思沃尔兹所言，由于受'无政府'的国际关系结构的约束，国家只关心自己的利益，而罔顾体系（世界）的利益。这就导致政府间的合作力度远远滞后于世界环境问题蔓延的速度。20 世纪 70 世纪年代以来，随着环境问题的日益全球化，世界在政治上的分裂状态和生态上的整体性之间的矛盾日益突出，人们普遍相信，传统的以国家为中心的国际体系行动缓慢、效率低下，已难以胜任解决全球环境问题的重任，而国际环境非政府组织以解决全球环境问题为己任，代表国际社会的公共利益，其活动范围以自然的生态疆界为依据，在很大程度上可以超越国家利益的束缚和政治疆界的藩篱。这无疑为国际环境非政府组织的发展提供了空间和可能性"③。

从现有的世界性组织来看，虽然在规模上已经接近于理想中的世界政府，囊括了世界上大多数国家和地区，但是由于各个国家的经济状况、国家实力、历史背景、文化意识等方面差异很大，不是组织权力机构被发达国家控制，就是在完全平衡的机制中难以达成统一。从这个角度来讲，区域性组织似乎更容易成功。区域性国际组织具有鲜明的地理性，成员国之间往往国土相邻并且在语言、文化、民族、宗教上具有共性，并且贸易往来密切，经济依存度较高。因此，这样的区域性组织容易达成统一的协议，成员国之间能更加谨慎地遵守组织条约。如今几乎所有加入世界贸易

① 俞可平：《民主与陀螺》，北京大学出版社 2006 年版，第 90 页。
② ［美］入江昭：《全球共同体：国际组织在当代世界形成中的角色》，刘青等译，社会科学文献出版社 2009 年版，第 48 页。
③ 王杰、张海滨、张志洲主编：《全球治理中的国际非政府组织》，北京大学出版社 2004 年版，第 309—310 页。

组织的成员国都隶属于一个或多个区域性组织，区域性组织也已经覆盖了这个地球除南极洲以外的所有部分。欧洲有欧盟，非洲有非洲联盟，北美洲有北美自由贸易区，南美洲有南美洲国家联盟，北非以及西亚有阿拉伯国家联盟，东南亚有东南亚国家联盟，以及覆盖了广大范围的亚太经济合作组织等。这当中既有在自由贸易框架下的经济贸易类组织，也有推动区域一体化的政治性联盟。当然后者更接近于世界政府的职能。①

非政府组织中以推进世界公民教育为主要宗旨的除了乐施会，还有战争儿童、世界公民教育委员会、世界未来协会、世界秩序模型计划组织等。

战争儿童（War child）是 1993 年成立于英国的非政府组织，目的是援助那些受到战争创伤和影响的儿童。战争儿童加拿大分会的国际目标是关心儿童发展，保护儿童权益，增加教育机会改善生存条件，帮助全世界受战争影响的地区恢复生气。② 教育者认为战争儿童组织在学校开设的工作坊和课程资源是在培养全球责任和关心。该组织最普遍的一个项目是正义行动青年会议（Just Act Youth Conferrnce）。这是一个教育性的和相互交流的系列工作坊（workshops）和研讨会（seminars），旨在提高参加者在推行全球正义（global justice）中的领导力和创造力水平。③

世界公民教育委员会在 1939 年创立。委员会将不同背景的人们凝聚在一起，这些人有着一直为国际联盟（the League of Nations）所阐释的共同价值观。委员会认为国际联盟在维护和平上失败了，但和平需要被修复，他们从一开始，就致力于国际理解教育。④

世界未来协会 2007 年创办，注解是"世界未来一代的声音"。目标是："举办面向全世界的全球论坛来分享伦理价值；建立信任，长期为未

---

① 吴翠：《三天读懂世界经济：用最短的时间最全面地了解世界经济》，中国法制出版社2012 年版，第 229 页。

② War Child〔http://en. wikipedia. org/wiki/War_Child_（charity）#War_Child_Canada_.28also_USA. 29. 2015 – 11 – 21〕.

③ Maria Vamvalis, "Cultivating Creative, Critical and Compassionate Global Citizenship: War Child Canada's National Youth Programs（Just Act Youth Conference）: Ontario Secondary School Teachers' Federation", *Update*, Vol. 32, No. 12, 2005, p. 6.

④. Richard Ennals, Les Stratton, Noura Moujahid and Serhiy Kovela, "Global InformationTechnology and Global Citizenship Education", *AI & Soc*, Vol. 23, No. 1, January 2009, pp. 61 – 68.

来一代的利益发声；通过增强民主力量的道德权威来改善目前的全球行动。当前世界上一些人在决定关乎未来人类的关键问题上不再宽容，变得拖沓和不作为。① 世界未来协会在伦敦、汉堡建有办公室。"世界未来协会宣称："我们的愿景是我们希望一个可持续、正义、和平的未来，在那里普遍的人权得到尊重；我们的任务是成为一种未来生活需要的伦理声音，传递一个健康的星球和公正的社会给我们的子辈和孙辈；我们对后代的承诺是竭尽所能帮助延续地球上美丽和多样的生命，为人民和国家间理解的和平而工作；我们因相同的信念聚在一起，这种信念是包含责任、同情、尊重、信任和关心环境的共同价值观。人类面对全球挑战需要作出一致的全球回应。今天我们所做出的决定将影响今后的数代。"②

"世界秩序模型计划组织"（World Order Models Project，WOMP）已经认识到对于处理全球问题的任何计划而言，全球认同感的需要是其中关键的一部分。在说明公认的最具威胁性的因素时，他们的报告是这样的："我们可以认同人类面临的五个最主要的问题：战争、贫困、社会的不公正、环境的恶化和冷漠。我们之所以把它们视作社会问题是因为我们具有以下有价值的东西：和平、经济福利、社会公正、生态平衡和积极的认同感，但无论怎样勉为其难，我们知道它们并没有在现实的世界上实现。"③

### （四）全球治理为世界公民教育提供了价值指导

全球治理为世界公民教育提供了价值指导，澳大利亚维多利亚大学的缪艾特莱菲尔德（Michael Muetzelfeldt）和迪肯大学的史密斯（Gary Smith）指出："要分析全球公民社会和世界公民资格，需要聚焦全球治理。正如民族国家会促进或阻碍国家公民社会的产生和发展一样，全球治理机构也会促进或阻碍全球公民社会的出现。世界层面的公民社会将会在与全球治理中强大的推动机构的互动中茁壮成长。通过分析不同模式的全

---

① James R. Mancharn. Seychelles global citizen: The autobiography of the founding president of the republic of seychelles, St. Paul, 2009, pp. 236 - 237.

② World Future Council（http: //www. worldfuturecouncil. org. 2015 - 1 - 29）.

③ ［英］德里克·希特：《公民身份——世界史、政治学与教育学中的公民理想》，郭台辉、余慧元译，吉林出版集团有限责任公司 2010 年版，第 268 页。

球治理，我们能在战略上认同政治和社会参与适当的形式，以使世界公民资格的前景得到最好的发展。"① 两位学者通过表《治理与公民资格的层次》，将全球治理与城邦国家、民族国家、福利国家相对比，指出了全球治理与世界公民、社会政治人格（Socio-political personhood）、世界权利与义务、世界机构等构成一个紧密相关的体系。

**表 4.2　　　　　　　　　治理与公民资格的层次**

| 治理体系 | 社会政治人格 | 主要权利与义务 | 相关组织机构范例 |
|---|---|---|---|
| 城邦国家 | 居民 | 法定权利与义务 | 陪审制度 |
| 民族国家 | 公民 | 政治权利与义务 | 议会制度 |
| 福利国家 | 社会公民 | 社会权利与义务 | 社会福利机构 |
| 全球治理 | 世界公民 | 世界权利与义务 | 世界机构，例如联合国系统 |

资料来源：Michael Muetzelfeldt and Gary Smith，"Civil Society and Global Governance：The Possibilities for Global Citizenship"，*Citizenship Studies*，Vol. 6，No. 1，2002，pp. 55 – 75。

　　全球治理委员会在其《我们的全球之家》中对全球治理的价值做了比较充分而全面的阐述。该委员会相信，"要提高全球治理的质量，最为需要的，一是可以在全球之家中指导我们行动的全球公民道德，一是具备这种道德的领导阶层。我们呼吁共同信守全体人类都接受的核心价值，包括对生命、自由、正义和公平的尊重，相互的尊重、爱心和正直"②。

　　全球治理要求世界公民教育向儿童传递系统的世界知识，促进世界价值和世界意识的形成："当前研究更关注全球治理，较少关注国家与全球的内在关系，以及实践与公民认同的结果。可以从公民的视野，从日常经验中向上与向外看，努力改变当地、国家、全球治理和权力的图景。这种图景的改变可以影响不同群体的公民。这就要求世界公民教育向儿童传授更系统的世界发展知识，主动关心、理解他人，促进儿童全球道德的形

① Michael Muetzelfeldt and Gary Smith，"Civil Society and Global Governance：The Possibilities for Global Citizenship"，*Citizenship Studies*，Vol. 6，No. 1，2002，pp. 55 – 75。

② 俞可平：《民主与陀螺》，北京大学出版社 2006 年版，第 88 页。

成，培养其承担世界责任和参与世界事务的意识。"①

欧阳康主张弘扬共商共建共享的全球治理理念，为实践提供思想引领和价值指导："不同国家之间政治与意识形态差异甚至对立仍然存在，却又共同面临经济下行的压力，不得不在一定程度上携手合作，谋求共赢。由于经济形势趋紧和利益分化，国度与地方保护主义再度抬头，地缘政治关系变得空前复杂与多变，全球治理体系面临深刻变革。要深刻认识当代全球治理格局变化的多元基础、发展动力、演进逻辑、内在缺陷、问题根源和解决途径，准确预见全球治理体系的未来趋势和价值导向，继续丰富人类命运共同体等主张，弘扬共商共建共享的全球治理理念，以思想上的超前建构为实践上的合理设计提供思想引领和价值指导。"②

### （五）全球治理的局限

我们也要警醒，当前全球治理中还存在着国家影响力不均衡影响治理效果等问题，国家之间的责任担当与权利共享不是依据平等的和民主的方式，而要基于国家之间的力量对比进行分配，存在着普遍的"正义赤字"和"民主赤字"。就像英国伦敦经济与政治学院戴维·赫尔德（David Held）教授所指出的那样："在各个民族的命运深深纠缠在一起的时代里，民主无论是在既已建立起来的国界范围之内还是超出这个范围以外，都必须得到再造和加强。"③ 此外，"全球公民社会要求以超越主权国家公民的身份去看待世界，以个人认同在国际社会中牟取不同的政治身份，是一种以模糊主权为特征的、跨国的公众跨国参与行为。带给主权国家的可能是国家面临对人民的凝聚力相对弱化的难题"④。

全球化治理的新形式最终还是不能突破以下局限性："国家还是政治身份和归属感的中心，政治社区的组织形式更多的是当地化而不是全球

---

① John Gaventa, *Globalizing Citizens: New Dynamics of Inclusion and Exclusion*, London: Zed books, 2010, Foreword 10.

② 欧阳康：《全球治理变局与中国治理能力的时代性提升——中国"十三五"的一个重要使命》，《光明日报》2015 年 12 月 9 日第 13 版。

③ David Held, "Democratic Accountability and Political Effectiveness from a Cosmopolitan Perspective", *Government and Opposition*, Vol. 39, No. 2, Spring 2004, foreword 22.

④ 朱虹：《全球公民社会理论与全球治理》，《理论视野》2012 年第 8 期。

化；出现了真正意义上的全球性规范的领域不多；什么样的上层建筑才是可取的，各国意见也很不一致。面对这些极具争议性的问题，这些新的事务性制度可以起到一个缓冲的作用，但是它们代替不了真正意义上的治理。它们支持不了大范围的经济全球化。"①

# 四　世界性与民族性系列理论

除了世界主义、全球化和全球治理理论对世界公民教育产生直接和间接的影响外，世界公民教育思潮背后还交织着各种系列理论。一方面是"爱国主义（Patriotism）、国家主义（Statism）、民族主义（Nationalism）"等与世界主义截然相对的民族性概念与理论，另一方面是"超民族主义（Transnationalism）、国际主义（Internationalism）、文化相对主义（Cultural Relativism）、人类主义（Humanism）"等与世界公民教育思想有共通之处的世界性概念与理论。而世界性正是基于民族性概念与理论的不足所产生的，世界性与民族性两方面共同构成了世界公民教育思潮的思想基础。

## （一）从个人主义到人类主义模式

为了更好地理解民族主义与其他主义的关系及其在人类历史上的意义，易华提出如下分类系统。

1. 个人主义（Individualism）

一种以个人为中心对待社会或他人的思想或信念。普罗泰戈拉提出，人是万物的尺度。霍布斯认为个人主义是永恒不变的人性。尼采将个人主义发挥到了极致。在东方，孟子提出"万物皆备于我"；杨朱提出"为我""贵己""重生""拔一毛而利天下也不为"。个人主义与利己主义、自由主义、无政府主义等有关，亦表现为唯我论（Solipsism）。

2. 民族主义（Nationalism）

一种以本民族为中心看待世界和其他人的思想或信念，亦可称之为民族中心主义（Ethnoeentrism）。民族主义与部族主义（Tribalism）有关，与

---

① ［美］丹尼·罗德里克：《全球化的悖论》，廖丽华译，中国人民大学出版社 2011 年版，第 193 页。

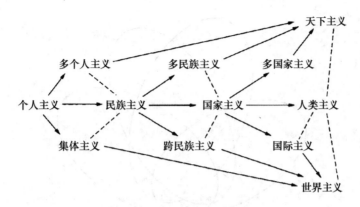

**图 4.1　从个人主义到人类主义**

资料来源：易华《民族主义与多重认同——从归纳到演绎的尝试》，《原道》2012 年第
1 期。

国家主义难解难分，亦是家族主义、集体主义的近义词。

3. 国家主义（Statism）

一种以国家为本位看待外国和世界的思想或信念。国家主义者认为国家主权神圣或国家利益高于一切，不惜为国捐躯。国家主义亦可表现为爱国主义、军国主义或法西斯主义。国家崇拜或国家神话影响深远、流行广泛。

4. 人类主义（Humanism）

一种以人类为中心看待世界的思想或信念，亦可称为人本主义或人文主义，是世界主义、天下主义的近义词。"四海之内皆兄弟""全世界无产者联合起来"都是具有人类主义色彩的口号。人类解放之后的大同世界才是人类主义的天下：国家消亡，民族融为人类共同体。

一个人既可以是个人主义者，又可能是民族主义者、国家主义者或人类主义者，甚至四者兼备。众多主义可以相互促进或抑制，关系十分复杂，需要具体解析。

易华指出，从理论上说任何国家或地区、社会或个人都存在上述四种主义，只是所占比重不同而已。根据四元文恩图，有如下十六种典型情况，还有无数过渡类型。

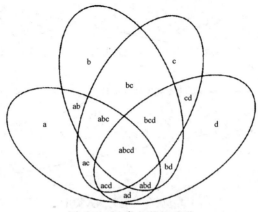

**图 4.2 民族主义的系谱**

资料来源：易华《民族主义与多重认同——从归纳到演绎的尝试》，《原道》2012 年第 1 期。

（1）a，个人主义占绝对优势，其他三种主义可忽略不计，某些小型社会组织如个人主义俱乐部。

（2）b，民族主义占绝对优势，其他三种主义可忽略不计，如欧美犹太人社区。

（3）c，国家主义占绝对优势，其他三种主义可忽略不计，如以色列。

（4）d，人类主义占绝对优势，其他三种主义可忽略不计，如红十字会。

（5）ab，个人主义和民族主义占优势，国家主义与人类主义不重要，例如吉普赛人社会。

（6）ac，个人主义和国家主义占优势，民族主义和人类主义不重要。例如美国，个人、国家的利益总是优先考虑，而民族、人类的共同利益特别是其他人类的利益很少考虑。

（7）ad，个人主义和人类主义占优势，民族主义或国家主义不重要，例如诺贝尔奖委员会考虑的是个人和人类的利益，很少考虑民族和国家的意义。

（8）bc，民族主义和国家主义占优势，个人主义和人类主义不重要。一些阿拉伯国家，如巴勒斯坦民族主义和国家主义如火如荼，个人利益和人类尊严得不到保护。希特勒的纳粹主义和日本的军国主义是民族主义和国家主义结合的极端形式，以国家或民族的名义极大地伤害了个人和人类的利益。

（9）bd，民族主义和人类主义占优势，个人主义和国家主义不重要。

（10）Cd，国家主义和人类主义占优势，个人主义、民族主义不重要。

（11）abc，个人、民族、国家主义盛行，缺乏人类主义。

（12）abd，个人、民族、人类主义盛行，缺乏国家主义。

（13）acd，个人、国家、人类主义盛行，缺乏民族主义。

（14）bcd，民族、国家、人类主义盛行，缺乏个人主义。

（15）abcd，个人、民族、国家、人类主义平分秋色或难分上下，瑞士和中国就是典型。

（16）缺乏个人、民族、国家、人类主义。黑帮社会。①

由《从个人主义到人类主义模式》和《民族主义的系谱》两个分析图可知，尽管各种理论流派交叉产生，对国家和社群组织以及个人产生不同的影响，但人类主义、天下主义、世界主义应是人类历史上的高级乃至终极哲学归宿，这又与人类数万年的进化史相吻合，由个人主义基础上自我的生存转向共同体基础上的自我发展。

### （二）"多元文化主义／国家主义模式"与"国家主义／世界主义模式"

国家主义／多元文化主义（nationalism/multiculturalism），国家主义／世界主义（nationalism/cosmopolitanism）模式都是帕克（Walter Parker）以记号语言学的来分析跨越国家的公民资格的模式，雷德（Alan Reid）认为还可以加上一种：个人主义／集体主义（individualism/collectivism）。帕克指出："任何理论或社会实践，例如课程制定，能够基于以上模式被理解为一套约束或可能性，而不是一种决定和完成的事情。当前社会运动的兴起，为课程和其他教育政策工作营造了一个富饶的领域。课程和其他教育政策工作在涉及今天的公民教育、多元文化教育、世界公民教育等话语

---

① 易华：《民族主义与多重认同——从归纳到演绎的尝试》，《原道》2012 第 1 期。

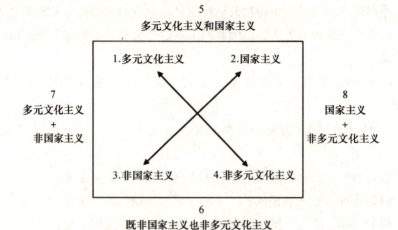

图 4.3　多元文化主义/国家主义模式

资料来源：Alan Reid, *Globalization, the Nation-state and the Citizen: Dilemmas and Directions for Civics and Citizenship Education*, Oxon: Routledge, 2010, p. 212。

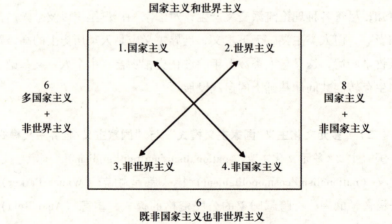

图 4.4　国家主义/世界主义模式

资料来源：Alan Reid, *Globalization, the Nation-state and the Citizen: Dilemmas and Directions for Civics and Citizenship Education*, Oxon: Routledge, 2010, p. 213。

场域（discursive field）时，其内涵是混杂的。"① 尽管图《多元文化主义/
国家主义模式》和图《国家主义/世界主义模式》中的各自 8 个模式与易
华的《从个人主义到人类主义模式》类似，在现实中大都能找到对应的
范例，但帕克重点强调了以下几种模式：

在图《多元文化主义/国家主义模式》中，模式 7 表明不含国家主义
的强烈的多元文化主义，但现实中还没有看到，多元文化教育通常在国家
框架下实践。

在图《国家主义/世界主义模式》中，模式 5 "国家主义和世界主
义"在学校和教育政策中可见，要求公民在作为世界主义者的同时还需
要忠于国家，他需要同时是一位从不止步和适应性强的学习者；模式 7
"国家主义 + 非世界主义"表明不含世界主义的强烈的国家主义：民族优
越感（ethnocentrism）或者沙文主义（chauvinism）；模式 8 "世界主义 +
非国家主义"表明不含国家主义的世界主义，例如世界公民或地球宪章。

关于不同的模式在民族国家中如何呈现，帕克举了美国和新加坡两个
例子。

在美国，国家主义占统治地位，但青少年已开始表现出灵活的公民资
格观。国家经济竞争性和军事反应敏捷性的目标正从权力和经济的高度驱
使"国际教育"运动。国家主义与世界主义之间产生张力，而且有多元
文化主义的全球变体："全球视野"。美国青少年的一部分人表达了多元
忠诚和灵活的公民资格观，这打破了对"多元文化主义/国家主义或国家
主义/世界主义"任何简单的反对。美国一名 10 年级的学生就说：我没
有国家认同感。

而新加坡正在世界主义和国家主义中寻求平衡。正如新加坡国立教育
学院的辛茉莉副教授（Jasmine B-Y Sim）所说："新加坡必须在世界主义
和国家主义的矛盾中进行平衡。如果没有世界主义，我们就不能成为贸易
国家，如果没有民族主义，我们就不能成为一个国家。我们必须同时具备
两者。"辛茉莉对新加坡政府的措施进行了反思。"新加坡政府部长在做
什么？这也可以公开辩论。他看起来正请求他的观众将国家主义和世界主

---

① Alan Reid, *Globalization, the Nation-state and the Citizen: Dilemmas and Directions for Civics and Citizenship Education*, Oxon: Routledge, 2010, pp. 213 - 214.

义融合。但可能这种融合只是修辞的便利和词汇的炫耀。事实上既不是国家主义也不是世界主义，而是两者中的一些其他东西，很可能是更低的融合"①。

　　奥斯勒指出："我们正在进行的公民教育是在世界主义理想与国家主义话语相互冲突、竞争以引起人们注意，以及由此导致的动荡、冲突和混乱的背景之下进行的。世界主义和国家主义共存于国家之中，也共存于公民意识之中，而这些公民受到了媒体和其他事物的影响与支配，可能变得不太宽容。乌干达大屠杀事件被报道的当日，英国媒体也正在刊登旨在制造仇外情绪特别是针对难民和寻求庇护者的报道。移民和寻求庇护者的问题当然是一个全球性问题，它深刻揭示了那些受到最自由国家立法保护的公民身份概念的局限性。这同时也是个非常有争议的领域，因为人们认为，关于人权的自由主义观点难以证明，在一个国家政体中照顾本国同胞的需要，能够超过其他国家中人类同胞客观上的更大需要。世界公民既关心本国公民的生活质量，也关心在其他任何地方发生的侵犯人权的行为或压迫，因此他们可能会担心，国家出入境管制和接受寻求庇护者的规例实际上可能剥夺了新移民的尊严权。"②

　　通过上述分析可以看出，世界公民教育思潮对国家和社群组织以及个人来说，是一种不可抗拒的趋势，思潮裹挟着人类主义、天下主义、世界主义，正在理论思想层面和实践层面与民族性概念和理论进行着激烈的碰撞。尽管民族性概念和理论仍是主流，但世界性概念和理论已经伴随着全球化登上了人类历史的舞台。

----

　　① Alan Reid, *Globalization, the Nation-state and the Citizen: Dilemmas and Directions for Civics and Citizenship Education*, Oxon: Routledge, 2010, pp. 213–214.
　　② ［英］奥黛丽·奥斯勒、休·斯塔基：《变革中的公民身份：教育中的民主与包容》，王啸、黄玮珊译，教育科学出版社 2012 年版，第 23—26 页。

# 第 五 章

# 世界公民教育思潮的公民资格观

## 一 关于世界公民资格的演进：世界 范围内的公民资格扩展

20 世纪 80 年代后，随着全球化、跨国联系的市场、通信与公民社会深入发展，世界公民资格在大众和学术界愈加流行，关于其规范的重要性和实践的可能性的观点持续分化。世界公民资格今天更重实践，内涵丰富、复杂、具体。① 世界公民资格已扩展到公民所处的社会、教育、文化、政治、经济等越来越多的领域与共同体。②

### （一）国家框架内的公民资格

公民资格主要涉及两个层面的关系：一是公民与政治共同体或国家的关系，二是在该政治共同体或国家内公民个体之间的关系。其中，前一个层面的关系最为重要，它是现代公民资格的核心内容。就公民与国家的关系来看，公民资格主要体现在两个方面：一方面，是指国家对其成员身份和地位的法律确认，以及公民个体自愿归属于国家或政治共同体的观念。这一方面突出的是公民的归属和认同，强调的是公民与民族国家的关系。另一方面，是指国家的公共权力来源于公民权利的让渡，且归属于公民。这一方面突出的是人权保障和人民主权原则，强调的是公民与民主国家的

---

① John Gaventa, *Globalizing Citizens: New Dynamics of Inclusion and Exclusion*, London: Zed books, 2010, p. 9.

② Lynette Shultz, Ali A. Abdi and George H. Richardson, *Global Citizenship Education in Post-secondary Institutions: Theories, Practices, Policies*, New York: Peter Lang, 2011, pp. 2 – 3.

关系。就公民与公民之间的关系来看，公民资格揭示的是成员之间的平等关系。正是由于公民资格的上述特性，最终形成了具有现代意义的内涵——它是与现代国家相对应的，以具有某一国家国籍为法律底线的完全成员资格，同时又是一个兼顾公民权利、义务、平等、认同感、归属感等多种维度的、开放的、立体动态体系（如下图所示）。

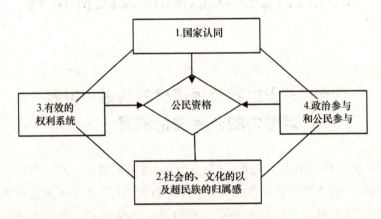

**图 5.1　公民资格概念框架**

资料来源：苏守波《美国现代化进程中的公民教育》，山东人民出版社 2011 年版，第 36 页。

　　"公民内涵中最核心的是：公民是一个社会人及政治人，他是以社会和国家的一个成员身份而存在的，其处世原则依赖于他与社会的契约而定，即具有相应的公民权利和义务。可见，一个人是否有价值，是否是有用的公民，判断的标准并不只是本人个性的完善程度，还要看他是否有助于整个社会。显然，这种完备的公民素质不是先天形成的，而是借助于一定的教育来完成的"①。公民资格不需要深爱国家，但至少要承认政体（polity）。政体与规划好的法律框架可以促进更大程度的社会公正，为全面参与的公民资格（full participative citizenship）扫除障碍，这种公民资格将使得个人发展与国家有效联结（ties）。民族国家努力通过教育来提高国家认同和亲和力（affinity），主要是对公民"受到威胁、非计划冒险的结果、提醒关注宣传和威胁"等做出反应，而不简单是安全、社会凝

---

① 王琪：《美国青少年公民教育理论与实践研究》，北京理工大学出版社 2011 年版，第 11 页。

聚力与民主参与。[①]

### (二) 世界公民资格的孕育

尽管国家公民资格在各国公民教育中仍占主导地位，但世界公民资格已经开始孕育。公民资格和公民教育的研究者开始超出国家公民资格的界限，关注世界公民资格。正如奥斯勒所说："世界公民推进着他们的多重身份。换句话说，他们正积极考虑着他们所属的那些社区以及加入这些社区的方式。在这样做的过程中，世界公民认为其他人与他们自己有着相同的人性，并在人类意识而不是效忠于某个国家的基础之上达成某种意义上的公民身份意识。在他人中承认自我的过程不可避免地导致世界公民身份的产生。这种独立于政治结构和体制的公民身份加深了每一个人的理解，使他们认识到每个人的文化是多方面的、混杂的，并使他们认识到每个人的经验和存在应该归于与他人的联系，这些人在现实中就像是每个自己。"[②]

科根的研究小组认为，21 世纪的公民需具备 8 个特征，包括公民的特质、技能和特定能力，[③] 其中的多项特征就既适合国家又适合世界。

（1）作为全球社会一员着眼于解决问题的能力；

（2）在社会中与他人协同工作并对本人角色和职责负责任的能力；

（3）理解、接受、欣赏、宽容不同文化的能力；

（4）以批判的和系统的思维思考的能力；

（5）乐意用非暴力的方式解决冲突；

（6）乐意改变生活方式和消费习惯来保护环境；

（7）敏于捍卫人权（例如妇女和少数族裔的权利）的能力；

（8）在地方、国家和国际层面乐于并有能力参与政治活动。

赫伯特（Yvonne Hébert）归纳了几种关于公民和公民教育的研究

---

① Alan Reid, *Globalization, the Nation-state and the Citizen*: *Dilemmas and Directions for Civics and Citizenship Education*, Oxon: Routledge, 2010, p. 221.

② [英] 奥黛丽·奥斯勒、休·斯塔基：《变革中的公民身份：教育中的民主与包容》，王啸、黄玮珊译，教育科学出版社 2012 年版，第 23—26 页。

③ John J. Cogan and Ray Derricott, *Citizenship for the 21ˢᵗ Century*: *An International Perspective on Education*, London: Kogan Page Limited, 1998, pp. 98 – 149.

范式：

（1）发展和协商对公民教育的认识论，研究对公民行为和认同的学习情况；

（2）研究如何与其他机构、组织一样指导实践，开始投身课程实施；

（3）研究民主认同构成和公民显现的价值观，尊重各自政府显现的价值观；

（4）研究发展和实施世界（cosmopolitan）、全球（global）、和平（peace）、国际（international）的公民教育。①

其中，第四点"研究发展和实施世界（cosmopolitan）、全球（global）、和平（peace）、国际（international）的公民教育"与世界公民教育直接相关。

### （三）世界公民资格的展开

随着全球化的深入，亚民族集团、超民族集团、全球共同体与民族国家之间的张力愈加强烈，"我是谁""我们是谁""我属于谁"的公民身份出现了模糊与摇摆，世界公民资格逐渐展开。马歇尔说，"今天的公民早已被有效地'剥夺了公民权'"②，伊格纳蒂失认为公民身份压根就是一个"谜"③。"世界公民身份、民族国家公民身份、地区公民身份、联邦单位公民身份、城市公民身份等超国家层级、国家层级、亚国家层级的多元公民身份层出不穷，总是隐喻着价值多元的身份指向。双重国籍甚至多重国籍公民的出现，既是民族国家又是亚民族国家同时还是超民族国家身份的公民，身份归属的多元和交织必然导向价值层面的多元与分殊。"④

德里克·希特构建出一个公民身份的立方体三维图式（见图《公民

①  Alan Reid, *Globalization, the Nation-state and the Citizen: Dilemmas and Directions for Civics and Citizenship Education*, Oxon: Routledge, 2010, p. 238.

②  Horseman M. A. Marshall, *The Disenfranchised Citizen after the Nation State: Citizens, Tribalism and The New Word Order*, London: Haoer Collins, 1994, p. 37.

③  Beiner R. Albany, *Theorizing Citizenship*, New York: State University of New York Press, 1995, p. 53.

④  詹小美：《民族文化认同论》，人民出版社 2014 年版，第 229—230 页。

身份的立方体三维图式》）。"一维是公民身份的五要素：认同、美德、政治地位、法律地位和社会地位；二维是公民身份的四个地理层级：世界的、洲或区域性的、民族—国家的、省或地方的；三维是公民身份教育：知识、立场和技能"①。他特别指出："公民教育并不是可有可无的，而是这一概念不可或缺的组成部分。一个人可能生来只是身份并不显赫的公民，但他也必须知道这种地位所包含着的权利与义务、态度与技能。如果没有进行与此相关的学习，公民身份是毫无意义的。而如果教育过程并不充分，那么公民身份就是有缺陷的。"②

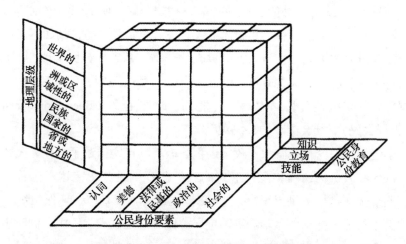

**图 5.2　公民身份的立方体三维图式**

资料来源：［英］德里克·希特《公民身份——世界史、政治学与教育学中的公民理想》，郭台辉、余慧元译，吉林出版集团有限责任公司 2010 年版，第 456—457 页。

奥黛丽·奥斯勒认为："公民资格可以从身份、感觉和实践三个层次来定义。一是公民资格通常被政府机构视为重要身份（status），例如个人可以具有双重公民资格（例如既是巴基斯坦人又是英国人）。所有人包括无国籍者都有人权。二是公民资格也被构想为一种感觉或归属感（sense of belonging），归属的感觉不一定需要与正式地位相

①　郭台辉：《公民身份研究新思维——评 Citizenship The Civic Ideal in World History, Politics and Education》，《公共行政评论》2011 年第 1 期。

②　［英］德里克·希特：《公民身份——世界史、政治学与教育学中的公民理想》，郭台辉、余慧元译，吉林出版集团有限责任公司 2010 年版，第 456—457 页。

关，尽管通过公民资格获得的法律权利的会存在于这些使人感觉归属的美德当中。归属包括：享有服务和资源，合法的权利和生存权，社会和心理安全，远离歧视或如果歧视发生时得到援助，在社群中被他人接受。三是公民资格可以被理解为实践。每一个公民可以参与，与他者一起工作保持自己的独特性。在这种感觉中的公民资格是人们用来形塑共同体的有关政治、社会、经济和文化的日常行为，这一共同体包括当地或小镇、城市等所有层面，也包括国家、全球等其他维度。"奥黛丽·奥斯勒论述了公民资格的身份、归属和实践三者之间的内在联系：公民身份能够赋予个人一种安全感，使他们能感觉到自己的归属，从而促进他们参与共同体事务。三者也是独立的，例如不必在获得公民身份后才去成为社会积极有贡献的一员，并参与公民实践。① 美国人杰克·尼尔逊（Jack Nelson）已分离出了六种公民观，即"国家忠诚、范例行为、初级社会科学家、社会批判、改造主义（Reconstructionism）（即世界公民）、社会变革的公民观"②。

学者通过理论化的概念、政策进程、教育项目，描述了世界公民资格怎样进入高教机构议程和多种形式的组织怎样推进或影响这一进程，例如，通过全球机构（世界银行）、全球抵抗运动（反贫穷、环保组织）在当地努力接受或抵制外界影响等。世界公民理念已进入生活中，同时迅速地进入全世界教育者的生活中。我们被一种可能性鼓舞，那就是通过将公民资格理解为类似激进但包容的转变，超出自由民主理论的限制，由独立的群体（国际组织）和个人对民族国家提出要求：多元理解和存在于这个世界上的公民资格与非公民资格（主体化）是什么？在宽阔包容的情感下我们能扮演和支持什么样的公民资格？我们应当做什么来保证一个全球的、完全赋予的公民资格，不管何种阶级、性别、种族、年龄，拥有地理和空间上的基本权利，并且不被他者排斥。这些问题怎样作为一项工程在高等教育领域逐渐成为教育的基础，能提高学生、教师、多种社群的生

---

① Audrey Osler, "itienship and the Nation-State: Affinity, Identity and Belonging", *Globalization, the Nation-state and the Citizen: Dilemmas and Directions for Civics and Citizenship Education*, 2010, p. 217.

② 转引自［英］德里克·希特《公民身份——世界史、政治学与教育学中的公民理想》，郭台辉、余慧元译，吉林出版集团有限责任公司 2010 年版，第 413 页。

活质量，同时没有降低其他学生、教师和社群的生活质量。①

　　世界公民资格是一种柔性公民资格，不必如民族国家内部"那些被排除公民资格地位的人可能会觉得必须诉诸武力来力图达到加入公民的行列，并取得加入后享有的好处"②。因为世界公民资格主要是国际组织和民族国家在道德上赋予的，对大多数国家公民来说，世界公民资格既是现实的（需承担全球责任），又是虚无的（无法律上的认定），因此无须争取。世界公民资格对个人经济条件和福利没有大的影响，更谈不上公民为了获得世界公民资格而去诉诸武力。

# 二　关于世界公民认同：国家认同与<br>世界认同的优先权之争

## （一）认同的内涵

　　"Identity 一词在中文中有不同的译法，在不同的语境中，会被翻译为'同一性''身份''特性''属性''认同'等。从词源上讲，Identity 起源于拉丁文的 idem（即相同，the same）。在哲学和逻辑学中，idem 被译成'同一性'，既表示两事物之间的相同或同一，也表示同一事物在时空跨度中所体现出来的一致性和连贯性。既包括客观存在的相似性和相同特性，如身体特征、相同的身份、相同的表现等，又包括心理认识上的一致性和由此形成的社会关系。德文中'认同'为'identitat'，指身份证明之意，表示承认、认可与赞同的本义"③。首先将"认同"作为概念使用的是弗洛伊德，用来意指"一个孤独的人如何在发现自己和赋予个人以意义时塑造了一个时代的历史。简单地说是指一个人与一个时代的同一感"④。"认同的中文表达主要有两层含义：一是因他人和自己有共同之处而滋生的亲切感；二是承认、认同和赞同，更广泛地表示个体对某一群体

---

　　① Lynette Shultz, Ali A. Abdi and George H. Richardson, *Global Citizenship Education in Post-secondary Institutions: Theories, Practices, Policies*, New York: Peter Lang, 2011, p. 4.
　　② ［澳］巴巴利特：《公民资格》，谈谷铮译，桂冠图书股份有限公司1991年版，第137页。
　　③ 吴玉军：《现代性语境下的认同问题：对社群主义与自由主义论争的一种考察》，中国社会科学出版社2012年版，第1页。
　　④ 金炳华：《哲学大辞典》（修订本），上海辞书出版社2001年版，第1194页。

的归属感以及主体与一个客观对象之间在情感上的联系。当前，认同是建立在全球化时代不同文明之间的对抗，在冲撞与冲突基础上的认同，是一种身份的认同"①。

关于自我的确认即认同问题，自由主义与社群主义形成了明显的对照。"对于自由主义而言，自我是怎样的这一问题基本属于个体的判断问题，也就是说'我究竟希望自己是什么样的人或成为什么样的人'，而不是说'我发现自己现在属于一个什么样的人'。自由主义特别突出了自我身份的选择性，自我与目的相互分离"②。桑德尔将这种自我身份的获得方式称为"意志主义"，认为"自我理解包含着比简单的个人更广泛的主体，无论是家庭、种族、城市、阶级、国家、民族，那么，这种自我理解就规定一种构成性意义上的共同体"③。而在社群主义者那里，"为解决自由主义在自我认同问题上的困境，麦金太尔认为应该重返古代的德性传统之中。在此，他继承了亚里士多德的观点，将人理解为有一个本质的特征和一个本质的目的东西。在亚里士多德看来，美德的概念实际上是指一个东西能卓越地履行其特有的功能，这个人在履行该角色上的卓越性便构成了评价其行为的规范标准。一旦社会确立起这样的标准，一个人的责任和义务就好像是从外面施加上的"④。

## （二）由国家认同到世界认同转变的原因

### 1. 国际组织的发展促进全球共同体产生与世界认同的形成

国际组织的发展促进全球共同体产生与世界认同的形成。正如王立新教授所说："第一，合作与相互依赖是任何共同体产生的前提，而国际组织培育的就是国际主义思想和全球相互依赖意识，这与主权国家强调国家的特殊性和大力培育民族主义精神截然不同。第二，与首先关注获取政

---

① 詹小美：《民族文化认同论》，人民出版社 2014 年版，第 3—4 页。

② 吴玉军：《现代性语境下的认同问题：对社群主义与自由主义论争的一种考察》，中国社会科学出版社 2012 年版，第 44—45 页。

③ Michael Sandel, *Liberalism and the Limit of Justice*, London：Cambridge University Press, 1982, p. 58.

④ 吴玉军：《现代性语境下的认同问题：对社群主义与自由主义论争的一种考察》，中国社会科学出版社 2012 年版，第 47 页。

治、经济和军事利益的主权国家不同，国际组织，特别是国际非政府组织主要关注的是人类正义和主权国家长期忽视的全球公共问题。也就是说，国际组织不仅在活动范围上是全球性的，其关注的问题也是超越了民族国家狭隘利益范围的全球事务，包括实施人道主义救援、拯救难民、防止环境恶化、保障基本人权、反对各种歧视、保障社会正义和防治流行性疾病以及建立国际规章和进行跨国治理等等。这些全球性问题本来也是需要主权国家参与解决的，大部分全球性问题甚至是主权国家行为造成的，但是主权国家的政府由于其复杂的国内政治考量和狭隘的利益诉求，往往在应对全球问题方面行动缓慢，效率低下。而国际组织，特别是国际非政府组织可以超越狭隘的国家利益考虑，突破主权与国界的限制，对全球性问题做出迅速反应，因而成为解决全球性问题的重要力量。不仅如此，非政府组织的活动还为全球问题的解决提供某种制度安排，与地方和国家的行为体一起形成一种全球治理网络，有效地应对各种挑战。国际组织关注人类正义，提倡团结互助和公民参与的文化使其成为促进和平的巨大力量。第三，民族国家强调自身文化的特殊性，追求弘扬自身独有的价值观；而非政府组织培育的是人类共同的信仰和关切，努力促进国际社会共享的价值观。民族国家要求其成员把国家作为最高的忠诚对象，而非政府组织要求超越狭隘的国家忠诚，服务于更大的人类共同体的利益。第四，国际组织的活动正在逐渐提供超越主权国家和政治忠诚的法律、规则、程序和机制，其目标是通过提供在全世界都能应用的不受特定的国家和地方法律限制的普遍的正义标准来建立一个无疆界的世界。在国际组织的努力下，一个注重人类整体利益的、多层次的、网状的全球治理结构正在形成。"①

国际组织促进世界认同的形成。全球共同体最深厚的基础是全球身份（认同）的形成。在是否存在一个全球身份问题上，学界是有争议的。一些学者认为形成全球身份是困难的，因为"集体身份是以共同的记忆和代代相传的意识为基础的，因而总是与特定的历史经历相关联的"，而人类缺乏共享的全球历史经历与记忆。正如印度学者瓦斯菜克所说："迄今为止还从来没有存在过一种全球性的文明，或者，一种全球性的共同体。

---

① 转引自［美］入江昭《全球共同体：国际组织在当代世界形成中的角色》，刘青等译，社会科学文献出版社 2009 年版，"译序"第 12—14 页。

这也就意味着，没有任何一种经验性的、实在的经历（empirical experience）能够被用来检测这个'作为世界的世界'概念。"① 但是，共同的历史记忆并非是形成集体身份不可或缺的基础，很多后来移居美国的族群与原来的盎格鲁—撒克逊族群并不共享一种集体记忆，但这并不妨碍他们对美利坚共同体的认同。实际上，共同的命运、关切和理想也可以建构共同的身份意识。如果把全球身份作为对国家身份的补充，而不是替代，全球身份是可能形成的。国际组织，特别是国际非政府组织，以全球公共问题而不是自私的国家利益为关注对象，其活动不仅反映了人类共同的关切，实际上也在塑造共同的命运，培育共同的记忆，因而促进了全球身份的生长。正是基于此，入江昭提出："就国际组织有效地反映了跨国性的关怀并进而加强人类全球范围内相互依存的意识而言，它们可以说是正在创建一个不同的世界，一个不同于主权国家和民族构成的世界，也就是全球共同体。"②

2. 全球化对国家认同的消解

俞可平分析了全球化对消解国家认同以及产生世界认同的影响："跨国公司的老板、高级经理人员、高级技术人员，直至普通的劳工，经常穿梭于设立在不同国家的跨国公司及其子公司之间。对于他们来说，效忠跨国公司往往甚于效忠国家或民族。此外，移民的人数也前所未有地增加。据国际移民组织统计，到 90 年代初，旅居国外的新移民已超过 1 亿，他们中间有少量的非法偷渡者，更多的则是合法的移民。对于这些移民来说，传统的那种绝对的种族认同基本上不复存在。即使是居住在国内的普通公民，传统的政治认同也在经受极大的考验。经济全球化、互联网和生态环境的国际化，使越来越多的公民开始淡化原来的国家认同，而滋生出了全球意识，出现了所谓的'新认同政治'，少数先锋派如国际环境保护主义者甚至已经以'全球公民'自居了。甚者，一些学者指出，全球化破坏了国家的自主性，一个'社会的世界'正在取代'国家的世界'，东

---

① 转引自赵汀阳《天下体系：世界制度哲学导论》，中国人民大学出版社 2011 年版，第113 页。

② ［美］入江昭：《全球共同体：国际组织在当代世界形成中的角色》，刘青等译，社会科学文献出版社 2009 年版，"译序"第 14 页。

西方冲突的结束削弱了民族国家存在的价值，因此，'民族国家已经过时'，'民族国家正在终结'。"①

罗西瑙提出了两个社会的论断，指出国家中心和多中心是不稳定的。他说："没有单一的全球社会，而是有两个社会：一个是'国家社会'，在这个社会中外交和国家权力仍是变化不定的。另一个是'多中心世界'或'高度多元化的跨国社会'。""他所讲的这个'多中心的世界'是指：第一，跨国组织，诸如绿色和平组织、跨国银行、天主教会、国际红十字协会、国际工会等；第二，跨国问题，诸如污染、毒品、艾滋病、民族问题、通货危机等；第三，跨国事件，诸如拉什迪的小说《撒旦诗篇》引起的国际风波等；第四，跨国共同体，如建立在宗教、知识、生活方式、文化或意识形态基础上的共同体；第五，跨国结构，诸如那些生产、金融的跨国结构等。罗西瑙指出，这两个世界（国家中心和多中心）是互动的。但两个世界各有自己的规范结构和原则，因此，其并存是一种不稳定的和不确定的关系"②。

3. 公民工作性质及环境的变化产生了灵活的认同

一个公民所处的环境决定了他应当倾向于哪种认同。当公民在民族国家中时，国家认同占主导；当公民在国际组织工作时，世界认同占主导。"社群主义代表桑德尔认为，个体的认同（身份）在某种程度上是由其所属的共同体定义的，是共同体决定了我们自身是谁，而不是自我自由选择了我是谁的问题。也正是在这一意义上，共同体所描述的不止是我们作为公民所拥有什么，而且还有我们是什么。也就是说，我们的认同是由我们的社会文化所赋予的，是经由我们所发现（discover）的一种归属（attachment）。共同体不只描述一种感情，而且描述一种自我理解的方式，这种理解方式部分地构成了主体的认同。根据这种强有力的观点，说社会成员受制于社群意义，不是简单的指大多数社群成员拥有社群的情感，追求社群的目标，而是指他们体会到他们的认同……在某种程度上为其身处其中的社群所规定。对于他们而言，社群描述的不仅是他们作为公民拥有什么，而且还有他们是什么；不仅是他们（如在一个志愿社团中）选择

① 俞可平：《民主与陀螺》，北京大学出版社 2006 年版，第 98 页。
② 孙嘉明、王勋：《全球社会学：跨国界现象的分析》，清华大学出版社 2006 年版，第 59 页。

的关系，而且是他们发现的归属；不仅是一种归属，而且是其认同的一种构成。与工具意义上的和情感意义上的社群相比，我们可以把这种强有力的观点称为构成意义上的社群"①。

德里克·希特也认为，在国家政权与世界政体之间保持平衡是一种艺术："在国家政权与世界政体之间保持平衡是过于微妙而难以实现的一种艺术。相应的困难基本是三重的：一是公民的忠诚在国家与世界之间的分配问题；第二是两个层面上行使的权力之间的划分与平衡问题；而第三个则是国家倾向于抓住权力不放，而不是割让其中一部分给一个更高的组织。但是也可能存在着冲破这三重束缚的双重方法：其一就是接受一种完满可行的观念，即个体可以具有多重的公民身份，也可以感受到多种公民忠诚感。第二，想象中的国家与世界政体为争夺权利和权威而进行对抗性的竞争，其中的势不两立可以通过一种共识而得到解决，即在众多不同的层面分配权利和权威是积极有益的。"②

正如奥斯勒所期望的那样："世界公民身份是公民思考、感觉和行动的一种方式，世界公民的行动在当地、国家和全球层面上进行。他们在所有层面上的问题、事件和挑战之间都建立起联系，在多元文化背景之下进行评论和评估。他们觉得要和被剥夺了全部人权的人保持团结，无论这些人是在本地社区还是在遥远地区。他们接受为了人类共同未来的普遍责任，对于自身的多重身份充满信心，而且在遇到其他文化组织的人并与之和睦相处时发展自身的新身份。"③

### （三）对国家认同与世界认同优先权的争论

对国家认同与世界认同优先权的争论就是世界公民教育思潮对于"国家认同与世界认同两者之间关系"分析理论的差别。冯建军指出："公民身份是一种共同体的社会身份，但在公民属于哪个共同体问题上，

---

① 吴玉军：《现代性语境下的认同问题：对社群主义与自由主义论争的一种考察》，中国社会科学出版社 2012 年版，第 7 页。

② ［英］德里克·希特：《公民身份——世界史、政治学与教育学中的公民理想》，郭台辉、余慧元译，吉林出版集团有限责任公司 2010 年版，第 458 页。

③ ［英］奥黛丽·奥斯勒、休·斯塔基：《变革中的公民身份：教育中的民主与包容》，王啸、黄玮珊译，教育科学出版社 2012 年版，第 25 页。

一开始就存在着两个不同的方向。第一个方向是公民属于特定的政治共同体（国家），是特定政治共同体的成员，享有特定政治共同体赋予的权利和义务，并效忠于这一共同体。第二个方向是公民超越了特定政治共同体，属于宇宙和世界，这就是宇宙公民或世界公民。第一个方向成为公民的主要传统，也成为民族国家公民的理念；第二个方向散见于思想家的著作中，在全球化时代得以转化为现实。"①

　　一种观点认为国家认同优先于世界认同。"国家认同是民族国家通过政治与文化的动员来建构共同意义的过程"②。国家需要强化国家认同，理查德·贝拉米就指出："现代国家与过去相比相似之处更少。由于在宗教忠诚、道德忠诚、职业忠诚和其他忠诚方面不断呈现的多样化，在关于社会道德和个人道德以及生活价值的问题上，公民越来越多地因为其利益的不同和对立而持有不同的和对立的观念。因此，当代国家面临的一个中心问题是：是否可能在尊重公民信仰和利害关系的多样性的基础上，去协调其公民各种各样的活动，并在公民中间形成具有集体约束力的约定，从而赢得他们对国家的耿耿忠心。"③ 而相比较而言，世界认同只是国家认同的补充："全球化不仅不意味着民族国家的终结，甚至也不意味着民族国家的衰落，全球化只有通过民族国家合作才能得到实现。因此，至少现阶段或者今后一个相当长的时期，公民必须具有国家和世界的双重身份，其中国家公民身份之主导，世界公民身份对于国家公民的民族主义和国家主义起到遏制作用，对于日益密切的国际关系和国际事务的关心起到积极参与作用。所以，世界公民不能视作完整的身份，而只能是作为国家公民的补充，使国家公民意识到'地球村'成员的角色，具有世界意识、全球意识，并利用种种机会关心参与全球事务。"④

　　另一种观点倾向于世界认同优先国家认同。德里克·希特认为这样的例子在几个世纪以来数不胜数。为什么没有一种完全世界主义的忠诚？一个国家公民在思考他的（作为领土和人民的）国家时体验着

　　① 冯建军：《公民的当代境遇与公民教育的路向选择》，《探索与争鸣》2012 年第 11 期。
　　② 袁娥：《民族认同与国家认同研究述评》，《民族研究》2011 年第 5 期。
　　③ ［英］理查德·贝拉米：《重新思考自由主义》，王萍、傅广生、周春鹏译，江苏人民出版社 2005 年版，第 279 页。
　　④ 冯建军：《公民的当代境遇与公民教育的路向选择》，《探索与争鸣》2012 年第 11 期。

价值、爱、崇拜和自豪。为什么当我们在思考（作为星球和人类的）世界时，世界主义的经验不能产生类似的反应？忠诚可能与制度、领土和人口相关。如果缺乏一个世界政府，对于全球体系的忠诚是困难的。尽管如此，那些为国际组织工作的人员，特别是为联合国工作的人，的确为数不多，但能展现这样一种跨国界的忠诚，不仅仅是他们有这些机会，也是因为他们有责任心。当哈马舍尔德（Hammarskjöld）任联合国秘书长时，他在这一问题上毫不含糊。他宣布："不管其祖国是哪里，联合国的官员应为所有利益相关方服务或保持忠诚。"他们的忠诚必须集中于联合国，忠诚于作为联合国基础的宪章和国际合作的观念。如果缺乏一个世界政府，这种与国家公民对于民族国家的忠诚相提并论的对于跨国组织的忠诚，对于人民大众来说是不可能的。但是人民大众难道就没有对联合国宪章，以及其他如对《世界人权宣言》之类的文献表示忠诚的意识吗？因而这些人们认同的观念与原则至少触及了这种忠诚的某些源头，即尊重体现在这一制度与宣言中的价值，并为其反对过多的国家利己主义而取得的成就而自豪。在爱国主义这种形式之下，忠诚在祖国和它的同胞处于危难之时最为注目。但是人类与这唯一的星球都处于危难中，因而广泛地呼吁人类的支持，不仅是切实可行的，而且是必要的。①

## 三　关于世界公民权利：基于国家的契约式保障

在公民资格的研究中，权利和义务通常可以放在一起来考察，就像史蒂文森所说："公民资格不仅是权利和义务的总和，同时还意味着一种情感和想象的空间，这是一个个体可以向真实的社会世界投以感情的主观领域。"② 但在这里，由于世界公民教育思潮对世界公民的权利和义务都做了大量论述，将分别展开。

---

① ［英］德里克·希特：《公民身份——世界史、政治学与教育学中的公民理想》，郭台辉、余慧元译，吉林出版集团有限责任公司 2010 年版，第 280—282 页。
② ［英］尼克·史蒂文森：《文化与公民身份》，陈志杰译，吉林出版集团有限责任公司 2007 年版，第 87 页。

**（一）自由主义、共和主义、社群主义、多元文化主义的公民权利观**

在当代，社群主义对自由主义的权利进行了思考，并影响了世界公民权利观："权利并不像自由主义所认为的那样与人的能力无关。在他看来，我们之所以承认人具有不同于动物的权利，就在于我们具有一般动物所不具有的能力。正是这些能力使人具有优越于动物的权利，如选择价值、宗教、政治制度等。因此，权利对人的行为没有直接的强制性，中间必须要有其他的环节。设定一项权利不只是提出一种强制，它具有一个根本性的概念背景，如果没有它，权利就毫无意义。自由权利决不是一种天赋的东西。自由主义者将个人选择自己生活方式的自由置于绝对的地位，然而人不可能在社会之外从这种选择中发展自身的能力。也就是说，人只有在社会中才能被赋予这种自由选择的能力。对此，泰勒指出，一个人只有在其他自我之中才是自我，在不参照周围其他人的情况下，自我是无法得到描述的。'我的自我定义是被理解为对我是谁这个问题的回答。……我通过我从何处说话，根据家谱、社会空间、社会地位和功能的地势、我所爱的与我关系密切的人，关键还有在其中我最重要的规定关系得以出现的道德和精神方向感，来定义我是谁。'"① 现代共和主义则强调公民的权利与自由，强调对公共权力的制约与平衡。博曼、佩迪特、维罗里、理查德·达格等共和主义思想家还尝试与世界主义理论结合，将共和主义的公民身份扩展到世界的范围，尝试通过共和主义与自由主义的相互补充来创建一种关于世界公民身份的创新理论。

对自由主义的权利公民资格理论构成最大挑战的当属多元文化主义（文化多元主义）。"文化多元主义强调，当代政治需要更加重视文化多元性和群体差异的权利，以弥补对集体权利重视的不足。在文化多元主义看来，权利政治将建立在个人权利基础上的公民身份置于群体身份之上。实际上，公民更多的是基于群体身份而非纯粹个体身份而存在的，个人首先是通过自身所属的群体和国家发生关系，因而他既是国家的公民，也是特

① 吴玉军：《现代性语境下的认同问题：对社群主义与自由主义论争的一种考察》，中国社会科学出版社2012年版，第51—52页。

定群体的成员，在拥有公民身份的同时，也拥有特定的文化群体身份，不能简单地用公民身份去掩盖或化约文化群体身份。也正是基于此，文化多元主义者对西方国家在处理主流文化与族群文化时所采取的措施极为不满。传统上，西方国家主要采取三种模式来处理主流文化与族群文化之间的关系：一是单一文化模式，对少数族群实行同化政策，使其放弃自己的文化，融入占支配地位的经济文化体系当中；二是大熔炉模式，政府实行中立原则，让不同文化自由成长，最终自发融合成一种新文化；三是马赛克模式，不同族群文化和平共处，保留各自的特色，组成一个'美丽的马赛克'。对于第一种模式，文化多元主义者是绝对不能接受的，将一个群体的文化成员身份消除掉，无论如何是不可取，也是不可能的。文化成员身份在界定人们的认同上具有重要的作用，它是形塑我们的认同、界定我们是谁的一种依恋关系，对于绝大多数人而言，这是一种不可选择的、不可改变的构成性的关系，当人们被剥夺了文化成员身份时，继之而来的是绝望感、漫无目标和认同的丧失"①。

### （二）世界公民应享有的权利

早在 18 世纪，康德就指出了理想中的世界公民应享有的权利："尘世所有彼此之间能够发生实际关系的各民族的一个和平的、尽管还不是友好的、普遍的共联性，这一理性理念绝不是博爱的（伦理的），而是一个法权的原则。自然已经把它们全都（由于他们的居住地是球形，作为地球）包围在一定的界限之内；而既然对地球居民能够生活于其上的土地的占有，总是只能被设想为这些居民的每一个都源始地对它拥有一种法权，所以，一切民族都源始地处于一种土地的共联性之中，但并不是处于占有、从而使用或者对其所有权的法权共联性之中，而是处在自然可能的交互作用之中，亦即处于一个人与其他所有人自愿相互交往的普遍关系之中，并拥有尝试交往的法权，外人没有权力把他因此当做一个敌人来对待。——这种法权，就它涉及一切民族在其可能交往的某些普遍法律方面可能的联合而言，可以被称为世

---

①    吴玉军：《现代性语境下的认同问题：对社群主义与自由主义论争的一种考察》，中国社会科学出版社 2012 年版，第 164—165 页。

界公民法权。"① 康德期望通过实现世界公民权利来实现人类永久和平："世界公民法权应当被限制在普遍友善的条件上。……既然如今在地球各民族间一度普遍剧增的（或较狭隘或较广泛的）联系已达到如此程度，以至于在地球的一个地方对法权的侵害被所有民族都感觉得到。所以，一种世界公民法权的理念就不是一种幻想的和夸张的表象方式，而是既对国家法权也对国际法权的未成文法典的一种必要补充，以达到一般而言的公共人权，并这样达到永久和平，惟有在这个条件下，人们才可以自诩在不断地接近永久和平。"②

认识到人类都享有人权也是教育对世界公民资格（cosmopolitan citizenship）支持的一项原则。③ 1948 年 12 月 10 日，联合国大会通过第217A（Ⅱ）号决议并颁布《世界人权宣言》（*Universal Declaration of Human Rights*）。《世界人权宣言》指出："鉴于对人类家庭所有成员的固有尊严及其平等的和不移的权利的承认，乃是世界自由、正义与和平的基础，鉴于对人权的无视和侮蔑已发展为野蛮暴行，这些暴行玷污了人类的良心，而一个人人享有言论和信仰自由并免于恐惧和匮乏的世界的来临，已被宣布为普通人民的最高愿望，鉴于为使人类不致迫不得已铤而走险对暴政和压迫进行反叛，有必要使人权受法治的保护。"《世界人权宣言》赋予世界各地人民 28 项权利，"这些权利包括人人都有受教育的权利……教育的目的在于充分发展人的个性并加强对人权和基本自由的尊重。教育应促进各国、各种族或各宗教集团间的了解、容忍和友谊，并应促进联合国维护和平的各项活动"等。④ 入江昭指出，《世界人权宣言》中的"反人类罪"这一概念被广泛接受，"国际上对这一扩大的人权概念，以及'反人类罪'概念的支持表明，今后的世界事务将远远超越了国家间关系。事实上，联合国的成员国仍被视为主权实体，即使发生了明

---

① ［德］康德：《道德形而上学》（注释本），张荣译，中国人民大学出版社 2013 年版，第138—139 页。

② 李秋零主编：《康德著作全集》（第 8 卷），中国人民大学出版社 2010 年版，第 366 页。

③ Alan Reid, *Globalization, the Nation-state and the Citizen: Dilemmas and Directions for Civics and Citizenship Education*, Oxon: Routledge, 2010.

④ 《联合国大会 1948 年 12 月 10 日第 217A（Ⅱ）号决议·世界人权宣言》（http://www.un.org/zh/universal-declaration-human-rights/index.html, 2016 – 01 – 12）。

显违反人权的事情，它们也不愿接受国际上对它们内政的干涉。但即便如此，这一理念仍以惊人的速度传播开来，以至于二战后颁布的所有国家及其属地的宪法都涵盖了这个原则。而且有些非政府组织从一开始就以顾问的身份积极地参与到人权委员会的工作中。很快，自 1960 年代起，这些组织将发出倡议，寻求在世界各个角落里实现这些普世的原则"①。

1989 年 11 月 20 日，《儿童权利公约》（*Convention on the Rights of the Child*）由第 44 届联合国大会第 25 号决议通过，1990 年 9 月 2 日生效。该公约旨在保护儿童权益，为世界各国儿童创建良好的成长环境。第二十九条规定："教育儿童的目的应是：最充分地发展儿童的个性、才智和身心能力；培养对人权和基本自由以及《联合国宪章》所载各项原则的尊重；培养对儿童的父母、儿童自身的文化认同、语言和价值观、儿童所居住国家的民族价值观、其原籍国以及不同于其本国的文明的尊重；培养儿童本着各国人民、族裔、民族和宗教群体以及原为土著居民的人之间谅解、和平、宽容、男女平等和友好的精神，在自由社会里过有责任感的生活；培养对自然环境的尊重。"②

综观世界各国的人权法制史，已有三代人权获得各国法律和国际条约的普遍认同：具有自由权特征，以个人人身自由和平等政治权利为内容的第一代人权；具有社会权特征，以个人的社会、经济和文化权利为内容的第二代人权；具有发展权特征，以民族自决权、和平权、资源自主利用权、环境权等为具体内容的第三代人权。其中，第一代人权和第二代人权为个人人权，第三代人权为集体人权。③瓦萨克教授将第一代人权称为"自由权利"，以法国 1789 年的《人权宣言》和美国宪法修正案，特别是被称为《权利法案》的前十条修正案为代表，主要包括平等权、言论自由、出版自由、财产权神圣不可侵犯、人身自由、信仰自由等。它以个人主义和自由主义为思想基础，遵循的是自然权利即天赋人权的观念。第二

---

① ［美］入江昭：《全球共同体：国际组织在当代世界形成中的角色》，刘青等译，社会科学文献出版社 2009 年版，第 61—62 页。

② 《联合国大会 1989 年 11 月 20 日第 25 号决议·儿童权利公约》（http://www.unicef.org/chinese/crc/index_30160.html，2016－01－12）。

③ 姚小林：《人权保护中的司法功能：基于最高法院的比较研究》，知识产权出版社 2012年版，第 12 页。

代人权主要包括就业权、同工同酬权、社会保障权等所谓的"社会基本
权",瓦萨克教授将其称为"平等权利"。第三代人权是对全球相互依存
现象的回应,主要包括和平权、环境权和发展权。

这里的"第三代人权"与世界公民权利有着紧密的联系。对这些新
出现的人权存在着不同的称谓,主要有:"第三代人权""集合的权利"
"集体权利""每个人和所有人共同享有的权利""综合权利""人民权
利""大众的权利"等。正如王广辉所说:"第三代人权的主体不像传统
的人权那样是个人,也不是某一社会共同体内部的某一群体,而是民族和
国家。由此而带来的是权利指向上也发生了变化,不是个人向国家提出的
要求,而是一个民族对另一个民族、一个国家对另一个国家、甚至是一个
国家对其他所有国家或国际社会提出的要求。集体人权可以从国内和国际
两个方面来理解。从国内方面讲,主要是指特殊群体的权利,甚至有人称
之为'弱者的权利'或'弱势群体的权利',包括少数民族的权利、妇女
的权利、儿童的权利、老年人的权利、残疾人的权利、罪犯的权利、难民
的权利等。在国际的方面,集体人权主要指的是民族自决权、发展权,此
外,和平安全权、环境权、人道主义援助权、自然财富共同利用权等,也
往往被作为集体人权看待。"①

既然人权如此重要,赵汀阳就追问:人权思想能否发展成为普适的价
值和世界制度的思想基础之一?"人权概念来自西方。从古希腊斯多葛学
派的人人平等观念到 18 世纪北美独立宣言和法兰西人权宣言,人权概念
的形成经历了一个漫长的历史过程。在西方古代哲学里,人权思想在逻辑
上由超验权威观念、平等人格观念、本性自由观念构成。在近现代的发展
中,人权思想是西方思想文化的核心观念和核心价值,包括个人的独立和
自由、人与人之间的平等和博爱、社会的公正和法治。尽管西方的人权理
论有不少缺陷,如极端个人主义、利己主义和对抗主义倾向,但并没有否
定人性和人的社会性;西方国家的人权状况也很不理想,但没有也不可能
阻碍人权观念发展并逐渐成为人类广泛接受的普适价值。中国古代虽无人
权概念,但却有民本思想,其中体现着人道精神、大同精神和和谐精神等
人权思想。近代以来,人权观念在中国流行,与中国民权思想融合以及中

---

① 王广辉:《比较宪法学》,武汉大学出版社 2010 年版,第 87—90 页。

国人对人权的向往、追求和奋斗，说明把人权仅仅看作西方的思想是不恰当的"。赵汀阳援引夏勇的观点："人权的特性在于，它是人之作为人所享有或应该享有的权利。换言之，只要是人，就应该享有人权，是不可剥夺、不可转让、不可让渡的。更重要的是，人权的重心落在权利上，这样，就可以把关于尊重和维护人的尊严和价值的要求通过每个人的主张、利益、资格和能力加以落实。"①

在理论上，公民应受到国家公民和世界公民的双重人权保障。"人权的国际保护能否发挥作用，从根本上取决于各主权国家是否自愿地履行其义务，而在获得世界公民身份之后，无论个人是否是某国公民及是哪国公民，都可以以世界公民的人权主体身份参与世界人权事务，享有和行使人权，以及承担法律责任。从理论上看，公民与世界公民的双重人权保障将有助于克服前述公民所面临的人权威胁和人权灾难，在超越国家层面上扩大、加强和协调世界社会的人权保障能力"②。

### （三） 世界公民实际被赋予有限的权利

德里克·希特将"世界公民"权利主要分为生命、安全、自由三个方面，并从个人权利和群体权利进行了分析，但他所列举的"世界公民"权利（见表《"世界公民"权利》）在各国赋予本国的公民权利中也基本有所体现，我们不能从中看出"世界公民"特有的权利。

公民权利包括生命权、自由权和财产权，而世界公民权利主要是人权、社会权利、生命权（安全扩展到全球）。"按照马歇尔的观点，公民资格由公民权利、政治权利和社会权利三种权利构成。其中，公民权利包括生命权、自由权和财产权。政治权利指参与政治生活和行使政治权力的权利，它包括选举权与被选举权。社会权利则包括享有教育、健康以及社会保障等权利。马歇尔认为，在西方社会，这三种权利不是同时得到实现的，而是经历了较长的发展过程。18世纪，通过一系列的改革法案，公民的人身自由、信仰自由、思想和言论自由等得到了比较有效的维护，公

---

① 赵汀阳：《天下体系：世界制度哲学导论》，中国人民大学出版社2011年版，第252—253页。

② 《中国人权年鉴：2006—2010年》，湖南大学出版社2012年版，第1278页。

民权因此也得到较好的实现。政治权利形成于 19 世纪，政治权利的形成不是提出一些新的权利以扩展人们的权利范围，而是将已有的公民权扩展至更多的人群。随着社会文明的进步，一定程度的社会福利和安全越来越惠及较多的人群，社会权利由此获得与公民权利和政治权利同等重要的地位"[1]。

表 5.1　　　　　　　　　　　　　"世界公民"权利[2]

| 权利 | 生命 | 安全 | 自由 | | |
|---|---|---|---|---|---|
| | | | 法律与政治 | | 经济、社会、文化 |
| | | | 消极 | 积极 | |
| 个人权利 | 生存权 | 免于折磨或者虐待 | 免于被奴役；免于未经审批的监禁；免于种族、信仰、性别等方面的歧视 | 举行集会；表达政治观点；参与政府；公正对待；宗教信仰；婚姻；迁徙 | 工作；合理的工资收入和生活标准；拥有个人财产；教育；拥有适当闲暇的体面生活 |
| 群体或国家的权利 | 杜绝集体屠杀或者种族屠杀 | | 免于对整个群体（如出于宗教或种族原因）的歧视 | 建立政权（拥有自己的国家） | |

资料来源：Derek Heater, *What is Citizenship*, Cambridge：polity press, 1999, p. 142。

　　博曼从世界主义的共和主义角度阐释了他的世界公民权利理论。他认为："世界主义的民主把自治和政治影响的某些重要的可能性定位在民族国家的边界之外（因此是一种范围广泛的世界主义）。它的首要目标是处境不同的公民之间的政治平等，而不是抽象个人的分配平等。它的制度结构不是大规模的民族国家，它也不要求用更大的政治机构取代跨部门的民族国家。毋宁说，它所论证的是包含全球公共领域、跨越国界的市民社会和各种层次的正式政治和行政机构的一种民主政治。因此，这种结构的目标是为世界主义的共和主义公民身份提供一种语境，在这种语境中，权威依赖于一种集体的承认，并对公民的质询（reasons）负责。"接着，博曼

---

① 吴玉军：《现代性语境下的认同问题：对社群主义与自由主义论争的一种考察》，中国社会科学出版社 2012 年版，第 163 页。

倡导世界公民充分行使权利，"在全球化的情况下，这种脆弱性是由不对公民负责的代理人的任意权威和不对他们的质询做出反应的那些机构的权力造成的。只有通过世界上的公民们自我创造和行使的世界公民身份，首先通过争议和挑战并从而通过对有约束力的集体决策的直接商议的核准，才能克服这种专制。面对全球互动的现实，当公民身份像新的主权形式一样广泛地分配时，它就变成分化的和更为复杂的了。只要公民身份权利属于所有自由平等的人，共和主义的世界主义的普遍主义内核就得到了保留；正因为他们在所有的特殊性和脆弱性上都是自由平等的，这种内核就得到了扩展。这种脆弱性现在采取了服从未完全确定的权威的不受约束的判断的形式。改变全球化的这些影响因此就是世界主义公民的任务，他们的自治表达了共和主义的不受支配的自由理想"。但是，阿兰·博耶也认识到"迄今为止，对世界公民主权的主要论证是一种消极的和经验性的论证：没有这种自由和问责制，就没有对以代理关系为基础的等级制在类似的规模上行使的权力的制约"。对于如何操作及如何实现世界公民权利，博曼并没有一套行之有效的理论，"在没有强有力的国际司法和立法机构或任何类似于通过可以诉诸的代表组织起来的人民的全球意志的情况下，世界主义的公民身份也许主要正是在公共争议中行使的。这种形式的政治影响当然是公共的，但主要是通过围绕具体的议题或问题组织起来的跨越国界的市民社会而产生的"①。美国普林斯顿大学佩迪特教授（Philip Noel Pettit，1945—）以世界主义民主的倡导者所建议的联合国内部改革提议为例证，说明共和主义如何能够被整合到民主的全球治理的制度图式中。这种建议倡导建立一个能够有机会整合到联合国结构中去的第二公民大会，并成立一个论辩式民主的政治论坛。为了与世界主义民主之核心的规范个人主义保持一致，这种制度提议背后的动机是要在跨国公民社会层面实施自主的原则。这种全球公民大会将由世界的公民直接选举的代表组成，与仅仅由各国政府任命的代表相对应，他们被授权参加涉及普遍人权的全球问题的民主辩论。佩迪特认为在联合国的内部设立一个第二公民大会，将会平衡国家的权利，要求联合国大会的代表对人民负责，从而打破

① ［美］阿兰·博耶等，《公民共和主义》，应奇、刘训练编译，东方出版社2006年版，第429—449页。

狭隘的主权界限，缓解主权和普遍人权之间可能存在的冲突。①

　　赫费从法学角度探讨了世界公民权利的保障问题。"为了不被某些国家和文化私设的法律，也就是战争所统治，在全球化层面上就需要一种世界法律，附加公共强制力，也就是一种世界法律秩序"，他提出跨文化法律应避免"对西方而言是普世性的，对他者而言就是帝国主义"情况的出现，"只有把所有的各自特点放到一边，摈弃每种法文化的霸权地位，带着共同性，才能识别各种不同的文化。不是去标榜欧洲文化或是以美国生活方式作为所有文明发展的典范，也不是要一个普遍适用的文化霸权，人们保护的是对于不同文化和传统的相互尊重，也就是一种从全球化视角出发的政治宽容。有了它，当大家关注的不仅是分歧而且是共性的时候，就更容易承认其他文化的自我价值，然后也相对更容易发现诸如乐于助人、坚持信念以及真诚的行为，还有发现黄金法则的教益，特别是权利和平等的基本要素；这些都属于人类共同的遗产"②。

　　既然全球能赋予世界公民的权利如此有限，那么制定世界法能否对此进行补充呢？德里克·希特遗憾地指出："海牙国际法院的工作，重新唤起了应该建立一个永久的世界刑事法院的理念，尽管只有冷淡的承诺，这一理念在 1998 年还是得到了接纳。这一点反过来又产生了制定世界法和以国家司法体系为模式建立起相应司法机构的要求——渴望建立世界联邦主义国家的最高峰。当然，由于不存在强制执行机构，世界法只会成为国内法（即国家法）苍白无力的复制品。这一发展不可避免地把我们从世界法领域带入到世界政治领域。"③ 但德里克·希特还是对世界公民身份和权利的发展表示期待："认为世界公民的法律身份，会与国家公民身份一样得到充分的发展并制度化是荒唐的，但相反的是，完全否认世界公民身份的任何有效性也并不是一种明智判断力的标志。将这种超国家公民身

---

　　① 参见万捷琳《共和主义的公民身份理论：一种观念史的考察》，中国社会科学出版社2011 年版，第 203 页。

　　② ［德］奥特弗利德·赫费：《经济公民、国家公民和世界公民——全球化时代中的政治伦理学》，上海译文出版社 2010 年版，第 176—177 页。

　　③ ［英］德里克·希特：《何谓公民身份》，郭忠华译，吉林出版集团有限责任公司2007 年版，第 145 页。

份的法律内涵，发展成为一种更为真实的世界公民，还有待于政治条件的进一步发展。"①

通过以上分析可知：世界公民的权利仍是一种基于国家的契约式保障，即世界公民的权利由国家之间通过契约来界定，由所在国家进行保障。虽然世界公民的权利非常有限，但世界公民不能坐等被赋予和保障权利，还应继续主动参与全球事务，承担全球道德和责任。正如巴巴利特（J. M. Barbalet）在谈论公民资格时所说："真正的权利在本质上不可能是授予的，一个人如果只得到作为法定地位结果的救济或服务，而不是由受益者运用一定的社会技能而获得的话，那么权利不可或缺的性质就是值得怀疑的。"②

# 四　关于世界公民义务：担当全球道德责任

## （一）世界公民应履行什么样的义务

德里克·希特强调世界公民应当履行应有的义务，他列举比较了五个层次的政治、教育思想与实践（见表《五层次政治、教育思想与实践》）。德里克·希特主张世界合作与宽容，对其他人与全球问题的热心关注，他指出："今天，一个世界公民也就是在面对着核子、人口及环境等灾难的威胁时，要显示出我们忠诚的责任，保护和拯救这个星球。好的世界公民以同样的方式对待整个星球。他对于栖居于这一生机盎然的地球而感恩，作为人类的一员，他并没有更多的道德责任而较之于别人享有更大的尊严。好的世界公民因此认识到他有义务为这个世界及其人民贡献微薄之力。明确的义务与责任包含着良知。一个行为自私、失去了履行责任和承担义务的机会的公民，将会为这种过失而烦恼。"③

---

① ［英］德里克·希特：《公民身份——世界史、政治学与教育学中的公民理想》，郭台辉、余慧元译，吉林出版集团有限责任公司 2010 年版，第 370 页。
② ［澳］巴巴利特：《公民资格》，谈古铮译，桂冠图书股份有限公司 1991 年版，第 95—96 页。
③ ［英］德里克·希特：《公民身份——世界史、政治学与教育学中的公民理想》，郭台辉、余慧元译，吉林出版集团有限责任公司 2010 年版，第 301 页。

表 5.2　　　　　　　　　　　五层次政治、教育思想与实践

|  | 参与的/民主的 | 保守的/精英的 | 极权的/操纵的 | 民族主义的/一体化的 | 世界的/普遍主义的 |
|---|---|---|---|---|---|
| 个体方面的假定 | 大众的共识是有益的 | 只有一个精英是聪明并且利他的 | 支持意识形态的责任 | 人格依赖于民族的认同 | 人的身份较之于民族身份更有意义 |
| 政治参与 | 最大限度地利用参与的机会 | 最少地参与并支持精英 | 对领袖的狂热大众支持 | 支持民族凝聚力与民族的"伟大" | 增强对于世界问题关注的责任 |
| 政治目的 | 最大限度的个体自由与平等 | 在变革过程中保留传统价值 | 达到"理想"的社会 | 民族的一体化与民族差异 | 将民族利益服从于最大化的世界利益 |
| 教育政策 | 发展儿童个体的天赋,不鼓励社会均质化 | 区分精英教育与大众教育 | 使整个学校体系政治化 | 按民族而不是地区来安排 | 合作与宽容 |
| 政治教育政策 | 认知与理解(政治)体制和参与技能 | 不尊重大众,不忠诚于全体 | 灌输与监控 | 民族意识与爱国主义 | 对其他人与全球问题的热心关注 |

　　资料来源:[英] 德里克·希特《公民身份——世界史、政治学与教育学中的公民理想》,郭台辉、余慧元译,吉林出版集团有限责任公司 2010 年版,第 301 页。

　　特纳等人认为,世界公民概念在义务方面首先强调个人对非国家的、对环境和创造世界政治共同体的责任的同情。其次就是构建普遍的人权制度,如各种人权公约;在民主方面,促进全球民主。[①] 赵汀阳也指出:"如果说传统版本的'天下'观念可以用罗尔斯的'自然义务'观念来解释的话,那么,现代版本的'天下'观念则可以用德国哲学家尤根·哈贝马斯从美国哲学家赫尔伯特·米德那里借用来的一个术语来解释,那就是'理想的角色承当'(the ideal role taking)。"[②]

---

　　① Engin F. Isin and Bryan S. Turner, *Handbook of Citizenship Studies*, London: Sage Publications, 2002, p. 324.

　　② 赵汀阳:《天下体系:世界制度哲学导论》,中国人民大学出版社 2011 年版,第 157—158 页。

针对世界公民应履行哪些义务，英国牛津布鲁克斯大学的黑格（Martin Haigh）梳理出世界公民义务应包含的三种线索："第一是'学会共同生活'（learning to live together），对整个人类有着自我认同，而不是仅仅认同一些种族或家族集团。这蕴含着发展理解和情感智能（移情与同情），并跨越文化边界积极地相互影响。第二种是生态文化，即在我们的共同栖息地范围内'学会共同可持续生活'（learning to live together sustainably）。这包括培养'保护地球生态圈安全'的心态。第三是在伦理上，'学会负责任地生活'（learning to live responsibly），因为其将社会正义、公平、公正和个体责任等元素嵌入了世界公民概念。"①

### （二）世界公民怎样履行义务——培养国际素质，分层实施

在全球化的今天，民族国家仍然要求公民首先明确国家认同，履行国家公民的义务。在此基础上培养公民的国际素质，实现由公民到"世界公民"的身份转换，世界公民方有履行"推动国际交流与理解、维护世界和平、促进世界发展、共同解决全球性问题"等义务的可能。邬志辉认为，世界公民是指在确立国民意识的前提下的适应本国的国际化需要而具有国际素质的公民。因此，世界公民应具备的素质包括：第一，民族意识与爱国精神，对自己的民族有认同感和归属意识；第二，世界意识、创新精神和世界一体的观念；第三，权利与义务的观念，学会维护权利，践行义务，积极参与公共生活，学会负责任地生活；第四，民主与法治意识，有民主的信念，按民主程序办事；第五，生态意识与人道精神，时刻保护环境，学会关心他人，关心自然；第六，竞争意识和合作精神，学会在竞争与合作中发展。此外，应尊重生命的差异性。更重要的是热爱和平，为建立一个博爱的世界而努力。②臧宏指出了全球化时代中国特色公民教育目标中的世界公民素质：树立全人类的整体意识，具备为地球上人民更好地生活负责的人文关怀；正确认识和处理民主主义和民族主义的关系，尊

①　Martin Haigh，"From Internationalisation to Education for Global Citizenship：a Multi-Layered History"，*Higher Education Quarterly*，Vol. 68，No. 1，January 2014，pp. 6 – 27.

②　邬志辉：《教育全球化：中国的视点与问题》，华东师范大学出版社 2004 年版，第148—163 页。

重人类文明的普遍标准；尊重国际公约和规则，具有和平意识并致力于国际和平与发展；正确认识和处理全球化与本土资源的关系，具有本土化的自觉意识；了解世界的环境问题，树立可持续发展理念等。①

世界公民思想家注意到世界公民履行义务的层级性特点，这也符合公民认同范围在"个人认同—国家认同—区域认同—世界认同"上由小到大的规律。美国芝加哥大学努斯鲍姆教授认为理想的公民身份是指公民从根本上说要忠于全世界的人类，对国家、地方和各个群体的忠诚显然是次要的。当下对于应遵循什么样轻重缓急的次序有不同意见。但无论怎样安排这种次序，都应该确保自己认识到人类生活的价值，不管这种生活所处何地。② 赫费将世界公民资格分为三级："世界公民并不排斥国家公民这个概念，而是对其进行补充……不管第一级是国家公民，还是第二级是欧洲公民，欧洲的民主都将在今后数年中有所决定。首先，无论如何人们都会是国家公民或者欧洲公民之中的一个，其次才是其中的另一个，按照梯次方式，两者合在一起，第三级就是世界公民：一个援助性的和盟约性的世界共和国的公民。"③

## 五　关于世界公民参与：主动参与全球事务

与自由主义相比，共和主义、社群主义和世界公民教育思潮都主张主动参与相关事务，只是在参与范围上有国家、社区和世界的区别。"社群主义强调公民参与政治既是权利也是义务。自由主义将公共领域与私人领域区分开来，认为私人领域属于个人自由的范围，每个人在其中可以自由地追求自己认为良好的生活方式，各种冲突、对立的主张都可以在私人领域内得到发展，只要不违反公共领域的规则，政府不能以任何理由干涉私人活动。而且，参与公共生活也不是个人必需的事情，政府没有权力强迫

① 臧宏：《公民教育的民族性趋势与本土资源研究》，吉林人民出版社 2012 年版，第 163 页。

② ［美］玛莎·努斯鲍姆：《培养人性：从古典学角度为通识教育改革辩护》，李艳译，生活·读书·新知三联书店 2013 年版，第 10 页。

③ ［德］奥特弗利德·赫费：《经济公民、国家公民和世界公民——全球化时代中的政治伦理学》，沈国琴等译，上海译文出版社 2010 年版，第 176—177 页。

人们参与公共生活。相反，按照共和主义的公民观，积极的政治参与是公民的应有之义，这是公民积极参与公共生活的表现。在亚里士多德看来，政治社群以促进所有公民美德的实践为目的。城邦重要之处就在于提供一个公共领域，刺激其公民经由政治参与砥砺种种美德，以促进共同美好的生活。因此，在亚里士多德那里，参与政治生活，不是可有可无的事情，它是成就一个公民的基本条件"①。

饶从满、陈以藏认为，全球公民教育思潮的特点之一在于其坚持践行的公民资格观（act as citizen），认为从全球的视角去检视公民资格时，法律上的或是政治上的承认并非必需，相反实践的维度，即公民如何采取实际行动，更显重要。②

与个人—自由主义所对应的被动公民观（passive citizenship）不同，支持主动参与全球事务的学者主要基于公民—共和主义坚持的主动公民观（active citizenship）。这一类学者认为世界公民须基于人类共性、共居的星球及共同的未来互相联合起来，主动参与全球事务。饶从满归纳指出："20 世纪 90 年代以来，出于对公民参与公共生活的积极性持续下降将影响民主的稳定与发展的担忧，各国尤其是西方发达国家把实施主动公民教育作为主要政策追求，在加强学生在学校与社区生活中的参与的基础上，强调通过课内与课外、校内与校外、正规与非正规等各种教育途径之间的互动与合作，以培养知情的、负责任的参与型公民。"③ 在科瑞克看来，主动公民不只是好公民。他或她"有能力并有资格对公共生活施加影响"，具备"在说话与行动之前权衡证据的批判性能力"，积极参与"志愿活动与公共服务"，并且拥有发现"新的活动形式"的个人信心。

欧盟在 1998 年发表了《欧盟的教育与主动公民素质》，指出"主动公民身份概念最终要谈的就是个体与群体对他们理论上所隶属的社会和社区的归属感所达到的程度，因此除了认同与价值观事务之外，还与促进社会包容与凝聚力紧密联系在一起。这些是主动公民身份的情感维度。与此

① 吴玉军：《现代性语境下的认同问题：对社群主义与自由主义论争的一种考察》，中国社会科学出版社 2012 年版，第 22 页。

② 饶从满、陈以藏：《全球化与公民教育：挑战与回应》，《外国教育研究》，2006 年第 1 期。

③ 饶从满：《主动公民教育：国际公民教育发展的新走向》，《比较教育研究》2006 年第 7 期。

同时，人们还需要一个信息与知识基础，在此基础上他们才能够采取行动，并且能够自信地去行动。这就是主动公民身份的认知维度。最后，履行公民身份就是关于采取某种行动，这首先就是在采取行动中获取经验的事情，此即主动公民身份的实践维度"①。

道尔（Nigel Dower）等学者指出，世界公民教育的宗旨不是要把学生训练为世界公民，而是培养他们意识到自己是世界公民，并利用各种时机关心、参与全球事务。② 英国学者奥斯勒（Audrey Osler）和侯·斯塔克（Hugh Starkey）提议通过综合考虑社区、国家和全球层面来重新建构公民教育的概念："考虑到全球化进程已经影响到了社区，多元性已是所有社会的特征并且被越来越多的人所认识，我们提出了'世界'公民教育的理念作为对当代现实世界的回应。我们认为学生们需要发展从社区到全球所有层次公民参与的能力。"③ 美国学者詹姆斯·班克斯（James A. Banks）也提出，作为全球共同体的公民，学生需要通过各种民主程序促进社会公正，积极参与到其文化共同体、国家、地区以及全世界的事务中去。

舒尔茨（Lynette Schulz）更是指出了不同视角下世界公民的参与类型："教育者在总结世界公民目标时，指出公民需要在超越自身本地情境之下参与事务和行动。然而，这种参与如何界定却取决于执行者在其过程之中想创造哪一类型的世界公民。""确实如此，当我们以新自由主义的态度看待全球化时，我们欢迎纯粹的国际市场并遵循自由跨国贸易的原则，这时的世界公民与全球经济参与相关；而当我们以激进主义的态度看待全球化时，我们则担心霸权主义的继续作祟和贫富差距的永恒化，这时我们将反对全球垄断机构，尤其是经济机构的形成；当我们以改革主义的态度看待全球化时，全球化既是多维度的，它包括经济、文化、环境等多

①　Mireia Montané and Yves Beernaert. Barcelona and Brussles, Pre-edition, 2001, P. 76. Towards Active Citizenship: Connecting Young Citizens across Europe and the World. Barcelona and Brussels, Pre-deition, 2001, P. 76.

②　Ali A. Abdi and Lynette Shultz, *Educating for Human Rights and Global Citizenship*, New York. State University of New York Press, 2008, pp. 39 - 41.

③　[英] 奥黛丽·奥斯勒、侯·斯塔克：《民主公民的教育：1995—2005 年公民教育的研究、政策与实践述评》，檀传宝译，《中国德育》2006 年第 12 期第 1 卷。

个方面，同时南北等级也将得到消融，此种态度下的世界公民则需要在本地、国家和地区层面上建立社区和联盟的民主空间，以此对抗那些使压迫、贫穷和边缘化永恒的力量"①。舒格伦斯基（Schugurensky）等人指出参与型主动公民需要综合创设情境进行培养："培养不仅有知识，而且富有同情心和责任感，具有批判思维能力，愿意并能够参与的主动公民，需要多种途径和多方式的配合。"②

---

① Schulz Lynette, "Educating for Global Citizenship: Conflicting Agendas and Understandings", *Alberta Hournal of Educational Research*, Vol. 53, No. 3, Fall 2007, pp. 248 - 258.

② Schugurensky D., and Myers J. P., "Introduction: Citizenship Education: Theory, Research and Practice", *Encounters on Education*, Vol. 4, Fall 2003, pp. 1 - 10.

# 第 六 章

# 世界公民教育思潮的公民教育观

## 一　关于世界公民教育的地位

### （一）世界公民教育是应对全球变革的要求

世界公民教育为何重要，简而言之，在全球化时代仅以民族国家决定公民教育是不够的。根据费奇曼（Fischman）和哈斯（Haas）的观点："公民的概念被民族国家的边界牢牢限定，考虑到全球化时代的政治、经济、社会、人口的变化，这一概念需要扩展了，全球化带来不可阻挡的合法和非法的跨国人口流动，促进了经济、法律、政治、文化领域的交流，同时，科技进步带来生产和传播的加速，这已经创造了世界新的图景。"[①]正如富兰所说："当我们面向 21 世纪的时候，就越来越希望它的公民在他们的一生中，在一个充满活力的、多元文化的全球变革的背景下能够独立地和相互协调地、积极主动地对待变革。在社会的所有机构中，教育是唯一具有潜力的从根本上有可能达到这一目标的机构。"[②] 联合国教科文组织国际 21 世纪教育委员会在其报告《教育——财富蕴藏其中》中也强调"终身学习是打开 21 世纪光明大门的钥匙"，认为应该"把终身教育放在社会的中心位置上"。针对公民教育，该委员会特别强调"公民资格和民主教育尤其是一种不受正规教育的空间和时间限制的教育"。在信息

---

① Edward R Howe, "Alternatives to a Master's Degree as the New Gold Standard in Teaching: a Narrative Inquiry of Global Citizenship Teacher Education in Japan and Canada", *Journal of Education for Teaching*, Vol. 39, No. 1, 2013, pp. 60 - 73.

② ［加］迈克尔·富兰：《变革的力量——透视教育改革》，中央教育科学研究所、加拿大多伦多国际学院组织翻译，教育科学出版社 2004 年版，第 10 页。

技术迅猛发展而导致的信息时代，教育"应为树立适合于信息社会的公民意识奠定基础"①。世界公民教育作为一项理论建构，针对所有维度的公民资格（从国家到世界），被重构来使青年认识到共同人性（common humanity），在各维度与他人团结、包容和尊重价值多元。需要建构国家公民教育的概念来适应当前的国家公民资格和全球共同体。②

在教师个体层面上，大多希望能够教导学生认识世界，负起作为地球村一分子的公民责任，形成相关的知识、能力和价值观，致力于缔造一个正义、和平和能够持续发展的世界。教师的以上抱负需要在各民族国家内实现。

在民族国家层面上，希望学校教育既要坚持培养公民的爱国情感与民族认同，也要注重培养公民的全球视野、国际意识及包容不同文化的胸怀，最终培养出在全球化社会中具有竞争力的公民。实现这一国家战略既需要有高素质的教师，也需要借鉴国际组织的实践经验。

在国际组织层面上，有关组织既希望民族国家对其开展的世界公民教育活动给予支持与配合，也对高素质的教师寄予厚望。全球化程度越高，非政府组织发展就越充分，这为推行世界公民教育的联合国教科文组织和乐施会提供了时代契机。

### （二）世界公民教育在国家教育体系中实际处于"一般地位"

世界公民教育是"好公民"（good citizenship）或"良好人格"（good personhood）概念在当前和历史上的地理区域的扩展。世界公民教育概念需要将"我们"的概念拓展到世界其他人，并接受"'权利与义务'超出铭刻的法律条文或普世的规范"③。尽管努斯鲍姆认为世界公民教育影响了以自由主义公民教育为基础的西方近代教育思想："以'世界公民'为目标对人们进行良好的教育，这一观点对西方的教育思想有着深远的影

---

① 国际 21 世纪教育委员会：《教育——财富蕴藏其中》，联合国教科文组织总部中文科译，教育科学出版社 1996 年版，第 8、48、52 页。

② Alan Reid, *Globalization*, *the Nation-state and the Citizen*: *Dilemmas and Directions for Civics and Citizenship Education* Oxon: Routledge, 2010, p. 221.

③ The Global Citizen: Global Personhood and Dwelling Among Alterity（http://www.northumbria. ac. uk/static/5007/arpdf/1329815/killickiss3，2013 - 11 - 1）.

响。苏格兰（英国）传统下的大卫·休谟和亚当·斯密，欧洲启蒙传统下的伊曼纽尔·康德，美国传统下的托马斯·潘恩以及其他奠基人都受到影响。"① 不过，相对于共和主义公民教育、社群主义公民教育在国家教育体系中的重要地位，世界公民教育与自由主义公民教育、多元文化主义教育目前处于一般地位。澳大利亚天主教大学副校长克雷文（Greg Craven）教授认为，"影响国家认同、国家建构和公民教育的三个主要维度是意识形态、民主和人权"②。

　　自由主义公民教育、共和主义公民教育、多元文化主义教育一直是西方国家教育的主流，世界公民教育仍是一种教育的趋势。换句话说，在民族国家中，世界公民教育是教育体系和教育内容中需要考虑的而不是必须考虑的。因为在 18 世纪以来民族国家的形成和发展过程中，西方受到技术进步和国际政治的影响，共和主义公民教育、社群主义公民教育逐渐替代自由主义公民教育的主体地位。同时，随着三次工业革命的深入开展，交通、通信技术的发展，跨国流动的增加和文化多元等问题，一些多元文化主义盛行的移民国家以及注重原住民文化保护的国家开始加强多元文化主义教育，这种多元文化主义教育也是受自由主义公民教育平等、正义原则的影响而发展的。全球化以来，尤其是冷战结束后世界经济一体化不断加强，全球性问题逐渐突出，世界公民教育逐渐进入了民族国家的课堂、由国际组织的各个教育项目承载和推行，宗教组织、跨国公司等主体也参与其中，形成了世界公民教育思潮。民族国家在各种世界公民教育的实施主体中居于核心地位，实施无差别、无附加利益的世界公民教育几乎是不可能的。民族国家如果不推行共和主义公民教育、社群主义公民教育，就无法凝聚民族向心力、形成核心竞争力，而民族国家开展世界公民教育也是为了培养能主动融入国际社会、知晓国际贸易规则、具有国际竞争力的国家公民。

---

　　① ［美］玛莎·努斯鲍姆：《培养人性：从古典学角度为通识教育改革辩护》，李艳译，生活·读书·新知三联书店 2013 年版，第 9 页。

　　② Joseph Zajda, Holger Daun, Lawrence J. Saha editors, *Nation-Building*, *Identity and Citizenship Education*：*Cross-cultural Perspectives*, Canberra：Spring, 2009, Foreword vii.

**(三) 世界公民教育是多维度公民教育中的重要部分**

当下,在民族国家中实施多维度公民教育似乎更加现实,公民教育正在由单维度(面向国家公民的教育)向多维度(面向"个体公民—区域公民—国家公民—世界公民"的教育)拓展。世界公民教育要在多维度公民教育中体现与实施,民族国家不可能接受一种独立于教育体系之外的世界公民教育。科根的研究小组经过大量的调查,得出的多维公民资格与教育的结论在公民教育中具有广泛的影响力。

科根的研究小组指出:公民教育的重点在于促使多维公民资格(multi-dimensional citizenship)的发展,这必定成为教育政策中优先发展的核心。多维公民资格可划分为个人维度(personal dimension)、社会维度(social dimension)、空间维度(spatial dimension)、时间维度(temporal dimension),作为具有公民地位的人们必须准备参与、克服 21 世纪面临的挑战,在这一任务中教育将扮演一个至关重要的角色。只有融合了公民资格四个维度的教育才能帮助他们完成这一任务。①(见《公民资格四维度图》)

**图 6.1　公民资格四维度**

资料来源:John J. Cogan and Ray Derricott, *Citizenship for the 21ˢᵗ Century:An International Perspective on Education*, Kogan Page Limited. 1998, p. 117.

---

　　① John J. Cogan and Ray Derricott. *Citizenship for the 21ˢᵗ Century:An International Perspective on Education*, London:Kogan Page Limited, 1998, pp. 98 – 149.

1. 个人维度

多元公民资格的个人维度包括发展个人的能力和恪守公民道德规范，通过个人和社会责任在心灵中成为习惯。在意识、内心和行动上，作为公民，我们必须增强批判和系统思考的能力，对文化差异问题的敏锐理解能力，用负责、合作和非暴力的技能来解决冲突和问题的能力，具有保护环境、捍卫人权、参与公共生活的意愿。

科根研究小组认为：在四个维度中，个人维度很可能是最难以捉摸的，因为它把内在的和私人的进程与外在的和公共的进程联结起来。研究小组首先关注公民的公共生活，认识到有效的公民身份首先需要将一套公民道德或公民价值观内化，那样，个人维度必须明确地处理道德和价值观领域，即使这些在跨文化和民族间有争议。在公民教育中忽视个人维度将减缓或妨碍改变公民行为的努力。

为了实现公民资格的个人维度，教育必须在所有学生中发展和加强形塑个人生活的决心，这种生活方式使学生在对传统价值观敏感的时候能够具备公民基本素质。这需要注意进行恰当的知识、技能、价值观的教与学，这必须成为学校的任务，不仅体现在课程和学习过程中，而且直接和间接体现在其他方面来影响学生。

2. 社会维度

公民资格的社会维度承认：尽管个人维度是必不可少的，但在自身发展多维度公民上并不有效，公民资格中必不可少的是社会活动，涉及人们基于公民的目标一起生活和工作。由此，公民必须能够在不同的情境下与其他人一起工作和交流。他们必须能够参与公开辩论和讨论，参与公共生活，处理面对的问题和事情，同时准备充满敬意地与自己想法和价值观不同的人交流。社会参与是公民资格的重要元素。涉及政治热点、选举和政党的严格的政治舞台只是社会维度公民资格的要素之一，社会维度公民资格还包含广泛多样的活动和承诺，这通常被形容为"公民社会"。

3. 空间维度

科根研究小组建议公民们必须将自己视为几项重叠社团的一员，那就是地方—区域—国家—跨国，并将这一模式称为空间维度。基于相关文献的研究表明：世界日益变得相互依赖，21世纪的世界更是如此。这在一定程度上是科技、通信、贸易格局、外来移民等方面改变的结果。这意味着 21 世纪的挑战超越国家边界，需要跨民族的解决方案。人们的认同感仍然并继续基于民族和文化源于当地和个人。

多维度公民资格需要公民能够在从当地到跨国的一系列互联层面上生活和工作，在最基本的层面上（个体层面），需要公民教育包括汉威所说的"透视意识"——即个体的一种认知或意识，认识到自己有不与世人共有的对世界的看法，认识到这种看法会持续受到影响，且影响会被大脑有意识的探测所忽略。在更高级的层面（跨国层面）上，需要公民从一种或多种文化的内部人的观点中理解其文化。

多维度公民资格需要我们为学生提供一个审慎和深思的框架，以帮助他们明确在各个空间维度的多重角色，为学生提供跨越地理或文化边界的技能。为此，国际理解和合作的教育观念应当发展和扩展，那样学生就可以将自己视为几种重叠社群（当地、民族、国际）的成员。

4. 时间维度

在公民资格的时间维度中，意味着公民在应对当代的挑战时，不能仅对当前全神贯注而缺失了着眼过去和未来的视野。人类学家已经使我们知道，我们还存在着以有限的文化视野看世界的倾向，人类学家将这一倾向称为民族中心的世界观（ethnocentric）。事实上，这种文化短浅在当前我们有限的时间洞察力倾向中有一定的类似物——时间中心（tempocentric）的世界观。正像我们处理跨文化的能力会被民族中心主义（ethnocentrism）所阻碍一样，我们处理时间维度的能力也会被时间中心主义所阻碍，或想象受限于当前景象的趋势。一方面，我们学生的年龄限制了他们的视野。没有生活 20 年以上的经验是很难想象跨越数十年或几个世纪的情况。另一方面，时间的构想是认知发展的一部分，也是文化意义的范畴。我们应当关注学生对时间概念的把握，使之符合学生实际的年龄和以往的经验。

从多维公民资格与教育的分析可以看出，个人维度体现了修身的要求，社会维度体现了社会参与的要求，空间维度体现了多层级公民资格的要求，时间维度体现了历史的视野和发展的视野。世界公民教育在四个广阔的维度中大有可为，但还要正视其作为公民教育中的一部分的实际地位。

**（四）世界公民教育可以统合同类教育思潮共同推动全球发展**

在自由主义、共和主义、社群主义公民教育之外，世界公民教育思潮还与"国际理解教育、多元文化教育、发展教育、环境教育、人权教育、和平教育"等同类教育思潮中的部分主张相似。一些教育机构和个人将开展的"国际理解教育、多元文化教育、发展教育、环境教育、人权教育、和平教育"表述为正在进行"世界公民教育"，一些学者甚至将国际理解教育等同于世界公民教育。

那么，世界公民教育能否统合同类教育思潮，以自身或者同类教育思潮的名义来实施呢？姜英敏等以日本学者对于世界公民教育及其相关思想的理解为例："不少人质疑全球教育和国际理解教育是否有必要分开。作为全球教育的主张者，鱼住忠久曾试图区分两者，指出，'国际理解教育由联合国教科文组织推行，将国际社会看作主权国家的联合体，通过对他国、他文化、国际关系的理解，达到诸多国民及国家间的和平、友好、合作，同时进行人权保障教育。……而全球教育则是以日趋全球化、相互依赖的世界为出发点，培养具有全球视野和人类普遍价值观，并在进行决策时能够采取超国家行动的全球市民'。箕浦康子主张实施独立的'全球公民教育'，将多元文化教育、发展教育、环境教育、人权教育、和平教育都纳入'全球公民教育'之中，培养'全球视野之人'。森茂岳雄则对这样的情形表示忧虑，认为多元文化教育与'全球公民教育'的内容确实存在共同点，但也不能因此就把多元文化教育完全纳入'全球公民教育'之中，因为这样的结果将导致对多元文化教育本质问题的忽略。"[①] 由此可见，世界公民教育发展到今天，其内涵和外延依然没有形成定论，"国际理解教育、多元文化教育、发展教育、环境教育、人权教育、和平教育"虽然从不同层面、不同角度使用世界公民教育，但在客观上促进世界公民教育传播的同时，也在某种程度上体现出世界公民教育的内容和精神特质。

---

① 姜英敏、于帆：《日本"全球公民教育"模式的理论分析》，《比较教育研究》2013年第12期。

# 二 关于世界公民教育的目标

## （一）宏观层面：不同立场的教育目标

英国学者大卫·科尔（David Kerr）根据公民教育所涉及的深度、广度以及公民教育的目的、目标，将公民教育分为以下三种类型。

第一，"关于公民资格的教育"（education about citizenship）。强调知识教育。关注为学生提供成为合格公民须具备的知识，强调对国家历史以及政府和政治生活的结构和过程的理解。

第二，"通过公民资格的教育"（education through citizenship）。强调社会参与教育。主要是指学生通过行动，即通过积极参与学校和社区的活动来实现的公民学习。这种学习有助于巩固和强化学生所学的知识性的内容。

第三，"为了公民资格的教育"（education for citizenship）。强调终身捍卫与发展公民资格的教育。重在赋予学生一套可以使他们在未来的成人生活中积极、敏感地履行作为公民的角色和责任的方法和技能。这包括知识与理解、技能与态度、价值观，等等。[①]

世界公民教育在教育立场角度有着不同的教育目标，本研究参照大卫·科尔对于公民教育的分类，构建了世界公民教育不同立场的教育目标，见表《世界公民教育不同立场的教育目标》。

**表 6.1　　　　　　世界公民教育不同立场的教育目标**

| 教育立场 | 主要实施者 | 教育目标 | 教育类型 |
| --- | --- | --- | --- |
| 国家角度 | 民族国家 | 培养具备国际视野的国家公民 | 知识教育 |
| 全球角度 | 国际组织 | 培养具有全球意识的世界公民 | 参与教育 |
| 兼顾国家与全球 | 教育机构 | 培养忠于国家和全球伦理的公民 | 发展教育 |

第一，立足于国家角度培养世界公民（基于国家的世界公民教育）：

---

① David Kerr, "Citizenship Education: An International Comparison across sixteen countries", *International Journal of Social Education*, Vol. 17, No. 1, 2005, 2002, pp. 1 – 15.

教育目标是培养具备国际视野的国家公民，着眼于通晓世界知识的教育。

第二，立足于全球角度培养世界公民（基于全球的世界公民教育）：教育目标是培养具有全球意识的世界公民，着眼于主动参与全球事务的教育。

第三，兼顾国家与全球培养世界公民（兼顾国家与全球的世界公民教育）：教育目标是培养忠于国家和全球伦理的公民，着眼于国家和世界未来可持续发展的教育。

综观三种类型的教育目标，第一种目标"立足于国家角度培养世界公民"在现实中最可行，但其教育内容带有很强的国家主义倾向，关于世界知识的教育对世界公民教育发展的影响有限。毕竟，国家或共同体都不可能为自己培养掘墓人。第二种目标"立足于全球角度培养世界公民"在推行过程中受到民族国家的制约，却是全球化时代最活跃的一种教育目标。第三种目标"兼顾国家与全球培养世界公民"应该是世界公民教育平衡全球化和本土化的一个发展方向，科根就提出："在尊重当地价值的同时应当做什么来发展分享（普遍、全球）的价值观？"[①] 但尚未有一个教育机构或团体能够做到培养既忠于国家又遵循全球伦理的完美公民，因为有时遵循全球伦理是违背国家利益的。

### （二）微观层面："知识、情感、态度"的目标

联合国教科文组织与乐施会制定了相对系统的世界公民教育目标。

对联合国教科文组织来说，世界公民教育可以发展学习者需要的知识、技能、价值观和态度，以此来建立一个更加正义、和平和可持续发展的世界，使学习者在 21 世纪作为世界公民更加茁壮成长。该组织指出：在一个全球化和快速变化的世界，现在和未来的一代发展目前行动的技能，找到解决未来全球挑战的办法已经非常紧迫。世界公民教育的起点就是认识到教育就是帮助人们了解和解决复杂的全球问题。世界公民教育承认教育不仅扮演一个发展认知能力的角色，例如读、写等，还着眼于超越这些，来建构学习者的价值观、社会和情感能力，这样的能力能促进社会

---

① John J. Cogan and Ray Derricott, *Citizenship for the 21ˢᵗ Century: An International Perspective on Education*, London: Kogan Page Limited, 1998, p. 133.

转型和国家间建立合作。这些目标主要是：更好地理解世界公民教育作为一种教育的方法及其对教育内容和教育方法的影响；确定世界公民教育中的创新方法和良好实践，分享学习的课程及其深入改善的途径；世界公民教育不仅需要新的内容而且需要新的方法，尤其是与教师培训有关的。这必须改变思想，训练指导教师。[①]

2014 年，联合国教科文组织公布了从学习—认知、社会情感、行为三个维度检验世界公民教育成果的 4 个关键指标："学习者具备了关于'全球性问题以及不同国家和群体间的相互联系与依赖'的知识、理解以及批判性思考；学习者拥有了归属全人类，分享价值观、分担责任、坚持权利的意识；学习者对差异和多样性表现出感同身受、休戚相关和相互尊重；学习者从地方、国家再到全球语境中为一个更加和平与持续发展的世界而有效和负责任地行动。"[②]

2015 年，联合国教科文组织出台《教育 2030 行动框架——确保全纳、公平、有质量的教育，增进全民终身学习机会》（*The Education 2030 Framework for Action——Towards inclusive and equitable quality education and lifelong learning for all*），指出："到 2030 年，确保所有学习者获得必需的知识和技能来促进可持续发展，尤其是通过教育促进生活方式、人权、性别平等的可持续发展、推动和平与非暴力文化发展、推进学习者成为世界公民并欣赏文化多样性及文化对可持续发展的贡献。各国应发展政策和项目来促进可持续发展教育（ESD）和世界公民教育（GCED），并通过教育系统内的干预措施、教师培训、课程改革和教学法支持，使它们成为教育的主流；为所有年龄段的学习者提供能终生获得知识、技能和价值观的机会；创建并在国家内部和国家之间推广可持续发展教育和世界公民教育的良好实践，以便更好地实施教育项目，加强国际合作和理解；促进与可持续发展教育和世界公民教育相关的项目，让学习者和教育者参与到社区和社会中来；确保教育承认文化在实现可持续发展中所起的关键作用；支

---

① UNESCO, Global Citizenship Education: Preparing learners for the challenges of the 21st century, Paris, 2014.

② Measuring progress in global citizenship education（http://www.unesco.org/new/en/media-services/single-view/news/ measuring_progress_in_global_citizenship_education/#. VS5kQtz23wY. 2014 - 11 - 7）.

持可持续发展教育和世界公民教育，更有效评估教育系统的发展、认知、社会情感和行为学习成果；确保可持续发展教育和世界公民教育存在于所有水平和所有教育形式之中，促进和平和非暴力文化的发展。"①

乐施会认为：各国世界公民教育必须为儿童和青年传授知识、技能和价值观，以使他们能够应对来自快速变化和相互依赖世界的各种挑战，并把握机会成长。乐施会对世界公民教育的核心要素（Key elements of global citizenship）进行了界定，指出了培养青年成为一个主动世界公民（active global citizen）需要哪些技能、知识和价值观。②（见表《主动世界公民需要具备的要素》）

**表 6.2** **主动世界公民需要具备的要素**

| 知识和理解 | 能力和技巧 | 价值观和态度 |
|---|---|---|
| 社会正义和公平 | 批判性思维 | 身份和自尊感 |
| 多样性 | 有效辩说的能力 | 移情（换位思考） |
| 全球化和相互依存 | 挑战不公正和不公平等的能力 | 社会公平与正义的承诺 |
| 可持续发展 | 尊重他人与事物的能力 | 推崇尊重多样性 |
| 和平与冲突 | 合作与解决冲突 | 关注生态环境与可持续发展；接受种族差异性 |

## 三　关于世界公民教育的内容

当前在国家公民教育中，国家注重对自由主义教育与社群主义教育的平衡："现代国家要求公民必须接受必要的教育，以提高他们的认知水平和道德水平，以便使他们能够对各种不同的生活方式进行评价。此外，现代国家也采取相应的措施，保证那些脱离特定社群的个体在生活方面不致遇到太多的障碍。培养个体的反思能力，保证个体自主性的实现，与保证不同群体之间的和平共处，在现代社会中是同等重要的两大事情。也正因

---

①　胡佳佳、吴海鸥译：《联合国教科文组织发布"教育 2030 行动框架"——描画全球未来教育的模样》，《中国教育报》2015 年 11 月 15 日第 3 版。

②　Education（http：//www.oxfam.org.uk/education/global-citizenship，2014 – 5 – 17）.

如此，一个社群应该高度重视和维护个体的自由，充分尊重每个人的自主选择权，它应考虑人们实际上如何生活、希望怎样生活，而不仅仅考虑我们希望他们如何生活……基于国家中立性原则，自由主义的公民教育不推行某种特定的价值观念，它尊重每个个体的自我反思和批判能力。学校教授给学生的应该是价值推理和价值选择的能力，而不是引导学生朝向任何既定的善。为此，自由主义反对柏拉图式的教育方式。"[1] 斯凯特（Hans Schattle）分析了世界公民教育的相关项目内容和实践效果，认为世界公民教育所强调的公民美德与自由主义公民教育在某种程度上具有一致性。"大多数世界公民教育的相关项目追求鼓励学生思想开明、勤勉、有好奇心、恭敬有礼，但是这些公民美德是与自由主义相一致的，并不为一种特殊的思想体系所独有。"[2] 将世界公民教育观与自由主义、社群主义等公民教育观作比较可以看出，世界公民教育突破了社群主义公民教育考虑国家共同体内他者的生活，转向关注、理解人类共同体内的他者生活，突破了自由主义公民教育中不引导学生朝向任何既定的善的想法，教授学生合作、包容多元文化、共生，朝向共同解决全球问题，促进全球发展而努力。

### （一）国际组织：培养担当全球责任的世界公民

1. 联合国教科文组织（UNESCO）

联合国教科文组织素质教育促进会主席（Director of the Division for the Promotion of Quality Education，UNESCO）皮格兹（Mary Joy Pigozzi）指出，联合国教科文组织支持推行世界公民教育，"主动参与世界公民教育是必要的，德洛尔报告（Delors Report）提出了学会学习、学会做事、学会生存、学会共同生活。前三项我们完成得比较好，但推进最后一项——学会共同生活，对我们来说还是一项挑战。这是由于从卢旺达到波斯尼亚发生的战乱，使得人们即使外貌相似、做了几个世纪的邻居，仍然

---

① 吴玉军：《现代性语境下的认同问题：对社群主义与自由主义论争的一种考察》，中国社会科学出版社 2012 年版，第 59、120 页。

② Hans Schattle，"Education for Global Citizenship：Illustrations of Ideological Pluralism and Adaptation"，*Journal of Political Ideologies*，Vol. 13，No. 1，2008，pp. 73 - 94.

彼此心存恐惧"①。鉴于此,皮格兹提出要实行长久有效的世界公民教育,教育全球公民在本地和全球行动起来,他指出国际推行世界公民教育的10年计划,其中有四点核心价值支撑计划的推行:尊重世界人民的尊严和权利,承诺致力于社会和经济正义;尊重下一代的人权,承诺代际责任;尊重和爱护生命家园的多样性,保护及恢复地球的生态系统;尊重文化多样性,致力于构建当地和全球文化的宽容,非暴力与和平。

联合国教科文组织关于世界公民教育的理念在不断发展,"跨越特定国家公民权、公民性的限制,提倡新的公民权,其概念不同于一元的公民性,是多元的且是多层次的公民性,终极目的在于培养全球公民主义的权利、义务意识及其相关素质"②。

1950年,联合国教科文组织将"国际理解教育"更名为"世界公民教育"(Education of world citizenship,又译为"全球公民教育"),联合国教科文组织与国际教育局召开的国际公共教育大会于1948年通过的《青年的国际理解精神的培养和有关国际组织的教学》③、1968年通过的《作为学校课程和生活之组成部分的国际理解教育》、1974年通过的《为国际理解、合作与和平的教育及与人权和基本自由相联系的教育之建议》等决议都逐步深入地对世界公民教育进行了阐述。1962年,联合国教科文组织提出一份报告《向青年人宣传有关和平,相互尊重和理解思想的方法》,对各国向青年人实施世界公民教育提出建议。④

2001年,联合国教科文组织发布了《世界文化多样性宣言》。宣言指出:"从文化多样性到文化多元化在日益走向多样化的当今社会中,必须

① Mary Joy Pigozzi, "A UNESCO View of Global Citizenship Education", *Educational Review*, Vol. 58, No. 1, February 2006, pp. 1 - 4.

② [日]岭井明子主编:《全球化时代的公民教育:世界各国及国际组织的公民教育模式》,姜英敏编译,广东教育出版社2012年版,第213页。

③ 该决议提出,所有教学应有助于学生认识和理解国际团结;应培养学生对世界共同体的责任感;应通过各种手段以促进国际理解,这种理解应以国家间的相互尊重和对相互历史发展的欣赏为基础。

④ 《向青年人宣传有关和平,相互尊重和理解思想的方法》主要内容为:(1)提高青年人对世界及各国人民的认识;(2)培养青年人以毫无偏见的赞同态度去认识他国文化;(3)以友谊而不是以暴力的方式去对待差异;(4)激发青年人理解国际合作在解决世界问题中的必要性;(5)鼓励尊重人权,对他人具有社会责任感和道德意识及积极向上的进取愿望。

确保属于多元的、不同的和发展的文化特性的个人和群体的和睦关系和共处。主张所有公民的融入和参与的政策是增强社会凝聚力、民间社会活力及维护和平的可靠保障。"①

2013 年 9 月 25 日，联合国教科文组织为了纪念联合国"全球教育第一倡议"启动一周年，在纽约举行了"兑现全球教育承诺（Delivering on the Global Education Promise）"的活动。联合国秘书长潘基文在庆祝活动上说："如果我们把教育放在第一，有尊严的生活将紧随其后。""教育第一"是潘基文在 2012 年为实现全民教育承诺而发起的为期五年的运动，旨在联合各国政府、商业团体和慈善组织等，实现 2015 年联合国千年发展目标，并完成最初的教育承诺。早在发起该运动时，潘基文就曾表示，"如果我们将教育摆在优先发展的位置，我们就能够减少贫困和饥饿，并最终建立一个更加富裕和美好的社会"。根据计划，"教育第一"运动包括三大优先领域，分别为让每一个孩子都能上学、提高学习的质量和培养世界公民。② 2013 年 12 月 2 日至 4 日，联合国教科文组织在泰国曼谷举办全球公民教育国际论坛。论坛目标是使参会者充分分享和交流关于促进全球公民教育的经验和想法，并确定在全球、地区和国家层面上的具体行动，以促进全球公民教育。这次论坛主要由两个全体讨论和 14 个小组讨论组成。第一个全体讨论探讨团结与竞争的原则如何在教育中并存，并支持全球公民教育。第二个全体讨论探讨如何促进全球公民教育。通过讨论，参会者重新审视了当前的趋势和重大事件，将其作为培育全球公民、评估教育实践的参照。会议还讨论了全球公民教育中教师教育创新性方法。③

2. 乐施会（Oxfam）

乐施会推行世界公民教育影响力的扩大主要是在冷战后。"作为一个具有国际影响力的发展和救援组织的联盟，乐施会由包括加拿大、中国香

①　Universal Declaration on Cultural Diversity（http：//www. unesco. org/most/lnlaw37. htm，2001 – 11 – 2）.

②　黄金鲁克：《联合国："教育第一"关系尊严地生活》，《中国教育报》2013 年 10 月 11 日第 7 版。

③　时晨晨编译：《联合国教科文组织办论坛探讨全球公民教育话题》，《中国教育报》2014 年 1 月 3 日第 3 版。

港在内的十三个独立运作的成员组成。香港乐施会于 1976 年由一群关注贫困问题的志愿者在香港成立，1988 年在香港注册成为独立的扶贫、发展和救援机构，先后在全球超过 60 个国家推行扶贫及救灾工作，开展综合发展、紧急援助、教育、卫生和水利等项目，帮助贫穷人改善生活，自力更生。"① 香港乐施会 1997 年设立青少年"乐施行动组"，推广世界公民教育。②

乐施会通过设立互动教育中心、开展青年及教师培训、出版系列教材、施行发展教育资助计划等活动的方式支援教师在校内实践世界公民教育。乐施会将世界公民教育的突破口放在了对青年人的教育上，乐施会致力于协助青年人对本地及国际发展议题，作仔细观察、批判思考、深入分析，以及身体力行，做个负责任的世界公民。乐施会认为："生活在全球化下，我们身处的世界愈加相互依存。要引发年青人思考个人对世界的角色与责任尤其重要。"乐施会认为，开展世界公民教育有以下意义："世界公民"使儿童感到振奋并与自己息息相关，给了他们学习的意义；世界公民承认我们作为个体的力量，我们每一个人都可以改变一些事情，可以选择怎样行动；我们生活的世界是不公平和不平等的，世界公民促使我们向其挑战并作出改变；世界公民可以使儿童挑战世界多数国家的错误信息和刻板印象，反对无知和狭隘；鼓励我们在相互依存的世界承认对彼此的责任和相互学习；在快速改变的世界不仅具有灵活性和适应性，而且塑造未来的正面形象。乐施会着眼教师教育，表示支持主动的世界公民。这意味着支持青年人发展能使其主动与世界融合的核心能力，促进世界扩展更多正义和可持续发展的空间。这涉及思考和行动的方式，这是一种人生观，一种我们能够创造不同的信仰。对教师来说，发展核心能力最好的方式就是与他们的学生一起学习—思考—行动。乐施会的《世界公民指导手册》关注各科目和各个年龄层次的教师，介绍了乐施会世界公民教育课程的核心要素，提供能在课堂良好实践的案例研究、适宜在许多课程领

---

① 乐施会（http://baike.baidu.com/link? url = kzyV4Swo4E4c＿ssU＿CYAFRZPQmK5INwXLJoHcjRZwZNdwXFnqBMeLVc3fi＿bABUUPfXcbekzO9BxJq1RHvxdwK，2015 – 12 – 11）。
② 乐施会编著：《扶贫毅行——乐施会在中国内地二十年》，知识产权出版社 2011 年版，第 244 页。

域使用的活动内容，以及深度阅读的资源。①

### （二）怎样培养与成为"世界公民"

一方面，斯维尼亚斯基（Swiniarski L.）等人指出了教师在培养世界公民时应遵循何种准则；另一方面，网络指导手册（*Wikihow*）列出了学生怎样成为世界公民的步骤和细则。

1. 教师在培养世界公民时应遵循何种准则

斯维尼亚斯基等人概括了全球教育的十项准则，指出这十项准则适用于各科课程和各级教学，用其形塑教师教育项目，帮助学生形成全球视野和世界公民的观念。②

（1）全球教育是基础教育

（2）全球教育是终身学习

（3）全球教育是合作学习

（4）全球教育是全纳教育

（5）全球教育是促进社会行动的教育

（6）全球教育是经济教育

（7）全球教育是关联科技

（8）全球教育需要批判的和创造的思考

（9）全球教育是多元文化的

（10）全球教育是道德教育

2. 如何成为世界公民

*Wikihow* 列出了怎样成为世界公民的步骤和细则。"我们身处全球时代，由于通信技术的进步和全人类的努力，世界已经变成地球村。成为世界公民可以建立各水平的国际合作。联合每个人，让世界变得更加美好，成为所有人更安全的地方。而'我们针对他们'的心态将会导致全世界无尽的痛苦。这样太乌托邦了？让我们按照以下步骤来。"③

---

① Education（http：//www.oxfam.org.uk/education/global-citizenship，2014 - 5 - 17）.

② Swiniarski L.，Breitborde M. and Murphy M.，*Educating the Global Village：An Inclusive View of the Child in the World*，Columbus：Prentice Hall-Merrill，1999，p. 5.

③ How to Be a World Citizen（http：//www.wikihow.com/Be-a-World-Citizen.2015 - 04 - 02）.

（1）理解世界不局限于你家乡所在的村庄、城镇、州、国家

包括向其他国家和文化学习；对国际新闻感兴趣；对生活充满兴趣，为其他国家的人民和文化而奋斗并发现能帮助的方式，参与全球讨论。

（2）学习新的主要语言或语系

（3）对他国文化保持宽容和尊重

（4）反对各种形式的排外和不宽容

（5）反对种族主义、部族主义、地区主义和宗教偏见以及各种形式的种族隔离

（6）珍视每个人的生命价值，正如你珍视自己生命一样

（7）无论身处何地都发现你是受当地人欢迎的

（8）考虑到每个人的优劣，撤销对某些民族和人民多虑的讹传。不要说那些话："美国人是傲慢的，非洲人是无知的，穆斯林是魔鬼，无神论者是撒旦，德国人是纳粹，犹太人控制金融，外来移民导致犯罪增长等。"

（9）用正常交谈来影响他人。例如，如果某人说话浅薄，就可以告知："不要以偏概全。没有理由涉及整个种族。"

（10）如果你想使得想法通行全世界，不要谈及你的特殊群体

（11）个人不能代表所属文化。慎重强调与未知他者的不同，除此之外我们都是人类

（12）成为主动的和有贡献的世界公民

（13）向智者学习，重新分配你的知识

（14）向历史学习，以此建构更美好的未来①

**（三）培养全球参与意识**

公民教育必定包含关于本国政治制度以及公民基本权利和义务的内容，那么，世界公民教育是对各国签订公约遵守世界政治制度和公民参与权利和义务的教育吗？在这里，世界公民教育在权利意识的培养上最重要的是培养参与的权利意识。原因是公民资格经历了法律权利、政治权利、社会权利的逐渐获得后，在第二次世界大战后出现了参与权利，其中包括

① How to Be a World Citizen（http：//www.wikihow.com/Be-a-World-Citizen. 2015 - 04 - 02）.

共同决策权、公民在劳动力市场所受到的权利和保护。这种参与的权利逐渐由参与本国事务拓展到参与世界事务中去。参与既是权利又是义务，而对世界公民来说，需要更多履行参与义务，主动积极地参与到全球事务中来，为全球利益服务。

冯建军认为应培养具有世界公民视野的国家公民，增加全球意识，关心及参与全球事务："公民属于特定的国家，是一国之公民。世界公民不能作为独立的身份。所以，公民教育的立足点不是世界公民，而是国家公民。世界公民教育绝不是将学生训练'成为'世界公民，而是教育他们意识到自己'作为'世界公民的角色，增加全球意识，并利用种种机会关心及参与全球事务。所以，实现国家公民身份与世界公民身份的统一，当代可行的选择是具有世界公民视野的国家公民。世界公民只能成为国家公民的视野，而非公民的身份。世界历史性的国家公民，立足于国家利益和文化传统，以全球利益、人类观念为视野，成为具有国际视野和国际竞争能力的国家公民。正是因为我们只在观念上定位世界公民，所以，世界公民教育不是政治认同教育，而是人性教育、观念教育。"①

德里克·希特强调通过课堂教学—技能储备—全球参与的步骤来培养世界公民的参与意识。"为培养公民，包括世界公民而进行教育，其最终的目标必须灌输到年轻人心里，使他们具备行动的能力。但年轻人为这一目标到底需要什么技能呢？显然第一步是，他们需要判断的知识与能力；他们也需要信息，特别是关于参与性活动的信息。他们应当知道接近公共人物（比如选举的代表）是有益的，也应当知道存在着什么样的压力集团，慈善组织承担着什么样的工作。可以通过精心的教学来发展实践能力、说服力（persuasive）以及组织能力。所有这些技能首先都能在教室里得到实践，然后再通过在学校之外实行。"②

**（四）培养文化公民，实行主动公民教育**

美国社会学家托比·米勒（Toby Miller）指出："现代化进程使得公

---

① 冯建军：《公民的当代境遇与公民教育的路向选择》，《探索与争鸣》2012年第11期。
② ［英］德里克·希特：《公民身份——世界史、政治学与教育学中的公民理想》，郭台辉、余慧元译，吉林出版集团有限责任公司2010年版，第345页。

民身份逐渐形成了三个维度，它们既相互重叠，又有明显的侧重。这三个
维度包括：政治公民身份（如选举权、居住权）、经济公民身份（如工作
与发展权）以及文化公民身份（如知情权和表达权）。其中，文化公民身
份关系到如何通过教育、风俗、宗教、语言来维持、传承和发展文化。全
球化发展要求南北国家在劳动力上重新组合，文化公民身份问题也随之日
益凸显。这需要打破国家和区域界限，让参与迁移和流动的民众拥有一种
非固定性的文化身份。可以说，全球化的流动性让各种文化、文明不断扩
散、分裂、重叠。文化公民身份已不再简单地以国土或血缘为基础建构而
成，它们更多地与文化劳动力市场相关联。"① 世界公民教育侧重于文化
公民身份，倡导实行主动公民教育。

沃克指出，世界公民身上应具有三种品质的有机结合：知识的严密
性、人类的同情心以及文化的敏感性。"不论是在内在意义还是在实质意
义上，文化的价值都是不相等的。实质意义上的不相等很容易理解：文化
一定会随着环境变化，而且从长远来看，某些文化，除了受到保护的那
些，能否在全球化趋势日益明显的当今社会继续存在下去，一定会受到质
疑。然而，有些人认为某些文化内在价值较低，这并不能获得普遍认同，
除非这些文化鼓吹压迫、宣扬神秘论或倡导愚昧；除非这些文化阻碍人们
（尤其是女性）发挥自身潜力，只有这样的文化的内在价值才低于其他文
化。世界公民应该能够做出选择并能够对其进行说明。我记得很清楚，有
一位日内瓦国际学校的毕业生告诉我，学校对于宽容的教育给他留下了难
以承受的负担，这种宽容从来没能教他怎样坚守底线，怎样说出我觉得难
以接受。"②

### （五）面向全球的多领域教育

除了多元文化、全球参与、文化公民的培养，世界公民教育还应当教
什么？基于面向全球的多领域教育，国际组织和世界公民教育思想家给出

① 杨绿编译：《全球化背景下的"文化公民身份"》，《中国社会科学报》2013 年 3 月 29 日
第 3 版。

② George Walker, *Educating the Global Citizen*, Suffolk：John Catt Educational Ltd，2006，
pp. 21 – 22.

了各种答案。

应培养宽容的全球化视野。帕克指出：许多人相信，如果人类要生存，宽容的全球化视野将变得很重要。学校如接受全球视野教育作为主要目的之一，它将关注如下这些观念：各民族之间的相互依赖；国家之间对和平关系的需求；各民族因地理、文化及历史原因而出现的基本的相似及差异之处；尊重个人尊严的哲学及其实践，而不管他的种族或宗教因素；培养对其他人文化的意识和尊重（无论是在自己社区还是在全世界）。①

应关注和平教育。山下翔央（Hiromi Yamashita）认为开展世界公民教育应继续加强三个方面的工作：着眼于教师怎样针对过去无论正确与否的战争以及当前的战争和冲突进行教学，可以使得世界公民教育更加有效和可感知；与想学习更多知识的学生探索处理战争问题的创新方式；为教师提供空间发展革新和创造性的工作，提供多种机会。关于战争和冲突问题的教育意义被一个 13 岁的英国孩子一语道破：关于过去的事教得太多，而正在发生的事教得太少，如果你不知道正在发生什么，那你就不知道怎样告诉 50 年后的人们。②

应培养青年具有国际思维。国际文凭组织发表了一份《国际文凭学者文件》，其中列举了拥有国际思维的年轻人应该具有十条特征。"毫无疑问，这些特征将作为教学策略的重要元素，深深地刻在教师们的心里：他们勇敢无畏……他们正直诚实……他们富于同情，懂得尊重……他们深谙道德推理的原则……他们勇于接受不同人、不同文化所处的不同视角，所提倡的不同价值，所拥有的不同传统。"③

应开展全球道德教育。布瑞斯索德（Mary Lon Breithorde）阐释了全球教育为何是道德教育："全球教育使学生把他们的选择与世界上的事情相关联，这就促进了道德的发展，这在学习全球知识，讨论课程、指令、教育政策的内在价值，能力和行为的实践以及反思自我和他者的影响和后

---

① ［美］沃尔特·C. 帕克：《美国小学社会与公民教育》，谢竹艳译，江苏教育出版社 2006 年版，第 201 页。

② Hiromi Yamashita, "Global Citizenship Education and War: the Needs of Teachers and Learners", *Educational Review*, Vol. 58, No. 1, February 2006, pp. 27 - 39.

③ George Walker, *Educating the Global Citizen*, Suffolk: John Catt Educational Ltd, 2006, p. 93.

果的过程中得到实现。"①

应开展广泛的世界学习。费舍尔和希克斯（Fisher S. and Hicks D.）将"世界学习"界定为将"知识、态度、技能发展"与"在一个多元文化和相互依赖的世界负责地生活"关联在一起的学习。② 斯凯特对"世界公民教育如何被大学、中小学所定义、表达和诉求？其作为课外内容如何融入学术项目？相互矛盾的解释是怎样出现的？推行中最大的挑战是什么？"等问题给予了关注和诠释。③ 他指出，近年来公众围绕世界公民理念的讨论一直引人注目地增长。在实践上，尤以教育舞台更加突出。尤其在英美，无数大中小学精心设计了相关项目和任务来开展世界公民教育。这些学校开展的项目内容非常广泛，包括语言学习、环境意识、跨文化交往、世界历史和文学、动手能力等。在学术界，政治学、社会学、教育学等学者刚刚开始将"世界公民教育"作为一个研究主题来密切关注。④

### （六）建立世界公民教育课程体系

彼得森（Andrew Peterson）指出："对于全球共同体内参与式公民资格来说，对其中特别的政治和民主元素缺少批判的关注，会导致对世界公民教育形成褊狭的理解。以共和主义理论切入的世界主义阐明了关于在全球层面上培养学生、进行公民资格教育采用何种方式的核心问题。要满足公民日益增长的需要，在公民教育中要使学生知道并向他们诠释全球化的趋势和全球共同体的性质。这不可能是一个轻松的任务，要号召所有对公民资格和公民资格教育感兴趣的人探寻'全球共同体是什么'的概念。这是一个能够产生主动的世界公民（active global citizenship）的世界。需要精细地掌握公民资格的知识、特性和内涵，以迎接全球化带来的机遇与挑战。全球共同体是民主化、政治化的世界主义的强壮的（robust）形

---

① Mary Lou Breithorde and Louise Swiniarski, "Constructivism and Reconstructionism: Educating Teachers for World Citizenship", *Research Online*, Vol. 24, No. 1, 1999, pp. 1 – 17.

② Fisher S. and Hicks D., *A Teacher's Handbook*, Edinburgh: Oliver & Boyd, 1985, p. 8.

③ Hans Schattle, *Global Education and Global Citizenship: Widening the Scope of Civic Education*, 2005 annual meeting of the American Political Science Association, 2005.

④ Hans Schattle. "Education for Global Citizenship: Illustrations of Ideological Pluralism and Adaptation", *Journal of Political Ideologies*, Vol. 13, No. 1, February 2008, pp. 73 – 94.

式，应当在世界公民教育中改进课程和教学法，体现这种变化。"①

相对于其他学者在理论上的讨论，努斯鲍姆基于对美国多所大学世界公民的相关课程设置的调研，认为世界公民的课程设置应包括多个方面：设立"多元文化"基本必修课程；在整个课程中贯穿多种视角；在有关人文多元性的方面开设更专业的选修课；关注作为多元文化一部分的外语教学。努斯鲍姆指出，教育者要做的是让学生看到成为一位世界公民的意义："成为一位世界公民往往是一件让人觉得孤单的事情。事实上，它是一种自我放逐——不再对确实的事情感到理所当然，对于周围的人与自己有相同的看法和情感也不再觉得自己很合群。……我们教育者要做的是让学生看到：愿意接受全世界的生活有多美好，多有意思；让学生明白：比起仅仅给人鼓掌，敢于质疑的公民身份更有乐趣；比起一味追求表面的陈规旧式，研究人性的多元性和复杂性更有意思；比起一味遵从权威，进行质疑和自我管理的生活中有更真诚的热爱和友谊。"② 努斯鲍姆认为世界公民教育应统筹跨文化教育与国际理解教育，教育学生认识全球性问题。具体包括三方面的内容：第一，跨文化教育。包括批判性教育、多元文化、人文多元性（历史文化、妇女、性行为）。第二，国际理解教育。例如外语。第三，全球性问题。例如环境研究、气候学、世界人口、宗教和种族暴力。努斯鲍姆认为教育开始的时间是从 3 岁后可以给儿童讲故事开始，关键时期是大学，前提是要履行生活中应尽的义务。③

加拿大多伦多大学的派克和塞尔比（Graham Pike and David Selby）在 2000 年建构了世界公民教育的四维框架，包括核心议题、空间范畴、时间范畴和内在体验。核心议题包括五个主要的问题范畴：不平等与平等、不正义与正义、冲突与和平、环境破坏与保护、疏离与参与；空间范畴着重探索核心议题的全球关联，包括互相依赖与从属的本质；时间范畴强调对核心议题的过去、现在与未来之间相互关联性的探索；内在体验着重参与性和经验性的教育，通过探索不同的价值观来发展具有政治觉知的

---

① Andrew Peterson. "Republican Cosmopolitanism: Democratising the Global Dimensions of Citizenship Education", *Oxford Review of Education*, Vol. 37, No. 3, June 2011, pp. 421 –435.

② ［美］玛莎·努斯鲍姆：《培养人性：从古典学角度为通识教育改革辩护》，李艳译，生活·读书·新知三联书店 2013 年版，第 78—84 页。

③ 同上书，第 47—97 页。

本土—世界公民。[1] 这一世界公民教育框架使全球公民教育从思潮过渡到实际操作层面。[2]

## 四　关于世界公民教育的途径

学术界对于公民教育的教育途径已经有了多种探讨，例如科根等人认为公民教育的教学途径可以归纳为两大类，即社会科学内容途径（social science content）和批判与反省探究途径（critical and reflective inquiry）。而巴尔（Barr）等人则归纳为公民资格传承途径（citizenship transmission）、社会科学途径（social science discipline）、反省探究途径（reflective inquiry）三大类。[3] 还有学者把公民教育的途径概括为五类或者更多，如纽曼（Newmann）认为公民教育的途径包括："学习学术科目；法律教育；讨论和解决社会问题；批判思维；社区参与；价值澄清；道德发展；改革学校体制诸途径。"[4] 从理论上来说，公民教育的教学途径同样可以迁移到世界公民教育的教学途径上。正如戴维斯（S. Davis）和古比（N. Guppy）所说："全球化对教育变革产生巨大影响的原因，主要有两种观点：一是经济全球化，一是全球理性化。经济全球化使得一国的教育能够不断变革，培养出能和其他国家竞争的、具有高技能和高生产力的劳动力。全球理性化则把学校合理化为官僚制度形式，使得世界各国的教育制度和课程日益趋同。"[5] 但是，世界公民教育的教育途径是什么？学者们还没有给出一致的答案。但从实践来看，世界公民教育的教育途径在学校课程上主要以公民教育科、世界公民教育科为主，多学科渗透为辅，在活动形式上实行课堂教学为主，课外社会实践为辅。具体有以下几种

---

① Graham Pike and David Selby, *In the Global Classroom 2*, Toronto: Pippin Press, 2000, pp. 133 – 135.

② 黄晓婷：《中小学公民教育政策：变迁与展望》，社会科学文献出版社 2013 年版，第 24 页。

③ John J. Cogan, Paul Morris and Murry Print, *Civic Education in the Asia-Pacific Region: Case Studies across Six Societies*, New York: Routledge Falmer, 2002, p. 146.

④ 丁尧清：《学校社会课程的演变与分析》，广东教育出版社 2005 年版，第 19 页。

⑤ 李莫莉、俞贞、任友群：《全球挑战与国家应对——马来西亚的教育改革》，《全球教育展望》2004 年第 6 期。

方式。

### （一）依托多元文化教育

世界公民教育受多元文化主义影响较大，多元文化教育中的部分内容与世界公民教育交叉，共同促进不同文化群体的交流和理解。科根研究小组指出："应当培养教师成为多维公民（以多元文化主义为基础）。在教师教育中培养全球视野，可通过阅读跨文化文学、将文化少数族裔作为学生或教师纳入教师教育项目，参观文化资源资料中心，邀请持不同观点者演讲。"[①]

20世纪80年代初期，入江昭就提出"应把国家视为文化体，把国家间关系视为不同文化间的关系（intercultural relations），即不同国家（民族）的意识形态、传统、情感和其他文化产品相互影响和相互作用的关系"[②]。黄志成教授等人对从多元文化教育研究到跨文化教育研究的发展给予了关注："美国、英国等英语国家使用较频繁的是'多元文化教育'一词，而欧盟非英语国家经常使用的却是'跨文化教育'。联合国教科文组织的文献中也没有严格区分两者的差别，而是将其看作同义词。如在《教育对文化发展的贡献》的建议性文件中就将跨文化教育和多元文化教育作为同义词来作出界定。在我国，还有一个翻译的问题。跨文化（intercultural）和多元文化（multicultural）前缀不同，'inter'指的是'在……之间'、'相互作用的'；而'multi'指的是'多的'、'多元的'。跨文化主要表明的是不同文化间动态性的互动；而多元文化的主要意思则是说明多种文化静态性并存的一种状态。从多元文化教育研究到跨文化教育研究的这种发展，表明了研究者已从关注静态的、不变的文化图式和文化差异转向关注在交流上的文化动态性、关注跨文化关系及跨文化能力。这一新观点表明了全球化社会发展的一个特征，也可被视为面对文化移民挑战的教育回应。从其发展的历史现实状况来分析，以及由于各国语言使用的习惯

---

① John J. Cogan and Ray Derricott, *Citizenship for the 21ˢᵗ Century: An International Perspective on Education*, London: Kogan Page Limited, 1998, p. 149.

② ［美］入江昭：《全球共同体：国际组织在当代世界形成中的角色》，刘青等译，社会科学文献出版社2009年版，"译序"第1—2页。

来看，我们更倾向于将多元文化教育与跨文化教育合二为一，也就是我们所说的跨文化教育即包含了多元文化教育。"①

陈时见指出："早期的多元文化教育多是在一国之内进行，如美国、加拿大、澳大利亚等国的政策各不相同，但是到 20 世纪末期，全球国际化的趋势已日益凸显，归属不同文化体系的人们间的交往日益频繁，于是加强对不同文化体系的了解，促进交往的平等尊重成为迫切需要。因此，把对异国或不同文化体系的了解纳入多元文化教育已成为必然。为了应对这种新的形势需要，多元文化教育也逐渐跨越国界，出现了如国际理解教育、国际环境教育、地球市民教育（世界公民教育）等方面的理论和实践。多元文化教育通过增进各民族了解，有益于缓和民族矛盾、稳定社会秩序；通过对各民族文化的保护与传承，有益于民族文化应对世界范围内的文化冲击，促进民族文化的更新与进步；通过增强民族凝聚力，促进国家的强大与民族的昌盛；通过倡导对其他民族文化的承认、理解与尊重，促进民族之间、国家之间、民众之间的宽容、沟通与尊重，促进人类和平。"② 在欧洲，勒尼奥（Elisabeth Regnault）通过对意大利、芬兰、法国、德国、卢森堡、荷兰、瑞典、英国的比较研究发现："成功的跨文化教育取决于移民文化在主流社会中的地位。"③

班克斯（James A. Banks）指出："变革公民教育、培养世界公民首先要鼓励学生习得必需的信息、技能和价值，并运用这些知识对其所在群体、国家以及世界中存在的不公平现象进行挑战；其次，支持学生的文化认同，使他们能养成对不同文化及语言相关知识的认同，并明确其价值；再次，帮助学生养成世界主义价值观，使他们具备应对社会问题的社会行动技能和决策能力，树立为创建公平民主的多元文化社会而行动的信念；最后，促进学生批判性思维技能的养成。"④

① 黄志成、韩友耿：《跨文化教育：一个新的重要研究领域》，《比较教育研究》2013 年第 9 期。

② 陈时见：《全球化视域下多元文化教育的时代使命》，《比较教育研究》2005 年第 12 期。

③ Joseph Zajda，Holger Daun and Lawrence J，*Sahaeditors Nation-Building*，*Identity and Citizenship Education：Cross-cultural Perspectives*，Canberra：Spring 2009，p. 143.

④ 万明钢、安静：《全球化与多元文化张力下公民教育的变革——班克斯公民教育思想述评》，《教育科学》2010 年第 5 期。

斯凯特预测："世界公民教育为自由主义内的多元文化主义的发展趋势提供了进一步证明，当公众为全球化争论时，世界公民教育试图通过自由主义的多重视角来得到公众的认可，随着我们对全球相互依存的深入理解，其影响将继续展开。"①

### （二）分层展开

科根认为，多维度公民教育可以从五个层面开展：②

国家部门、省或州部门的教育层级（The national ministry/department, provincial or state department of education level）

当地或区域层面（The local or regional levels）

个体学校层面（The individual school level）

个体课堂层面（The individual classroom level）

教师教育层面（The teacher education level）

多维度公民教育涉及从教育部门到课堂再到教师培养等层面，多维度公民教育尤为重视教师教育的作用。多维度公民教育不是能被限制成特殊课程的东西，或是公民学课，甚至是正确行动的箴言。相反地，多维度公民教育必须充满学校整个"社会环境"的空气之中，被每一个参与教育实施的人视为优先考虑的事情。

### （三）创设环境

一些发达国家在课程目标中提出应将世界观念渗透到所有课程领域、课外活动中，在中小学中营造一种充满开放性、世界性、国际性的氛围，使学生从小受到世界范围的观念与意识熏陶。西方教育者仍在不断探索发挥世界公民教育中的一线学校作用，创设环境促进教师主动学习。英美大中小学已经精心设计了相关项目和任务来开展世界公民教育，这些学校开展的项目内容非常广泛，包括语言学习、环境意识、跨文化交往、世界历

---

① Hans Schattle, "Education for Global Citizenship: Illustrations of Ideological Pluralism and Adaptation", *Journal of Political Ideologies*, Vol. 13, No. 1, February 2008, pp. 73 – 94.

② John J. Cogan and Ray Derricott, *Citizenship for the 21ˢᵗ Century: An International Perspective on Education*. London: Kogan Page Limited, 1998, pp. 129 – 131.

史和文学、科研能力等。黎彻平指出世界公民教育在学校的实施途径，包括在学校营造有意义的语境使学生投入如何成为世界公民的学习，在学校中发展研究文化作为世界公民教育的"垫脚石"（stepping stone），在学校领导者和教师中建立世界公民资格观。① 拉尔森（Marianne Larsen）和法登（Lisa Faden）提出了学校"是否能为教师提供世界公民教育资源并支持他们利用这些资源提高能力，来成为有效的全球教育者"的问题。他们指出："支持教师可持续发展尤为重要，应当提供教师课程连贯的教学资料、专业发展机会，以促进教师成为世界公民教育者。"② 拉波波特（Anatoli Rapoport）等学者也建议在学校继续进行课程改革，使学校教育内容既符合国家利益又与全球化紧密关联。他希望通过共同核心标准（the common core standards）运动来改变美国课堂上忽视世界公民教育的现状。共同核心标准在数学和英语艺术上被设计成"有力的和与现实世界相关的"，能够让学生为"在全球经济中占据绝佳位置并成功"做好准备。③

### （四）学科渗透

顾明远教授针对世界公民教育的实践提出了建议，提倡"学校开展国际理解教育，并渗透到所有课程中。世界公民教育不是一门课，例如地理课介绍国外的天文、地理知识，而历史课讲授其他国家的文化等。世界公民教育要求不同学科教师在教授课程时能够深入其中，并间接地向学生传播成为世界公民的知识"④。

德里克·希特认为应当在世界历史教学中培养世界认同："一种共享的认同感如果没有一个共享的传统几乎是不可能的。因而世界公民就依赖于以全球性视野来对历史进行理解。世界历史不仅必然有权这样做，而且面

① Cher Ping Lim, "Global Citizenship Education, School Curriculum and Games: Learning Mathematics, English and Science as a Global Citizen", *Computers & Education*, Vol. 51, No. 3, November 2008, pp. 1073 – 1093.

② Marianne Larsen and Lisa Faden, "Supporting the Growth of Global Citizenship Educators", *Brock Education*, Vol. 17, 2008.

③ Anatoli Rapoport, "Global Citizenship Themes in the Social Studies Classroom: Teaching Devices and Teachers' Attitudes", *The Educational Forum*, Vol. 77, No. 4, 2013, pp. 407 – 420.

④ 黄金鲁克：《世界公民教育不是一门课》，《中国教育报》2013 年 8 月 8 日，第 3 版。

对着那些国家主义者对于传统历史的歪曲，世界历史还必须承担一些纠偏的任务。个人如果执迷于国家主义对他的国家的历史进行阐述时所灌输的侵略主义和排外思潮，他就不大可能具有将自己作为一个世界公民的意识。联合国教科文组织认识到这一点，并出版了《人类的历史》（*History of Mankind*）一书，尽管这只是不尽如人意地接近于兰克所认为的观念中必备的普遍历史。既然民族国家号召其专业历史学家（这里不是指在学校里教历史的教师）来证明他们公民的民族认同感，那么世界共同体或者世界主义（cosmopolis）如果名副其实的话，也应该有赖于类似的支持。"①

以英国为例，在课程教学上，英国采用专门课程和学科渗透结合的方式实施公民教育。公民教育课作为专门课程直接进行公民知识的传授和公民素养的训练。其他学科开展公民教育的方式则多种多样。例如上英语课时，通过阅读文学作品、戏剧表演、角色扮演、文学评论等形式，开展有关民族自豪感和多样性的教育。② 某种程度上可以说（因为调研样本较小），在英国中学，各科目教师中对世界公民教育态度最积极的是地理学教师。威尔士班戈大学的罗宾斯（Mandy Robbins）等人通过调研表明：不同学科的实习教师的世界公民教育的态度有显著性差异（见表《中学各科目教师对世界公民教育的态度》）。表 6.3 显示：态度更积极的学科教师是地理学，这与埃利奥特2000 年提出的地理学具有明显促进教育发展的内容是一致的。③

表 6.3 　　　　　　中学各科目教师对世界公民教育的态度

| 序号 | 科目 | 均值 | 人数 |
| --- | --- | --- | --- |
| 1 | 数学 | 26.7* | 26 |
| 2 | 体育 | 27 | 31 |
| 3 | 历史 | 27 | 9 |
| 4 | 音乐 | 27.4 | 19 |
| 5 | 宗教教育 | 28 | 13 |

① ［英］德里克·希特：《公民身份——世界史、政治学与教育学中的公民理想》，郭台辉、余慧元译，吉林出版集团有限责任公司 2010 年版，第 266—267 页。

② 宋强：《英国："主动公民"和"世界公民"的愿景》，《上海教育》2015 年第 14 期。

③ Mandy Robbins, Leslie J. Francis and Eleri Elliott, "Attitudes Toward Education for Global Citizenship among Trainee Teachers", *Research in Education*, Vol. 69, 2003, pp. 93 – 98.

续表

| 序号 | 科目 | 均值 | 人数 |
|------|------|------|------|
| 6 | 威尔士语 | 28.2 | 13 |
| 7 | 英语 | 28.6 | 16 |
| 8 | 信息技术 | 28.7 | 16 |
| 9 | 科学 | 28.9 | 8 |
| 10 | 艺术 | 30 | 16 |
| 11 | 设计和技术 | 30.4 | 14 |
| 12 | 地理 | 33.3 | 6 |

注：＊均值指选择"强烈同意""同意""不确定""不同意""强烈不同意"人数答案的均值。

资料来源：Mandy Robbins, Leslie J. Francis and Eleri Elliott, "Attitudes Toward Education for Global Citizenship among Trainee Teachers", *Research in Education*, Vol. 69, 2003。

　　虽然世界公民教育有多种具体的教育途径，但有时哲学角度的教育途径设计更能引起人们的集体反思。美国哥伦比亚大学的汉森（David Hansen）教授就认为世界公民主义的研究兴起"是对全球化导致的文化断层、经济差异、民族主义、虚无主义和精神的无家可归以及不断上升的消费主义心理状态的应对"[①]。汉森从哲学的角度对世界公民教育的教育途径进行了展望。对于每一个珍视和平、不忘历史、渴望合作、憧憬世界发展的公民和组织，建议其尝试以三种艺术或艺术的方法来达到世界公民教育的目标，那就是希望、记忆和对话："我们将这三个熟悉的概念按照世界主义的理念，以一种特别的方式强调。这三种艺术能通过教育来不断得到培育。希望、记忆和对话是艺术，通过它们，人类能在批判的而非教条的（通常是暴力的）精神中保持他们对于自身在宇宙中的目的和位置的感知。这些艺术帮助人们想象更广阔的时间和空间视域，在这里过去、现在和未来在强劲的张力中被聚拢在一起。……因此希望、记忆和对话不是价值本身，而是一种工作方式，用来坚持与评价重要的事情。"[②]

---

[①] 高伟：《教育理想与教育哲学：第十五届教育哲学年会综述》，《教育研究》2011年第3期。

[②] David T. Hansen, Stephanie Burdick-Shepherd, Cristina Cammarano and Gonzalo Obelleiro, "Education, Values, and Valuing in Cosmopolitan Perspective", *Curriculum Inquiry*, Vol. 39, No. 5, December 2009, pp. 587-612.

# 第七章

# 世界公民教育思潮的实践效果与理论争议

## 一 实践产生的积极影响：促进了国际
## 理解和世界公民意识的形成

### （一）合作共生：融入民族国家的教育政策与课程改革

世界公民教育的思想逐渐融入了民族国家的教育政策与课程改革，促进了合作共生。臧宏指出："20世纪90年代以来，许多国家开始推进联合国教科文组织所倡导的全球问题教育，将世界意识和全球责任主题与本国本民族实际相结合，实施了各具民族特色的世界公民教育。这些世界公民教育模式的价值在于，让受教育者了解国际问题及文化、生态、经济、政治和技术等系统之间的相互关系，学会理解和欣赏与自己文化背景不同的人，学会从他人的视角和心理看世界，认识到世界上其他人需要更多的相同点。例如和平仪式和环境保护意识教育在挪威受到重视，因为北约国家在冷战期间只有挪威与苏联接壤；法国始终重视人权教育，因为法国是人权宣言的故乡；澳大利亚全球教育的重点是生态，其教育的实施得到了非政府组织的大力支持；韩国的世界公民教育非常重视国际理解教育，并且韩国政府与联合国教科文组织共同创建了国际理解教育中心，等等。上述国家世界公民教育的实践证明，国家在世界公民教育的发起和价值导向中具有决定性作用，没有国家将联合国教科文组织的蓝图纳入本国的教育框架，联合国相关组织的愿景只能发挥道德教化的作用。国家之所以在全球化时代进行世界公民意识的培养和教育，目的仍在于增强国家的综合国际竞争力，尤其是民族文化的国际竞争力和适应力。"① 正如美国普渡大学教授拉波波特所说，全球化的深刻影响使得"公民"的概念不再被普遍看作仅仅是与国家相关的概念。关于"世界公民"的论述正被列入教育大纲的课文和课程日益关注。②

　　布莱兹（David W. Blades）和理查森（George H. Richardson）指出了开设世界公民教育课程的重要性："公共教育体系的发展使全球性学校课程变成可能，而这些课程能促使身处不同文化的学生获得处理他们面临的问题以及作为世界公民会遇到的问题所需的知识、勇气和能力。我们认为可以做的，是开发一种具有生命力的世界性课程，该课程能够让全球公民身份成为存在的方式而不仅仅是认知的方式。当我们在本体论的意义上想象全球公民身份时，我们就会认识到我们生活在一个由地方和群体组成的，但又超越了国界的复杂、相互依存的网络之中。"③

　　1. 美国与加拿大

　　从实践上看，美国自 20 世纪 60 年代就开始综合开展世界公民教育，70 年代美国教育领域已开始积极提倡"世界公民"概念。"80 年代以来的全球化时代，美国更是重视全球公民教育。尽管有失败和沮丧，较其他国家，美国相对更坚定和有坚持性。"④ "目前世界公民教育已经融入到美国的政治主流中，并建立了牢固的基础，对世界公民教育的多学科研究已开始进行。"⑤

　　原美国卡内基教学促进基金会主席波伊尔（Ernest Beyer）指出："今日的学生必须了解其他国家的人民和文化。既然人们都已进入太空，那么在一个共同星球上的所有居民何不更密切接近呢？在过去半个世纪中，我们的地球变得更加拥挤，更加不稳定，国家之间更加相互依赖。如果学生们的视野不扩大，不更好地理解他们在这个复杂的世界上的地位，他们所

　　① 臧宏：《公民教育的民族性趋势与本土资源研究》，吉林人民出版社 2012 年版，第 87 页。

　　② Anatoli Rapoport, "Global Citizenship Themes in the Social Studies Classroom: Teaching Devices and Teachers' Attitudes", *The Educational Forum*, Vol. 77, No. 4, 2013, pp. 407 – 420.

　　③ ［加］布莱兹、理查森主编：《质疑公民教育的准则》，郭洋生、邓海译，教育科学出版社 2009 年版，第 123—131 页。

　　④ 孔锴：《美国公民教育模式研究》，中国社会科学出版社 2013 年版，第 178 页。

　　⑤ Hans Schattle, *Global Education and Global Citizenship: Widening the Scope of Civic Education*, The Paper Presented at the 2005 annual meeting of the American Political Science Association, pp. 44 – 45.

应承担的生活能力将会被令人可悲地削弱。这个世界可能还不是一个村庄，但很明显，我们的邻居感必须扩大。"①

美国在《2000 年目标：美国教育法》中提出公民教育的目标是：培养具备世界意识的合格的美国公民。"所有学生都要了解关于本国和世界其他地区在多元文化传统方面的知识……引导学生更加重视尊重和理解其他文化，使他们具备能与不断缩小中的地球上的所有的人的共同生活与工作的意识与态度。"②帕克指出："许多人相信，如果人类要生存，宽容度全球化视野将变得很重要。学校如接受全球视野教育作为主要目的之一，它将关注以下观念：各民族之间的相互依赖；国家之间对和平关系的需求；各民族因地理、文化及历史原因而出现的基本的相似及差异之处；尊重个人尊严的哲学及其实践，而不管他的种族或宗教因素；培养对其他人文化的意识和尊重（无论是在自己社区还是在全世界）。"③

美国课程体系中的社会科成为开展世界公民教育的主要科目。美国普渡大学教授拉波波特指出，全球化的深刻影响使得公民的概念不再被普遍看作仅仅是与国家相关的概念。关于世界公民的论述正被列入教育大纲的课文和课程日益关注。拉波波特调查了教师在社会科课堂上怎样运用世界公民的概念框架，社会科任课教师通常使用的与世界公民教育相关的课程设备和教材。研究表明："社会科教师在课堂上频繁运用国际问题方面的信息。倾向于将全球和国际视野融入公民教育中。教育者需要更多严谨的帮助来开展世界公民教育这一新兴的公民教育类型的教学。尽管教师在教学中很少使用'世界公民'一词，但却提供了相当于'世界公民'概念的基本原理。"④沃克还指出了文学课程在开展世界公民教育中的重要性："在优秀教师的手里，文学是能够探讨文化重要性、理解文化差异的重要

---

① 孔锴：《美国公民教育模式研究》，中国社会科学出版社 2013 年版，第 178 页。

② 徐辉、王静：《国际理解教育研究》，《西南师范大学学报》（人文社会科学版）2003 年第 6 期。

③ ［美］沃尔特·C. 帕克：《美国小学社会与公民教育》，谢竹艳译，江苏教育出版社 2006 年版，第 201 页。

④ Anatoli Rapoport, "Global Citizenship Themes in the Social Studies Classroom: Teaching Devices and Teachers' Attitudes", *The Educational Forum*, Vol. 77, No. 4, 2013, pp. 407 – 420.

媒介。"① 美国华盛顿国际学校赠送给家长的小册子上解释说，学校的使命是教育学生成为行为有效、负有责任心的世界公民。"世界公民是指那些在解决问题时能够寻求一系列不同的观点和视角的人。他并不是'容忍'或'接受'文化差异和观点，因为这二者的前提是说话者是正确可以接受的。世界公民会主动寻找那些与自己背景不相同的人，审查与自己意见相左的思想，最终享受这些复杂多样性。我们必须超越容忍和接受能够进一步培养世界公民的学校课程领域，也就是培养能够做到以下几点的年轻人"：②

- 能够避免谈论什么是对的，什么是可以接受的
- 能够审视与自己看法相左的思想观点
- 超越容忍和接受
- 享受多样性的解读方式
- 基于以上几点得出合理的结论
- 简而言之就是从知道上升为理解

在加拿大，公民教育是所有省、地区中小学核心课程的一部分。埃文斯（**Mark Evans**）指出："尽管教学法在不同时期、不同地区会有明显的差异，但在过去的几百年里，至少有三种教学法受到了广泛的关注：第一种出现于 20 世纪（并延续至今）早期，它鼓励社会与政治的发动和渗入（强调对公共机构及公民角色和责任的研究）；第二种始于第二次世界大战时期，它拓宽了公民教育的目的与实践（包括越来越关注加拿大国民身份意识、社会凝聚力和文化多样性）；第三种是近年来才出现的，它从多方面考虑问题并具有转化性（强调公民素养、积极参与政治舞台上真实公民问题的解决、公平与融入，以及一种从地方到全球的视角）。正如世界其他地区一样，加拿大课程中关于世界形势的教育在历史与社会学习课程中最为突出，并受不同的视角和国内外情况的指引。"③ 理查森（**Richardson**）指出，加拿大学校课程主要是这样体现全球认识的："它关系到国家自身的利益，

---

① George Walker, *Educating the Global Citizen*, Suffolk: John Catt Educational Ltd, 2006, p. 20.

② Ibid. , p. 13.

③ ［加］卡伦·芒迪、凯西·比克莫尔、许美德等主编：《比较与国际教育导论：教师面临的问题》，徐辉、朱红、王正青主译，教育科学出版社 2009 年版，第 254—257 页。

并绝对系于民族国家的公民结构。因此加拿大的学生必须作为加拿大公民而非世界公民承担起责任和义务，来处理重大的国际事务，如国际冲突、环境恶化以及人权维护。"① 世界公民教育在 20 世纪 80 年代的加拿大备受关注。例如，"加拿大国际开发署（Canadian International Development Assistance）在全国建立起了许多全球教育中心（Global Education Centers）以促进教师的全球认识，帮助他们探索与开发有关全球性事务的课程和课程的具体实施方法。一份对加拿大课程资料的调查，即《教育促进和平、人权、民主、国际理解和宽容》（*Education for peace, human rights, democracy, international understanding and tolerance*），显示了将公民意识和全球理解引入加拿大课程中的不同方式。这些课程将有意义的公民参与和复杂的国内外公共事务包括在内，从而扩展了对公民的理解。"②

加拿大省级课程政策的发展显示出加拿大政府高度重视世界公民教育，并将其作为学生学习中的重要组成部分。马克·埃文斯指出："在不列颠哥伦比亚省，公民和全球认识是穿插在课程指导纲要中的核心主题。最近，不列颠哥伦比亚省引入了公民学习 11（Civic Studies 11）项目，该项目公布的规定学习成果中的四个最重要目标之一，就是强调加深对相关知识的学习和理解，以帮助学生意识到自己与公民世界的联系以及作为地方和全球社区成员的责任。1998—2005 年，安大略省教育与培训厅引进的社会学习课（1—6 年级）、历史和地理课（7—8 年级）、加拿大史和世界史课（9—12 年级）发出了这样一个信号：所有的社会科学课程都更加关注公民及其全球维度。10 年级必修公民学课程（2000 年引入，2005 修订）明确地强调了作为世界公民的意义和重要性。"③

2. 欧盟国家

（1）英国

英国教育整体经历了中世纪时期的宗教神学教育与臣民教育——资本主义国家强盛时期的国民教育——现代国家转型时期公民教育的历程。尤

① ［加］卡伦·芒迪、凯西·比克莫尔、许美德等主编：《比较与国际教育导论：教师面临的问题》，徐辉、朱红、王正青主译，教育科学出版社 2009 年版，第 254—257 页。

② 同上。

③ 同上。

其是自 20 世纪以来，公民教育由政府教育部门、政府组织等不断推动，在改革中不断前进。通过表《英国公民教育发展史上的核心文件及标志事件》可大致了解英国教育的发展。

表 7.1　　　　　英国公民教育发展史上的核心文件及标志事件

| 年份 | 文化名称 | 发布者 | 对公民教育的影响 |
|---|---|---|---|
| 1902 | 巴尔福法案 | 英国国会 | 奠定了公立中等教育制度的基础，教育主管权向地方政府机构转移，国家及政府开始引导公民教育 |
| 1944 | 巴特勒法案 | 英国国会 | 奠定了英国战后教育改革与政策的基础，国家对教育的控制和领导增强，形成了初等教育、中等教育、和继续教育相互衔接的国民教育制度 |
| 1949 | 公民在成长 | 教育与就业部 | 第一本针对公民教育的官方出版物 |
| 1988 | 教育改革法 | 英国国会 | 推行国家统一课程，确立了公民教育的教学目标和任务 |
| 1963—1991 | 英国非官方机构陆续成立并为公民教育提供了专业支持，例如社会科学教学协会（1963）、政治协会（1969）、公民基金会（1989）、莱切斯特大学国家公民研究中心（1991）等 |||
| 1991 | 《面向 21 世纪的教育与训练》白皮书 | 英国首相梅杰 | 促进青少年健康成长和公民良好习惯养成 |
| 1993 | 国家课程委员会报告 | 国家课程委员会 | 建议将公民教育列为学校必修核心课程并纳入国家课程体系 |
| 1998 | 《科瑞克报告》 | 公民教育与学校民主教育咨询委员会 | 就公民教育的必要性、目的、内容、方法、重点进行了系统的说明 |
| 2000 | 国家课程标准 | 教育与就业部 | 政府将专门的公民教育作为国家课程正式引入中小学，公民教育成为国家课程体系中的一门基础学科 |

| 年份 | 文化名称 | 发布者 | 对公民教育的影响 |
|---|---|---|---|
| 2001 | 传递结果：到2006年的战略 | 教育与技能部 | 教育与就业部改为教育与技能部，在中小学开设"个人、社会与健康教育"和公民教育课 |

资料来源：宋强《英国："主动公民"和"世界公民"的愿景》，《上海教育》2015年第14期。

英国1998年发布的《科瑞克报告》中公民教育的目标之一就是：让学生知道英国和欧洲正式的政治活动与公民社会是如何联系的，并培养他们对世界事务和全球议题的意识和关注，这体现了英国政府顺应时代需求的变革。英国公民教育研究院还开发了"欧洲公民教育"课程，努力向学生传授有关的知识和技能，使学生懂得如何在地方、国家和国际事务中发挥作用。从2000年9月起开始实施新的国家课程，新国家课程对公民教育目标的具体要求是："培养学生的社会意识和公民意识，学习本国和各国发展的历史，理解和尊重文化和信仰的差异，并从个人、地区、国家和全球的层面为可持续发展做出贡献。"① 2014年的英国国家课程标准再一次将公民教育作为必修课，在11—16岁的关键阶段培养公民（见表《2014版英国国家课程标准的内容要点》）。

表7.2　　　　　　2014版英国国家课程标准的内容要点

| 年龄（岁） | 5—7（关键阶段1） | 7—11（关键阶段2） | 11—14（关键阶段3） | 14—16（关键阶段4） |
|---|---|---|---|---|
| 年级组（年级） | 1—2 | 3—6 | 7—9 | 10—11 |
| 核心科目 | | | | |
| 英语 | ● | ● | ● | ● |
| 数学 | ● | ● | ● | ● |
| 科学 | ● | ● | ● | ● |

① 姜元涛：《全球化背景下的世界公民教育探析》，《思想理论教育》2010年第14期。

续表

| 年龄（岁） | 5—7<br>（关键阶段1） | 7—11<br>（关键阶段2） | 11—14<br>（关键阶段3） | 14—16<br>（关键阶段4） |
|---|---|---|---|---|
| 基础科目 | | | | |
| 艺术与设计 | | ● | ● | |
| 公民教育 | | | ● | ● |
| 计算机 | ● | ● | | ● |
| 设计与技术 | | | ● | |
| 外语/现代外语 | | | ● | |
| 地理 | ● | ● | ● | |
| 历史 | ● | ● | ● | |
| 音乐 | ● | ● | ● | |
| 体育 | ● | ● | ● | ● |

资料来源：汤青《2014 版英国国家课程标准要点浏览和启示》，《英语学习》2014 年第 4 期。

（2）法国

法国 1985 年修订了中小学社会科教育目标，目的是从小学开始，通过历史和地理教学使学生 "知晓个人在国内及国际之权利与角色，培养未来具有国家观和国际观的完全人格的优秀公民"。其中的中学公民教育教学目标就有 "增进学生知晓国民在国际社会中的权利与角色；增进学生知晓尊重、容忍他人之人际关系"。同年 11 月，法国教育部公布的公民科初中一年级至四年级课程标准就指出公民教育应使学生 "形似今日世界尊重他人及其权利之方法及条件：容忍、互助及排拒种族歧视；回馈符合正义与自由之需求，以负责任态度面对时代的问题与困难"①。法国同时要求所有的学校必须全力进行国家历史教育，这种历史教育又延伸到年代学、政治学和民族主义。

（3）芬兰

芬兰小学历史课教育学生国家公民也必须是全球社群的一分子："小学五年级时，学生会开始上历史课，从史前开始探索各个古文明的兴衰起

---

① 参见张秀雄主编《各国公民教育》，（台北）师大书苑有限公司，第 123—140 页。

落，也逐渐涉及北欧地区的民族迁徙与历史沿革，循序渐进地让学生了解东西方文明递嬗的轨迹。这种同时教导世界史与本国史，以及本国所处地区与周边文化的课程设计，是希望以长远眼光、开阔心胸的教育理念，让学生了解，人无法自外于世界，国家公民也必须是全球社群的一分子。"①

此外，世界公民教育师资问题已经引起了一些欧盟国家的重视。拉伯耶斯（Yvette V. Lapayese）认为，"比较关键的问题同时也是解决这些问题的途径之一是师资的培训。比如，在英国、爱尔兰和荷兰，其师资培训课程仍没有满足学校课程中对世界公民教育的需求。不过丹麦是一个特例，其早在 1998 年的《教师培训法案》（Teacher Training Act of 1998）中就特别强调国际方面的主题应该也必须成为教师培训的一部分。此外，在教师专业发展方面，世界公民教育的相关内容也被忽视"②。

3. 日本与韩国

日本与韩国两个国家既是儒家文化圈的组成国家，也是接受西方思想较多的东亚国家，两国在发展中重视融入全球经济一体化，积极推行世界公民教育。

2004 年以后，日本文部省在《教育白皮书》中逐渐描绘出政府版"世界公民教育"的真实面貌。2005 年《教育白皮书》中指出："我国要在教育、科技、文化领域中继续保持国际社会中的排头兵地位，就要完善各项政策以培养在 21 世纪的国际社会中自主生活的日本人；进一步促进国际交流政策；与国外相互理解对方的文化、习惯、价值观，建构信赖关系。此外，还应向发展中国家积极进行援助合作，作为科技创新立国的国家，通过国际交流促进科技的迅速发展，为解决国际社会共同面临的问题贡献其力量。"③ 宇都宫大学的豪教授（Edward R Howe）指出，教师们需要开展世界公民教育来培养世界公民，他们具备辩证地评估快速变化世界的知识和技能。豪通过叙事研究，在日本大学（宇都宫大学）开展独特的新手教师教育规划，以此与加拿大（多伦多大学）相关的有良好基础

---

① 陈之华：《芬兰教育全球第一的秘密》，中国青年出版社 2009 年版，第 75 页。

② Yvette V. Lapayese, "Toward a Critical Global Citizenship Education", *Comparative Education Review*, Vol. 47, No. 4, November 2003, pp. 493–501.

③ 姜英敏、于帆：《日本"全球公民教育"模式的理论分析》，《比较教育研究》2013 年第 12 期。

的教师教育规划相比较。结果显示："有效的教师入门培训整合了世界公民教育，并提供了逐步的文化适应到教学中去，这是有可能应用到师范生本科培养计划中的。并且为教师们提供了共享跨文化信息、实践和专业知识的机会。"①

韩国教育部于 1997 年颁布的第七次教育课程设置"裁量时间"，要求在本时间段中实施国际理解教育，重视培养学生作为"国际社会一员"的素质。韩国的"全球公民教育"主要通过两大途径进行：一是作为国民共同基础课程的道德课程；二是以学校活动、学校课程渗透等形式实施中小学国际理解教育。②

### （二）追溯源头：在教师教育中增加"世界公民"的内容

世界公民教育与教师教育密不可分，毕竟，教育内容主要通过课堂教学来实现。除了专门的"世界公民教育"内容外，历史、政治、环境等课程是世界公民教育内容的主要载体。教师教育中不是系统教授"世界公民教育"，而是熏陶。世界公民教育思潮促进了各方反思与改进教师教育项目和课程，并着眼于职前教师培养。调查发现：教师有通过主动学习来提高世界公民教育实效的愿望，一名美国职前教师总结道："我们必须认识到我们所有人都是世界公民。如果说'教育就是触碰未来'有价值，那么作为教师我们必须掌握所有文化的知识，成为主动参与者，关心地球这一我们共享的空间。我们必须认识到美国不是唯一正确的方式，我们可以彼此学习。当我们的教师成为世界公民时，我们也可以引导学生成为世界公民。"③

科根等人建议将教师职业发展项目在以下几方面增进并建立应用模型：审议课程及教学法；将课程及教学法信息化或媒体化；在教育、学习、研究领域实现技术多项应用；关注环境问题及在不同地区体现的全球性生态问题；基于全球的课程，教育学生了解和运用全世界的案例、读

---

① Edward R Howe, "Alternatives to a Master's Degree as the New Gold Standard in Teaching: a Narrative Inquiry of Global Citizenship Teacher Education in Japan and Canada", *Journal of Education for Teaching*, Vol. 39, No. 1, February 2013, pp. 60 – 73.

② 姜英敏：《韩国"全球公民教育"的发展及其特征》，《比较教育研究》2013 年第 10 期。

③ Nancy P. Gallavan, "Examining Teacher Candidates' Views on Teaching World Citizenship", *The Social Studies*, Vol. 99, No. 6, Nov-Dec 2008, pp. 249 – 254.

物、说明性教导活动、学习材料及各种媒介；了解民主决策的进程与价值；促进协同合作工作关系的发展；个人在更广泛的社会群体进行学习的具体实践。①

　　尽管教师教育还不能充分融入全球视野，但西方仍非常注重对职前教师世界公民教育的培养。寇特勒和盖勒雯（Kottler and Gallavan）、奥斯勒和斯塔克（Osler and Starkey）、杰克逊和斯托特（Jackson and Stott）都指出，职前教师必须称职地、自信地、有准备地共同面对世界公民有关问题的复杂性。21 世纪的职前教师需要具备教育和应对变化、以多种方式培养"世界公民"的品质。职前教师必须准备教育中学生具备个人意识、社会特质、学习技能、职业兴趣，在各年级、各科目中开展品格教育，作为终身学习的常态。② 因此，盖勒雯指出 21 世纪高校的教师教育者必须确定教师教育课程标准、发展与之紧密结合的项目，以课程内容和教学策略为特色。对职前教师来说，在进入教学实践前，知识、技能和性情必须准备好。教师教育者必须预料教师在课堂上的需要，谋划专业发展和支持职前教师的教育生涯。③

　　斯维尼亚斯基对有关"世界公民"的教师教育进行了更深入的反思：交流是每个全球课程成功的核心要素，这使得很多问题迎刃而解。一方面，全球高素质的教育工作者要设法避免个人主义蔓延的"通天塔"（tower of babel）论述。然而另一方面，他必须致力于大众声音中个体声音的表达。这一任务在于帮助教师形成尊重个体的社会信息，这与一个公正的公民的共同体所需要的授权相呼应。对任何教师教育项目来说，找到连续统（continuum）的平衡是艰难但重要的工作。这一连续统存在于个人权利、责任以及个人意义的建构和世界对社会重构的需要。从哲学的角度上，这一进程需要一门涉及全球一体、多样发展、社会公正和个人价值等主题的课程。在实践中，教师教育需要认同能展示受过全球教育教师的能力。大学需要提供给教师在教学设计、教育视野和教学实践中来贯彻全

---

①　John J. Cogan and Ray Derricott, *Citizenship for the 21ˢᵗ Century：An International Perspective on Education*, London：Kogan Page Limited, 1998, p. 161.

②　Nancy P. Gallavan, "Examining Teacher Candidates' Views on Teaching World Citizenship", *The Social Studies*, Vol. 99, No. 6, Nov. – Dec. 2008, pp. 249 – 254.

③　Ibid.

球教育的机会。①

　　布瑞斯索德对教师教育者如何培养学生进行了思考，试图在西方自由主义与共和主义、个人利益与社会责任间理论的鸿沟上搭建桥梁。他指出，教师教育者的任务就是认识、评价、学生的知识基础，了解并帮助他们明白他们所生活的社会环境，引领他们将内在的个人体验和外部世界结合来看，将来将他们自己的学生当作宝贵的个体看待，也与他们一样视作"世界公民"。教师在家乡、地区的学院或大学从事教学时，在一个珍视宝贵自由超过社会财富的国家中生活，与受过良好训练的教师们一起共事，这些教师关心教室中鲜活的儿童多于去贡献所生存的世界。这使我们努力去拓展这些教师的社会意识和社会责任感，虽然这看来并不容易。我们相信拓展职前教师视野最好的方式是从培养他们的个人体验、社会情境和社会人脉开始，从共享的具体经验到抽象概念，这些体验在本质上是社会的，最终是全球的。教师教育项目需要全球化的课程和团结个体意识（知觉）与社会凝聚力，通过建构主义教学过程重建教育目标。②

　　世界公民教育思潮认为，学校顺利开展公民教育和教师教育还需要政府的不断进步。菲力浦（Stavroula Philippou）等人对教师教育中课堂的广度和深度以及政府责任进行了有力的论述："教育主动和见闻广博的公民是一个严峻的挑战。欧洲及欧洲之外的现代民主政府一直在致力于此项工作。这需要我们超越现有的正式课程，彻底反思公民、公民教育课程及教学方法，这就需要通过充分的教师教育来巩固这一改革，而不仅仅是在学校和网络的范围里，这需要政府机构变得更加开放、负责、包容、民主，不断反思与自我批评，优先发展公民教育。"③

### （三）主动实践：融入教师的教育理念

　　受世界公民教育思潮的影响，广大一线教师尤其是西方国家的教师主

---

　　①　Louise Swiniarski, Mary Lou Breithorde and Murphy M., *Educating the Global Village*: *An In-clusive View of the Child in the World*, Columbus: Prentice Hall-Merrill, 1999, p. 5.

　　②　Mary Lou Breithorde and Louise Swiniarski, "Constructivism and Reconstructionism: Educating Teachers for World Citizenship", *Research Online*, Vol. 24, No. 1, 1999, pp. 1 – 17.

　　③　Stavroula Philippou, Avril Keating and Debora Hinderliter Ortloff. "Conclusion: Citizenship Education Curricula: Comparing the Multiple Meanings of Supra-national Citizenship in Europe and be-yond", *Curriculum Studies*, Vol. 41, No. 2, 2009, pp. 291 – 299.

动实践，依托各种平台培养"世界公民"。格兰迪和罗宾逊（Grundy S. and Robinson J.）指出教师专业发展有两大推动力：一是来自系统的推动力，主要来自学校、社会等方面的影响；二是教师自身的推动力，受到教师生涯发展和生活经验的影响。① 正是民族国家、教育机构、国际组织、学校等推行世界公民教育生成的系统推动力，使得发达国家教师生成自身推动力，努力运用自己掌握的知识和技能，开展世界公民教育实践。

21 世纪职前教师（未来教师、教师候选人、教师学员）们积极采取措施来促进他们的学生成为世界公民。教师教育部门需要梳理培养计划来确保通过有准备的课程和经验赋予职前教师相互联系的知识和技能。确保所有职前教师理解人权并有机会参与，感觉他们既属于本地又属于全球。一位职前教师陈述："我们需要认识到我们都与这个世界相联系，我们做出的决定不仅影响当前的环境，而且影响他者和后代。我们不能认为我们自己比别人更好或独立于世界之外，我们决不能以我们的直接经验限制我们的知识，影响我们的决定。今天的教师必须承担起形塑未来的责任。"②

1. 通过课程教学创造性开展世界公民教育

一些西方的多元文化国家为教师提供了国家和地区课程指南，支持其创造性开展世界公民教育。在美国，关于世界公民的论述正被列入教育大纲的课文和课程，日益得到关注。③ "公民教育"是加拿大安大略省的必修课程，其课程指南给希望开展世界公民教育的教师提供了机会，这样志同道合的教师已经形成了一个群体。安大略省 10 年级的《今日公民》（Civics today）课本就强调了世界公民教育的重要性。课本指出："我们地球村的维系需要经济、正义、人权、维护和平和减少冲突、社会和政治运动、生态平衡等诸多核心问题……成为一名全球公民需要通过我们世界上最至关重要的、严格的智力和道德的检验。"④ 斯维菲斯（Michele Schweisfurth）调查

---

① Grundy S. and Robinson J. "Teacher Professional Development: Themes and Trends in The Recent Australian Experience", *International Handbook on The Continuing Professional Development of Teachers*, Open University Press, 2004, pp. 146 - 166.

② Nancy P. Gallavan, "Examining Teacher Candidates' Views on Teaching World Citizenship", *The Social Studies*, Vol. 99, No. 6, Nov. - Dec. 2008, pp. 249 - 254.

③ Anatoli Rapoport, "Globsal Citizenship Themes in the Social Studies Classroom: Teaching Devices and Teachers' Attitudes", *The Educational Forum*, Vol. 77, No. 4, 2013, pp. 407 - 420.

④ Watt J., Sinfield I. and Hawkes C., *Civics Today*, Toronto: Irwin, 2000.

显示加拿大安大略省中学希望在教学中引入致力于世界公民问题的教师。教师们表示，在课堂内外的教学实践中，会以动态和创新的方法来关注全球问题。他们能够创造性地"利用"（use）各界对课程的期待来证明他们的方法，而不会局限于课程的优先顺序与近期的教学重点是否匹配。①

斯维菲斯的研究涉及三大类问题。

政策：安大略省世界公民教育的政策框架的性质是什么？什么因素影响其发展？

实践：教师在这种政策框架下是如何促进学习者的知识、态度和技能发展的？他们促进的创新的性质是什么？

认知：教师感到是什么限制和促进了世界公民教育课程实践？面对竞争的压力，教师是怎样优先选择世界公民教育来投入时间和精力的。②

一些教师还尝试在课堂上创设情境，提高学生学习动机和全球责任感。例如教师先讲述一个亚特兰蒂斯（Atlantis，传说中一块位于大西洋底下被淹没的神秘陆地）的背景故事：由于统治者盲目追求繁荣和现代化，亚特兰蒂斯面临着生态、社会和文化的衰败。接着请学生思考亚特兰蒂斯的不同问题（类似于当前的全球性问题），并接受拯救亚特兰蒂斯的任务，通过独立思考或合作研究，提出解决问题的办法。③ 英国一些小学教师将与可持续发展有关的戏剧运用到课堂教学，让学生扮演全球环境破坏与保护的角色，既增强了教育的趣味性又使学生理解了需要明确全球责任，做负责任的世界公民。英国思克莱德大学的麦克诺顿（Marie Jeanne McNaughton）的调查结果表明，教育性戏剧有力地支持和促进了可持续发展教育以及世界公民教育的教学。④

① Michele Schweisfurth, "Education for Global Citizenship: Teacher Agency and Curricular Structure in Ontario Schools", *Educational Review*, Vol. 58, No. 1, February 2006, pp. 41 – 50.

② Ibid.

③ Cher Ping Lim, "Global Citizenship Education, School Curriculum and Games: Learning Mathematics, English and Science as a Global Citizen", *Computers & Education*, Vol. 51, No. 3, November 2008, pp. 1073 – 1093.

④ Marie Jeanne McNaughton, "Educational Drama in Education for Sustainable Development: Ecopedagogy in Action", *Pedagogy*, *Culture & Society*, Vol. 18, No. 3, October 2010, pp. 289 – 308.

2. 多学科开展世界公民教育

西方国家大多开展了公民教育的必修课或选修课课程，在课程目标中包含了一部分世界公民教育内容。但教师开展或渗透世界公民教育内容不局限于公民科教育。

美国普渡大学的拉波波特教授研究表明，美国社会科任课教师在课堂上频繁运用国际问题方面的信息，倾向于将全球和国际视野融入公民教育中。尽管教师在教学中很少使用"世界公民"一词，但却提供了相当于"世界公民"概念的基本原理。[①]

加拿大阿尔伯塔大学教育学院世界公民教育研究中心的萨梅克教授（Toni Samek）在2010年秋季开设了"跨文化信息伦理"课，旨在通过课程促进职前教师认同与分析多样性的多重含义，并在此相关基础上，讨论多元文化主义、人种、种族、阶层、性别、文化多样性，以及文化权利、全球化、全球移民、世界公民、信息普及渠道，强调了信息技术在世界公民教育中增进不同文化群体相互理解的重要作用。[②]

此外，西方地理、历史、政治、环境等课程的任课教师由于教育内容与全球问题密切相关，也在尝试世界公民教育方面做了大量的尝试。

3. 广泛利用世界公民教育平台和资源

受英国国际发展署资助，莱斯特大学公民教育研究中心（the Centre for Citizenship Studies in Education）开展了全球维度资源项目，提供了500项世界公民教育资源。在莱切斯特大学全球维度的数据库里，使用者可通过"教学阶段、科目、主题"等方式搜索课堂教学资源。[③]

教师们还建立在线社区进行世界公民教育教学经验和心得的交流。一位西班牙教师对非同步在线讨论区非常支持，"我必须承认，对我来说，这是一个有意思的机会来了解全球性生活，感谢我的网络同行分享不容易找到的资源和理念"。一名美国女教师说："对我们和学生来说，这是一

---

① Anatoli Rapoport, "Global Citizenship Themes in the Social Studies Classroom: Teaching Devices and Teachers' Attitudes", *The Educational Forum*, Vol. 77, No. 4, 2013, pp. 407 – 420.

② Toni Samek, "Teaching Information Ethics in Higher Education: A Crash Course in Academic Labour", *International Review of Information Ethics*, Vol. 14, 2010, pp. 4 – 9.

③ Raul Pardíñaz-Solis. "An Overseas View of Teacher Development for Global Citizenship in the UK", *Race Equality Teaching*, Vol. 22, No, 2, 2004, pp. 40 – 46.

个非常有趣的体验。所有人都赞同的是：国际化依靠每个人倾听他人的能力和意愿，加上我们理解地球村上他人的视角和生活经验。我发现这种交流在我们与全世界同人中弥足珍贵，极具价值。"正如哈什曼所说："全球化影响着世界上的每一个角落，每个人对人类选择产生的影响负责愈加重要。如果我们要推进世界公民教育，从全球需要的教育者着眼，谁能比渴望分享最好教学实践的教师更适合倾听呢？连接全世界教师的网络工程是有益的，这不仅提高专业和教学的水平，而且研究证明，世界各地人们的互动促进个人反思，因为参与者正在通过世界公民教育实践进行学习。通过国际文凭项目培养具有全球思想的学生并不是教师致力于世界公民教育的潜在动机，教师怎样承诺表明了他们怎样作为教育者和具有全球思想的公民来工作。"①

4. 积极开展教师教育项目进行"世界公民"教学实践

由于西方国家开设的公民教育课程基本没有专门的师资，因此，通过政府资助的教育组织和机构开展的教师教育项目帮助教师进行公民教育便成了一种普遍形式。职前教师和新手教师通过积极参与教师教育项目来开展教学实践，获取培养"世界公民"的经验。

澳大利亚纽卡斯尔大学的布拉伯瑞（Debbie Bradbery）认为儿童文学，尤其是图画和故事书，能作为有力的工具帮助最小的公民——幼儿意识到需要承担责任，通过成为世界公民来创造和享受可持续发展的未来。澳大利亚多名学前教师参与了布拉伯瑞的儿童文学教育项目，通过学习讲解莱斯特和克莱德（Lester and Clyde，主要内容为两只胖青蛙如何应对人类污染）等环境教育故事，教育幼儿提升对未来环境可持续发展的理解。② 英国国际发展署 2002—2003 年资助了莱斯特大学开展全球维度资源项目，提供了 500 项全球公民教育资源，其中一些可以在网上使用。

英国威尔士班戈大学世界教育中心在实习教师的教育和教育培训中对世界公民教育进行了聚焦。该中心认为，实习教师教育和训练课程在帮助实习

---

① Jason R. Harshman and Tami A. Augustine, "Fostering Global Citizenship Education for Teachers Through Online Research", *The Educational Forum*, Vol. 77, No. 4, 2013, pp. 450 – 463.

② Debbie Bradbery, "Bridges to Global Citizenship: Ecologically Sustainable Futures Utilising Children's Literature in Teacher Education", *Australian Journal of Environmental Education*, Vol. 29, No. 2, December 2013, pp. 221 – 237.

教师形成相应能力上有关键作用，这些能力的获得将通过交叉课程和学校各科目渗透的途径，促使实习教师从本土到全球范围关注与践行机会平等、社会公正、可持续发展。该中心从英国国际发展署筹集了资金，2001—2002学年起，持续开展教师教育项目。① 该项目受到了教师的普遍欢迎，一些教师表示通过参与项目实践提高了对国际理解教育的认识，有助于进一步开展世界公民教育。

帕蒂奈兹（Raul Pardíñaz-Solis）参与了英国莱切斯特大学公民教育研究中心全球公民教育项目，接触到了这一公民教育新的课程领域。帕蒂奈兹认为讨论"教师是否需要将个人观点置于他者观点和全球发展中"这一问题非常重要。他致力于推动在全球人权准则框架下进行这种讨论，而不是被个人观点所左右。帕蒂奈兹绘制了世界公民学习模式图，第一层

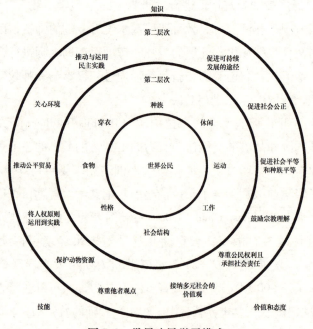

**图 7.1 世界公民学习模式**

资料来源：Raul Pardíñaz-Solis，"An Overseas View of Teacher Development for Global Citizenship in the UK"，*Race Equality Teaching*，Vol. 22，No. 2，2004，pp. 40 – 46.

---

① Mandy Robbins，Leslie J. Francis and Eleri Elliott，"Attitudes toward Education for Global Citizenship among Trainee Teachers"，*Research in Education*，Vol. 69，2003，pp. 93 – 98.

次是社会结构：食物、穿衣、休闲、运动、工作、性格、种族；第二层次是知识、技能、价值和态度：推动与运用民主实践、促进可持续发展的途径、关心环境、促进社会公正、推动公平贸易、促进社会平等和种族平等、将人权原则运用到实践、尊重公民权利且承担社会责任、保护动物资源、尊重他者观点以及接纳多元社会的价值观。

## 二　实践带来的认同危机：民族国家内部对世界公民教育接受的限度

### （一）国家认同与世界认同的张力：国家认同趋于强大

科里·肯尼迪（Kerry Kennedy）认为全球化逐渐终结，因为民族国家正在变得日益强大："反全球化的趋势表明我们现在生活在一个新国家主义（neo-statism）的时代，也就是后全球化时代（post globalisation era）。这不是预示全球化的终结（end of globalisation），尽管有关争论催发了这一问题。民族国家变得更加强大。9·11 后，共和主义的影响大于自由主义，西方国家也开始限制公民权利。因此，极权国家与民主国家（totalitarian and democratic states）的区别不再严格，各国都在采取灵活措施以保护公民免受安全威胁。但是 2008 年的全球金融危机国家必须进行干预，自由市场经济作为全球化的附庸，已将国家带入崩溃边缘。因此公民教育者面临的现状是：20 世纪 90 年代和 21 世纪初全球化深入发展，关键问题是全球和国家都面临威胁，2011 年 9·11 后的安全问题，2008 年的经济问题，都使得国家更加强大。"①

德里克·希特对于德国黑森州计划的指责就在于它"妨碍了学生对于国家的认同"。"这种包含要求培养忠诚感的目标，是所有时代公民教育的一个共同目标。新兴的民族国家正在急切地为巩固这种认同感而努力，甚至成熟的国家也意识到他们境内民族的差异所导致的政治危险，因而都指望学校灌输一种持久的忠诚感。因此，试图使年轻人意识到全球问题并为之不安，这可能被理解为危险地分散并不稳固的国家认同感。教师

---

① Alan Reid, *Globalization, the Nation-state and the Citizen: Dilemmas and Directions for Civics and Citizenship Education*, Oxon: Routledge, 2010, pp. 223 – 228.

们收到了相互矛盾的信息：要么是巩固和捍卫已建立起来的民族国家，或者加以调整以保护一个已受到危及的星球。而且这一矛盾变得前所未有的尖锐，因为民族国家对于公民教育的目标受到了精心设计、论证有力的世界学习（World Studies）方案带来的前所未有的有力的挑战。而且世界学习的支持者强烈主张跨学科学习的情形。分科教学的捍卫者也仍然有势力。这样，教师们就面临着第三个基本问题了：怎样解决这种课程的分歧？到底是应当通过不同课程背景分别对待公民教育，还是通过一个综合的计划来进行公民教育，这种观点的分歧实际上是两方面的。分科教学的争议在于：需要教育年轻人建立一种理解方式或知识模式，并且教师在运用综合数学时困难重重。①

即使在世界公民教育的主要发源地美国，推行的世界公民教育也极为有限。"美国只有15个州《社会研究》课程标准包含全球化的内容，只有两个州包含世界公民或世界公民资格的内容。这种本应在《社会研究》课程标准文献中快速增长的世界公民资格的内容存在缺失。"②

在加拿大，公民教育的实践与世界公民教育的目标也相去甚远。"加拿大始终存在着英裔和法裔两个文化中心，加上多元文化的社会现实，使一种共同的、明晰的国家认同难以形成。加拿大在历史上是政治斗争的产物，文化基础薄弱，英裔势力又总是向法裔势力妥协，因此难以形成鲜明的国家特征。随着大批移民的到来，加之多元文化主义政策提供的宽松环境，加剧了国家认同形成的压迫感。而且，强烈的地方主义导致了两级权限和利益分配的矛盾，又产生了显著的地方认同，这些都必然挑战了国家的身份认同，甚至对国家的生存和发展造成威胁。通过历史、地理和社会科等课程开展的公民教育只是停留在对加拿大国家历史、地理、社会、政治等知识的介绍。公民教育仅是简单知识的习得是不够的，而是要实现对公民价值、民主社会、多元文化乃至全球社会的认识和理解。因此，有学者指出，现代公民

---

① Derek Heater, *Citizenship: The Civic Ideal in World History, Politics and Education*, New York: Longman Inc, 1990, pp. 291 – 292.

② Anatoli Rapoport, "A Forgotten Concept: Global Citizenship Education and State Social Studies Standards", *The Journal of Social Studies Research*, Vol. 33, No. 1, Spring 2009, pp. 91 – 112.

教育重要的是实现对文化、性别、种族、宗教、社会经济背景、国际环境等价值的理解以及面对多元文化的态度，从而成为世界公民。而加拿大公民教育的实践与这些目标的实现相去甚远，面临着发展与改革的挑战。"①

与国家公民相比，世界公民缺失集体记忆。"世界公民的集体记忆是什么？这种通过社会化而形成民族（national）意识，当然不是民族性（nationalistic）意识的普遍模式，通常还会在民族主义历史的教育实践中得到强化。我们已经指出，历史是集体记忆的一种形式，没有这种形式，一种集体的认同感是不可能的。虽然个体的记忆是对于过去经历的回忆，集体的记忆只有通过历史证据而形成共同的回忆才是可能。引入这种想象性回忆的精神活动是学校的一项重要职能。一个民族国家的公民既有必要也有权力去获取这种记忆。"②

**（二）学校和教师：没有准备好培养世界公民**

世界公民教育最终还是要由每一名优秀教师具体实施，教师的知识储备和实践决定了世界公民教育的成败。但世界公民教育在民族国家尤其是西方发达国家的实施效果告诉我们：学校和教师还没有准备好培养"世界公民"。

1. 教师态度积极，知识与能力准备不足

由于担心老教师的知识结构和态度会僵化，西方学者将培养"世界公民"的希望寄于职前教师和新手教师身上，并就教师培养"世界公民"的自我认知开展了大量的调研。

辛普森（Sampson D. L.）等学者早在20世纪50年代就指出，世界公民首先应具有"世界范围开阔的思想"（world-mindedness），这蕴含着概念、实践、信仰等复杂的因素。③ 特纳、贝克、韦尔顿等人赞同将世界公

① 范微微：《多元文化社会中的国家认同——20世纪70年代以来加拿大公民教育研究》，博士学位论文，东北师范大学，2011年。

② ［英］德里克·希特：《公民身份——世界史、政治学与教育学中的公民理想》，郭台辉、余慧元译，吉林出版集团有限责任公司2010年版，第271页。

③ Sampson D. L. and H. P. Smith, "A Scale to Measure World-minded Attitudes", *Journal of Social Psychology*, Vol. 45, 1957.

民教育需要融入所有年级和科目的日常教学当中。① 美国阿肯色州中央大学的盖勒雯（Nancy P. Gallavan）教授对以上观点表示认可，并指出："美国当代教育的任务就是教育学生在 21 世纪成功地生活，需要学生在学校课堂上学习成为有效的世界公民和全球社会的一分子。"就此，盖勒雯设计了 7 个"世界公民"教育问题，对在美国幼儿园、小学、初中、高中实习的 148 名职前教师调查（见表《职前教师对培养学生成为世界公民的看法》），研究结果表明：大多数职前教师都想把学生培养成为世界公民，认为公民资格是本国话语中主要的表达元素，将世界范围的需要和责任作为儿童公民资格发展的要素很有必要。正如一位职前教师所说："成为世界公民意味着我成为社会的积极一员，对我们的未来负责；作为教育群体中的一员，我有责任通过个人和专业的话语和行动，循序渐进地培养学生的价值观和人性。"但是，很多教师依然认为，凭借自己接受的教师教育和掌握的世界公民教育经验尚不足以较好地培养世界公民。

表 7.3　　　　职前教师对培养学生成为世界公民的看法

| 调查问题 | 是（百分比） | 否（百分比） |
| --- | --- | --- |
| 在 21 世纪，你想教育你的学生成为世界公民吗？ | 97 | 3 |
| 你准备好教育学生成为世界公民了吗？ | 72 | 28 |

资料来源：Nancy P. Gallavan, "Examining Teacher Candidates' Views on Teaching World Citizenship", *The Social Studies*, Vol. 99, No. 6, Nov. – Dec. 2008, pp. 249 – 254.

美国俄亥俄州立大学的哈什曼（Jason R. Harshman）调查了 30 多个国家 126 位具有国际文凭的教师对世界公民教育的看法。调查发现，各国教师都倾力帮助学生在参与全球事务中发展好奇心和增长见闻。大多数教师赞成通过研究世界公民教育教学，以必要的学习来培养具有全球思想的公民。②

英国威尔士班戈大学的罗宾斯（Mandy Robbins）等人对班戈大学 92

---

① Turner D. and P. Baker, *Developing Citizenship in Secondary Schools*: *A Wholeschool Resource*, London: Routledge, 2000.

② Jason R. Harshman and Tami A. Augustine, "Fostering Global Citizenship Education for Teachers Through Online Research", *The Educational Forum*, Vol. 77, No. 4, 2013.

名小学预备教师、95 名中学预备教师进行了问卷调查。结果显示，60%
以上的职前教师认为世界公民教育在中小学和大学教师教育阶段都应被优
先考虑，所有学科领域都应具有全球视野。但 65% 的教师对在学校中开
展世界公民教育没有信心，60% 的教师没有过处理全球问题的经历（见
表《职前教师对世界公民教育的认知》）。英国伯明翰大学的山下翔央
（Hiromi Yamashita）对英格兰的 700 名教师的调查也表明，多数教师认为
世界公民教育是重要的。但教师整体上对培养世界公民过程中的能力缺乏
自信。[①]

表 7.4　　　　　　　　　　职前教师对世界公民教育的认知

| 序号 | 选项 | 支持的百分比（%） |
| --- | --- | --- |
| 1 | 小学课程中应优先考虑世界公民教育 | 59 |
| 2 | 中学课程中应优先考虑世界公民教育 | 76 |
| 3 | 教师职前教育中应优先考虑世界公民教育 | 64 |
| 4 | 世界公民是社会教育体系的重要部分 | 78 |
| 5 | 全球视野与所有学科领域相关 | 72 |
| 6 | 我在学校的经历中处理过全球问题 | 40 |
| 7 | 我有信心对于"学校培养世界公民"做出贡献 | 35 |
| 8 | 我自信通过可持续发展的方法对整个学校有贡献 | 31 |

资料来源：Mandy Robbins, Leslie J. Francis and Eleri Elliott, "Attitudes toward education for global citizenship among trainee teachers", *Research in Education*, Vol. 69, 2003。

加拿大西安大略大学的拉尔森（Marianne Larsen）和法登（Lisa Fa-
den）对 13 名加拿大中学教师进行了半年的质化研究和问卷调查，尽管受
访教师对全球教育和"世界公民"教育众说纷纭，但对"世界公民"教
育的内容却有两点基本共识：一是具备全球问题意识、了解世界文化的多
样性；二是教育学生与身边世界紧密相连，如何以自身行动来影响他人。
80% 的受访者将"世界公民"教育界定为"教育学生在地球村中积极行
动并承担责任"。所有受访教师"非常赞成"或"赞成"以下四个选项：

① Hiromi Yamashita, "Global Citizenship Education and War: the Needs of Teachers and Learn-ers", *Educational Review*, Vol. 58, No. 1, February 2006, pp. 27 – 39.

学生了解世界其他地方的人们和问题非常重要；教会学生了解本土和全球文化的多样性非常重要；我经常教学生重视和尊重不同于他们的文化；学生应当了解存在于本土和全球的贫困差距。①

由此可知，教师普遍对开展世界公民教育表示认同，态度是积极的，但同时又对自身培养"世界公民"的知识和能力缺乏信心。不过，在教育实践当中，教师们并没有纸上谈兵，止步不前，而是积极探索世界公民教育的内容和路径。

2. 教师的心理与精神上面对"国家认同与全球认同"的困扰，难以有效培养"世界公民"

美国波士顿大学的哈格里夫斯（Andy Hargreaves）教授认为："教师专业发展不仅应包括知识、技能等技术性维度，还应当广泛考虑道德、政治和情感的维度。"② 尽管教师在世界公民教育实践中做了大量的努力，但由于知识、技能以及政治、情感等多种因素影响教师有关"世界公民"内容的教育教学，导致教师的心理和精神上始终面对"国家认同与全球认同"的困扰，实践中出现了种种问题，难以有效培养"世界公民"。

（1）教师心理敏感，回避教授全球性问题

斯坦纳（Miriam Steiner）调查统计了西方 200 名教师对"世界学习"的看法，发现教师不能在教学中直指全球要害问题。教师们对在课堂上开展世界学习课程选择性很强，他们愿意将环境和其他文化纳入到教学过程中去，但却倾向于忽略更复杂的全球问题。更多的教师将世界学习的内容集中在引导学生进行自尊建立、人际关系、合作等方面，仍在教学中进行种族主义、性别歧视等老问题的讨论，当地或热带雨林的环境也是教学普遍的主体内容。而对"如何处理现存全球经济体系中的内在不公正""如何认可南方国家的文明成就"等全球问题很少关注。③ 土耳其中学历史教

①　Marianne Larsen and Lisa Faden，"Supporting the Growth of Global Citizenship Educators"，*Brock Education*，Vol. 17，2008，pp. 71 – 86.

②　Andy Hargreaves，"Development and Desire: a Postmodern Perspective"，in R. Guskey and M. Huberman，*Professional Development in Education: New Paradigms and Practices*，New York: Teachers College Press，1995，pp. 9 – 34.

③　Miriam Steiner M.，*Developing the Global Teacher: Theory and Practice in Initial Teacher Education*，Stoke on Trent: Trentham，1992，p. 9.

师甚至还没有了解世界公民教育明确的信息。①

尽管加拿大教师群体中有着世界公民教育的广大拥趸，但学校中仍存在大量的限制和障碍使教师无法在课堂上进行计划中的世界公民教育。71%的受访教师认为世界公民教育这一主题太政治化，在学校中开展有局部的阻力，59%的受访教师害怕教授有争议的问题。一名教师详细说明了这一问题："我觉得一些领域是敏感的，我不想把我的个人看法传递给学生，因为我知道他们把我说的话当作真相。从情感上讲，我也不想太恐吓或扰乱学生。我想他们明了，但不是恐惧。"②

（2）教师缺乏国家支持，倾向于更实际地培养国家公民

正如詹金斯和奥特利（Jennifer M. Jenkins and Keith Oatley）所说："当教师感到他们的目标受到威胁或者与他人目标发生冲突，并且缺乏促进交流和减少差异的机制时，就会产生消极的情绪；反之则能产生积极的情绪。"③ 这也就是哈格里夫斯"情绪地理"理论中所指的道德距离。教师不能在教学中直指全球要害问题的根源在于国家对教师的约束。为应对全球化的挑战，尽管西方国家对教师开展世界公民教育给予了一些支持，但更乐意看到教师首先培养好国家公民来保证国家利益，这种政治和社会环境使得教师倾向于更实际地培养国家公民。

美英学者在对在职教师的调查中就发现，一些教师通常不在意课程内容或教学策略与世界公民或其他超国家的公民模式相关。哈什曼的调查还发现，西方一部分教师在"学生对全球参与感兴趣"这一目标达成后就不再热衷开展世界公民教育。在美国，教师倾向于通过更熟悉的国家公民概念将陌生的世界公民概念合理化。④ 与加拿大、西欧、东南亚同行相

① Celal Mutluer, "The Place of History Lessons in Global Citizenship Education: the Views of the Teacher", *Turkish studies-international periodical for the languages*, *literature and history of Turkish or Turkic*, Vol. 2, 2013, pp. 189 – 200.

② Marianne Larsen and Lisa Faden, "Supporting the Growth of Global Citizenship Educators", *Brock Education*, Vol. 17, 2008, pp. 71 – 86.

③ Jennifer M. Jenkins and Keith Oatley, "Emotions Take Center Stage", *Psyccritiques*, Vol. 42, No. 11, 1997, pp. 992 – 993.

④ Anatoli Rapoport. "We Cannot Teach What We Don't Know: Indiana Teachers Talk about Global Citizenship Education", *Education, Citizenship, and Social Justice*, Vol. 5, No. 3, November 2010, pp. 179 – 190.

比，美国教师对培养世界公民缺乏热情，更倾向于培养国家公民。① 究其原因，拉波波特指出，要将世界公民教育元素融入课堂中，教师缺乏教学的依据和支持。正如很多从业者所知，学校通常的模式是"没有测验就没有教学"，在这种无所不在的责任压力下，与世界公民相关的主题埋藏在更多"需要"的内容之下。结果，很多教师缺乏必要的自信将对世界公民教育广泛积极的态度转化为课堂教学实践，教师倾向于通过更熟悉的概念和论述将"世界公民"这一不熟悉的概念理顺。罗宾斯、斯维菲斯等人也持相同观点。②

拉波波特指出，课程标准扮演了双重角色：既是社会政治影响教育的渠道，同时也是指导课程政策的主要文献。而美国课程标准制定者和学校董事会一直忽视"全球化"或"世界公民"这样强有力的概念，并将这一态度传递给教师，最终导致在课堂上忽视世界公民教育。③ 他嘲讽道，美国高度分散的教育系统为"快速回应教育者对课程设置需要"的能力感到自豪，但在充分应对学校的实际需要，加大对教师的关切上其实是失败的。例如，2008 年，包含了世界公民教育内容的社会研究课程标准只在马里兰和密西西比两个州实施。拉波波特最终对美国教育界提出了警示："世界公民教育在很多国家实施公民教育中是一个重要的组成，而相对于欧洲和亚洲国家，美国的教师用全球公民理念指导学生还不真诚。……未来世界不再仅仅包含商品、资本或劳动力，而是一个具有普适价值、宽容、身份和忠诚多元、共同尊重的世界。"④

（3）教师教育未能赋予职前教师培养"世界公民"的心理基础

既然在职教师的世界公民教育实践存在种种问题，那么能否通过加强对职前教师的相关教育来解决问题呢。事实表明，这条道路也很曲折。西方发达国家教师教育院校没有足够的师资来讲授和"世界公民"相关的

---

① Myers, J., "To Benefit the World by Whatever Means Possible: Adolescents' Constructed Meanings for Global Citizenship", *British Educational Research Journal*, Vol. 36, No. 3, June 2010, pp. 483 – 502.

② Anatoli Rapoport, "Global Citizenship Themes in the Social Studies Classroom: Teaching Devices and Teachers'Attitudes", *The Educational Forum*, Vol. 77, No. 4, 2013, pp. 407 – 420.

③ Ibid.

④ Anatoli Rapoport, "A Forgotten Concept: Global Citizenship Education and State Social Studies Standards", *The Journal of Social Studies Research*, Vol. 33, No. 1, Spring 2009, pp. 91 – 112.

国际性课程，在已实施的课程计划、教育内容等方面更是千差万别。要想开设包括"世界公民"视角的高级选修课，还需要更多详细可行的规划以及更多制度上的支持。尽管西方开展了多样的教师教育项目，但总体上来说，教师教育中关于世界公民的内容还不成体系。

教师教育未能赋予职前教师明确的有关世界公民教育的概念和内容："如果欧洲公民身份教育难以给出权威而明确的定义，世界公民教育的任务则会变得更加艰难。当我们在概览世界公民身份的概念时已经看到，这一概念存在一个特别广泛的意义光谱。这也难怪教师在解释其培养世界意识的责任时表现出极为不同的方式。国际理解教育、世界研究教育、全球研究教育，它们都是这一包罗万象词汇中的某些部分。联合国教科文组织甚至为这一术语设计了一个冗长而混杂的词汇，把它称之为国际理解、国际合作、国际和平以及与人权和基本自由相关的教育。大量潜在的主题经常得到分解：世界历史、裁军教育、和平研究、环境研究、发展教育和人权教育等，它们反映了更具可操作性的特定课程。"①

（4）缺乏"世界公民"教育课程的教学平台

西方发达国家大多开展了公民教育的必修课或选修课课程，在课程目标中包含了一部分世界公民教育内容。但在国家课程大纲的制定中，要独立于公民教育之外，单独开设一门"世界公民"教育课程，基本是不太可能的。由于"在课程安排上，语文、数学和科学等主科挤压了世界公民教育课程的空间，世界公民教育这种特殊课程的教学目标和效果受到挤占和影响，国家课程大纲不能提供一个有益的平台来应对具有'自由放养、变幻莫测、引起争议'等性质的世界公民教育"②。

同时，能够开展"世界公民"教育的学校数量相当有限。"直到现在为止，在很多体系中的教学训练，仍然没有为这种模式的教学做好专业的准备。而且，教学大纲和学校的组织常常不太灵活，以至于不能适应这样积极的学习方式。除了这些现实的阻碍，还有一些是充满敌意的知识分子

---

① ［英］德里克·希特：《何谓公民身份》，郭忠华译，吉林出版集团有限责任公司2007年版，第174页。

② Cher Ping Lim, "Global Citizenship Education, School Curriculum and Games: Learning Mathematics, English and Science as a Global Citizen", *Computers & Education*, Vol. 51, No. 3, November 2008, pp. 1073 – 1093.

与专业人士的主张。一些反对者认为，期望学生能够理解其他文化，或者是理解重大的当代世界问题，这是天真的。一方面，信念与生活方式都遥不可及；另一方面，这些问题又过于复杂。在错误理解的基础之上，鼓励人们行动是不负责任的：年轻人会慢慢认识到，只要有人想排斥他们对于这些问题的异想天开、不计后果的肤浅理解，他们就可以抗议。"①

由此可见，从国家到教师，对于将世界公民教育完美地融入传统公民教育还未做好准备。用英国教育哲学家保罗·赫斯特（Paul Hirst）的话来说，"在一个主题或者计划的基础之上，一种严肃的、彻底的、合理计划的课程任务的要求，在我看来绝对是不可思议的"。但在事实上，教师们同样面临着各种利益集团的压力，这是分科教育与跨学科教育之争的另一个方面。近年来一些主张使用特殊手段进行社会教育的热心者，敦促教师们满足他们的要求，如政治学教育、社会学教育、经济学教育、法学教育、发展教育、和平教育、跨文化教育、生活技能等，所有这些都应添加到较为传统的学校公民教育中。有意将这些囊括其中的学校，在为这些教育安排各自独立的时间上都有着巨大困难。而且，无论如何，这种分别对待几乎肯定会使学生对一些内容的内在关联与重复不能够获得关键性的理解。因为正是当代世界特性的内在关联应当成为这种教育的核心内容。甚至即使把这些学科衔接起来，同样也是在地方或国家的背景之下所进行的社会、政治学习，在一个全球背景之下所进行的世界或全球学习存在着分裂的实际危险也一样。没有相关负责人更加清晰地考虑这一整体课程计划和方针，教室里的老师即使是完全稀里糊涂，也是可以原谅的。②

综上可知，在开展世界公民教育上，教师认同并有意愿培养"世界公民"，但信心不足能力欠缺，有畏难情绪，民族国家与教师教育也没有提供有力的支持和保障，总体上说，学校与教师还没有准备好培养"世界公民"。尽管通过"做中学"，教师积累了一些教育经验，在多方支持下不断改进世界公民教育，但时至今日，民族国家尤其是西方发达国家还

① ［英］德里克·希特：《公民身份——世界史、政治学与教育学中的公民理想》，郭台辉、余慧元译，吉林出版集团有限责任公司 2010 年版，第 346 页。

② 同上书，第 417 页。

走在解决"有效培养世界公民和相关教师"这一问题的路上。正如布瑞斯索德所批判的那样："教师教育全球化的最大障碍是思想观念。西方太多的个人权利观念超过了社会现实和社会正义所占的比例。他们关心拥有多于社会贡献，关注快速发展多于走向何方，关注个人展示多于自我反思。有一种解决全球问题的方式却是将其从墙上'弹射'（catapult）到我们的后院。为将'全球问题'拒之门外而向后看会导致政治孤立主义，这是不切实际和危险的；而邀请'全球问题'进来反而可以开阔眼界、听闻和心胸，明白生活在地球上就是生活在一起。"①

### （三）受教育者：尚未把握国家认同与世界认同的尺度

由于受到世界公民教育的实践影响，受教育者呈现出了多元认同趋势，但未把握好国家认同与世界认同的尺度。虽然雷德乐观地指出："今天很多学校中的年轻人拥有广泛的关于世界的知识，在事实或经验上是了不起的人物，尤其是拥有移民背景的儿童和少年。最近在三座加拿大城市的研究表明：第二代参与者证明了他们有三种形式的移动性能力：头脑、身体和边界的移动，所有移动的形式都回应了全球化。"② 但当前的课程内容还不能使学生成为理想中的世界公民："当加拿大学生被问及对墨西哥的看法时，他们的回答都来自媒体的刻板印象；当被问及达尔富尔时，他们不知道达尔富尔是什么，在哪里，发生了什么；当被问及加拿大名人时他们只能说出白人的名字和首要政治家；当被问及欧洲国家以外的历史名人时，他们变得沉默了。这样的刻板印象和沉默是不列颠哥伦比亚省'课程缺席'（absent curricula）的结果，也使得教育者致力于在全球化时代培养世界公民的目标很难实现。研究者通过研究课程，提供了怎样处理问题的建议。在全球化时代，应当培养学生了解和熟练进入我们的世界。这需要反思已经扎根在学校 150 年之久的课程。这些新课程应当探索和引入全球历史、过去和现在以及全球化这一迅速改变世界的巨大力量。这样

---

① Mary Lou Breithorde and Louise Swiniarski, "Constructivism and Reconstructionism: Educating Teachers for World Citizenship", *Research Online*, Vol. 24, No. 1, 1999, pp. 1 – 17.

② Alan Reid, *Globalization, the Nation-state and the Citizen: Dilemmas and Directions for Civics and Citizenship Education*, Oxon: Routledge, 2010, p. 235.

不仅对学生公平，而且对于我们培养有机会影响积极改变的世界公民是必需的。"①

　　基于此，舒尔茨（Lynitte Shulz）等人进行了反思："我们被一种可能性鼓舞，那就是通过一种对公民资格激进而又包容转变的理解超出自由民主理论的限制，由独立的群体（国际组织）和个人对民族国家提出要求：多元理解和存在于这个世界上的公民资格与非公民资格（主体化）是什么？在博大包容的情感下我们能扮演和支持什么样的公民资格？我们应当做什么来保证一个全球的、完全赋予的公民资格，不管何种阶级、性别、种族、年龄，拥有地理和空间上的基本权利，并且不被他者排斥。这些问题怎样作为一项工程在高等教育领域逐渐成为教育的基础，能提高学生、教师、多种社群的生活质量，同时没有降低其他学生、教师和社群的生活质量？"②

　　但现实中，国家经济竞争性和军事反应敏捷性的目标驱使"国际教育"运动从权力到经济资助维度。国家主义与世界主义之间产生张力，而且有多元文化主义的全球变体："全球视野。"一部分美国青少年表达了多元忠诚和灵活的公民资格观，这打破了对"多元文化主义/国家主义或国家主义/世界主义"任何简单的反对。美国一名 10 年级的学生就说：我没有国家认同感。③ 与此对应，欧盟国家也正呈现一种国家国民和世界公民的二元（binary）形态，欧盟国家正被欧洲公民资格和归属问题所困扰。"很多欧洲年轻人不再对民族国家进行主要的或唯一的认同，而是灵活的和不断转换的认同（flexible and shifting identities）。在国家、区域、全球、地方所有层级上，世界公民教育回应了'学习共同生活、与不同观点的人们开展对话'的现实。世界公民教育认识到这些现实并提供了一种转变的方式，来重构全球化世界和全球共同体中的公民教育。"④

---

　　① Catherine Broom, "Curriculum in the Age of Globalization", *Canadian Social Studies*, Vol. 43, No. 1, Spring 2010.

　　② Lynette Shultz, Ali A. Abdi and George H. Richardson, *Global Citizenship Education in Post-secondary Institutions: Theories, Practices, Policies*, New York: Peter Lang, 2011, p. 4.

　　③ Alan Reid, *Globalization, the Nation-state and the Citizen: Dilemmas and Directions for Civics and Citizenship Education*, Oxon: Routledge, 2010, p. 214.

　　④ Ibid., p. 221.

这就产生了一个悖论：某种程度上，世界公民教育实践并没有入脑入心，反而使受教育者由世界认同回到了个人认同。正如一名高中一年级学生 Jenna 所说："是的，让我们从认为自己是一个城市的公民到认为自己是世界的公民，的确是一个很大的跳跃，但在现实中我们都是一样的……国家并不拥有我们。是我们创造了国家……我们就是我们自己。最终我们就是这样。从长远看，我们必须为我们的行为负责，否则我们只能自食其果。"[①]

# 三　理论的质疑：是否有利于实现全球公正与正义

理论上，民族国家都应当顺应全球化潮流，开展世界公民教育，建立在国家认同与世界认同博弈的基础上，开展出不同教育理念、思想开放性的课程内容和实践活动，但从影响范围看，世界公民教育还是一种在发达国家大型、发展中国家中型的思潮，不同发展水平和文化的国家推行世界公民教育的力度与积极性不同，且遭受着"是否有利于实现全球公正与正义"的质疑。

## （一）质疑西方单向度的全球公正与正义

发达国家主导的国际货币基金组织、世界银行、经合组织等国际组织以"由上及下、附带条款、不对等"的形式在发展中国家推行扶贫教育和世界公民教育，一些国家不愿被西方公民资格观牵制。于是便有西方学者称："那些由极权统治形成的国家，例如墨西哥、巴西、新加坡、俄罗斯，在建立西方民主方面有着不同的问题。其中之一就是抵制'公民资格，尤其强调个人主义'的西方观念的支配。"[②] 新加坡前总理李光耀就讽刺了西方国家主导的所谓的"世界公民"意识："尼克松总统是一位务实的战略家，他会接触中国，而不是遏制中国，同时又悄悄地铺了一条退

---

① ［加］布莱兹、理查森主编：《质疑公民教育的准则》，郭洋生、邓海译，教育科学出版社 2009 年版，第 123—131 页。

② Alan Reid, *Globalization, the Nation-state and the Citizen: Dilemmas and Directions for Civics and Citizenship Education*, Oxon: Routledge, 2010, p. 7.

路，以防止中国不遵循国际规则，不愿做优秀的世界公民。在各国被迫站队的情况下，他设法将日本、韩国、东盟国家、印度、澳大利亚、新西兰和俄罗斯争取过来。"① 舒尔茨等学者也指出发展中国家和发达国家开展的世界公民教育不同，应致力于发展中国家和发达国家公民资格的完善："世界公民资格已扩展到公民所处的社会、教育、文化、政治、经济等越来越多的领域与共同体。西方公民资格的概念已经日臻完善，现在需要创造新的公民资格概念来使发展中国家的糟糕的公民概念变得更好。但发展中国家和发达国家开展的世界公民教育不同。"②

当前，发展中国家国际声音较弱，导致西方式的世界公民教育盛行。全世界重要的国际新闻和舆论主调主要是通过三大通讯社（美联社、路透社、法新社）、四大电视网［ABC（美国广播公司）、NBC（美国全国广播公司）、CBC（加拿大广播公司）、CNN（美国有线电视新闻网）］，三大报纸（《纽约时报》《华盛顿邮报》《华尔街日报》），三大新闻周刊（《时代》《新闻周刊》《经济学家》）和 Facebook、Twitter 等大媒体、社交网络输出的。"我们应当反思，为什么我们用自己的语言将自己的故事翻译成外文却无法有效地传播？在对外表达的时候，我们往往习惯于说很多的政策、原则和数字，而缺少生动的故事，这是其中最为重要的原因之一。"③ 正如许倬云所说："人类文明，在全球化的新环境下，正在全新缔造之中。任何文明系统的转变，必须有一个或数个'他者'，作为针砭，作为借鉴，长期以来屈服于'西方'的'他者'，是不是能发挥挑战与刺激的功能？当是由'他者'自己选择一个角色：挑战，还是追随？"④

我们不应忽视，西方国家大多开设了公民教育的必修课或选修课，在课程目标中包括培养世界公民。但是一些教学内容强调学生单向地为非洲等不发达地区提供服务，课程设计者认同自己所在的国家为救世主的角色，这有悖世界公民教育平等的原则。

---

① ［美］艾利森、布莱克威尔、温尼编：《李光耀论中国与世界》，蒋宗强译，中信出版社2013年版，第49—50页。

② Lynette Shultz, Ali A. Abdi and George H. Richardson, *Global Citizenship Education in Postsecondary Institutions: Theories, Practices, Policies*, New York: Peter Lang, 2011, pp. 2 – 3.

③ 赵启正：《公共外交与跨文化交流》，中国人民大学出版社2011年版，第20—21页。

④ 许倬云：《历史大脉络》，广西师范大学出版社2009年版，第376页。

### （二）质疑无差别地推行世界公民教育

不同经济发展水平的国家开展世界公民教育的基础不同，那种在不同发展水平和文化的国家无差别地推行世界公民教育便遭到质疑。根据转型理论，转型国家具体指国家经济体制正处于转变过程的国家，中国、俄罗斯、东欧各国、越南、印度、巴西、墨西哥和南非等都属于这个范畴。区分发展中国家、转型国家和工业化国家的标准是工业化程度、成品出口和出口率等经济指标。根据另一个不常见的定义，平均年收入在 699 美元以上的是转型国家，在此之下的是发展中国家。工业国家和转型国家通常按社会发展标准来区分。标准中包括文盲的比率、新生儿死亡率、期望寿命以及环保等问题。转型国家尽管保持着较高的发展速度，但在这方面却跛行在工业国家之后。虽然发达国家和新兴经济体逐渐将世界公民教育融入国家意志和国家教育政策之中，被民众广泛了解，但发展中国家对其还是接受有限，更关注的是经济和生存问题，一些国家在教育上更关注国际理解教育和多元文化教育，在范围和程度上没有迈出世界公民教育的关键一步。这是转型国家、发展中国家难以有效开展世界公民教育的内部原因。

不同文化国家开展世界公民教育的效果也不同。葛兆光指出："各种文化没有高低，只有文明是程度不同的。'文化'是使民族之间表现出差异性的东西，'文明'是使各个民族差异性逐渐减少的那些东西。"① 那么研究"不同文明国家实施世界公民教育的现状"就是突出"斥异性"，世界公民教育思潮是针对人类文明面临的共同问题产生的，突出的是人类共同利益。尽管各国为增强全球竞争力，在公民教育和世界公民教育领域进行着尝试，仍然有学者对后发民主化国家的公民教育前景担忧。文化差异导致公民教育发展出现差异。文化在这里主要指一个社会中的价值观、态度、信念、取向以及人们普遍持有的见解。周少来通过分析近年泰国政坛的乱象指出："君主制国家中'村民文化'和'臣民文化'根深蒂固，如何开展公民教育和世界公民教育是一个难题，例如泰国贫富差距和城乡对立的'二元结构'，为'民主拉锯'提供了最为雄厚的经济社会基础；西方成熟民主国家的公民文化，是经过几百年公民启蒙和公民教育逐渐培育

---

① 葛兆光：《什么才是"中国的"文化》，《解放日报》2015 年 9 月 13 日第 6 版。

和形成的。公民文化中的平等自由意识、权利责任意识、守法规则意识等等，都是在民主试错和民主学习中逐渐习得并作为民主体系运作的强大文化支撑。而"二战"前后取得民族独立的广大后发民主化国家，传统政治形态中的'村民文化'和'臣民文化'根深蒂固，一直作为无形的非正式制度形态影响着民主制度的运作和绩效。"① 饶从满从另一个角度概括了东西方公民教育的不同："卡明斯关于西方更重视公民教育、东方更重视道德教育的研究结论，在一定程度上换成另一种说法更为准确：西方比东方在公民教育方面有着更悠久的传统和更为丰富的经验。"②

因此，我们在关注发达国家和新兴经济体倡导世界公民教育的同时，还应将目光投向世界上面积最广、人口最多的广大发展中国家和转型国家。正如朱旭东所说："冷战结束以后，意识形态的民族国家类型在研究中'消失'了，代之以发达国家和不发达国家、发展中国家、核心国家和边缘国家、贫穷国家和富裕国家、（后）福利国家、新自由主义国家、新兴市场国家、金砖国家、集团国家……民族国家的类型因为社会经济的变革、政治制度的重建和全球化条件中民族国家之间的依赖性的增强，而表现出多样性的特征。比较教育研究一直以民族国家的类型的变化而产生变化，至少今天的比较教育研究中已经没有民主国家和极权国家的比较了，相反，转型国家成为话语的主流。"③

# 四　理论的争议：批判与对立理论

## （一）为发展中国家代言：批判理论

世界公民教育思潮具备"主观着眼意识形态全球化，客观促进全球理解"的特征，世界体系属于第一世界站在第三世界立场（以世界公民身份和角度）而兴起的思潮；依附论、后殖民主义、批判教育学等属于兴起于第三世界的思潮。依附理论、世界体系理论、后殖民主义理论在承

---

① 周少来：《民主制度如何才能成熟和稳定？——泰国"民主拉锯困境"剖析》，2014 年 3 月 20 日（http：//culture. ifeng. com/sixiang/detail_ 2014_ 03/20/34968471_ 0. shtml）。

② 饶从满：《论公民教育中应该处理好的两个基本关系》，《外国教育研究》2011 年第 8 期。

③ 朱旭东：《论全球化时代民族国家在比较教育研究中的合理性》，《比较教育研究》2013 年第 11 期。

认经济全球化的基础上对世界公民教育的实践效果以及合理性进行了反思，与世界主义、全球化与全球治理理论相呼应，成为世界公民教育思潮的批判理论源流。

在某种程度上，依附论、世界体系理论、后殖民主义理论也属于反全球化理论，有学者指出："西方左翼的全球化理论——确切地说是反全球化理论——大致经历了这样一条发展轨迹：依附论—世界体系论—陷阱论—拒斥论/反全球化论。"① 那么我们首先要了解反全球化理论的核心观点是什么，再分析依附论、世界体系理论、后殖民主义理论是怎样对世界公民教育思潮进行反思和批判的。

1. 反全球化理论概述

反全球化的观点和主张全球化的同样多。"西方马克思主义者、新左派、生态主义者、女权主义者、和平主义者等都是全球化的主要批评者。实际上，反全球化的理论包括在全球化理论中，相对于全球化的极端主义者而言，怀疑论者和变革论者就成为反全球化论者。"②

在 2002 年的世界社会论坛上，概括了反全球化理论的核心观点：③

（1）反对金融霸权、文化毁灭、对知识的垄断、对大众传媒和通信的垄断、对自然的破坏、跨国公司的反民主政策对生活质量的影响，主张人的权利、生态的权利和社会权利高于金融和投资者的要求。

（2）新自由主义的全球化强化了性别和等级制度，加剧了妇女的贫穷和针对妇女的暴力行为，纵容了种族主义。所以，要对其进行抵制，为平等、社会正义、民主和个人的安全而奋斗。

（3）新自由主义的全球化破坏了自然环境、影响了人们的健康，空气、水和人都被商品化了。生命和健康必须被看作最基本的权利，而不能屈从于经济政策。

（4）南方国家的外债是不合理、不公正和极具欺骗性的。无条件地取消、减免历史、社会之债是解决债务危机的第一步。

---

① 余文烈、吴海山：《当代资本运动与全球金融危机》，海天出版社 2014 年版，第 206—207 页。

② 同上书，第 204—205 页。

③ 王宏伟编：《世界社会论坛：反对经济暴政》，《社会科学报》2002 年 6 月 6 日。

（5）跨国公司的全球化生产造成了大规模的失业、工人工资低下、使用不符合标准的劳工、拒绝承认国际劳工组织规定的工人基本权利等现象，世界社会论坛要求真正承认工会组织及其谈判的权利以及工人应对全球化挑战的新权利。

（6）全球贸易规则造成跨国公司财富的日益积累和小农、工人、地方企业的日益边缘化和贫困化。呼吁创立保证完全就业、食品安全、公平贸易条件和地方繁荣的贸易体系。

（7）世界银行和地区性银行、世界贸易组织以及其他军事联盟都是新自由主义全球化的力量，呼吁终止其对于国家政策的干预。

（8）军国主义和大公司在全球化问题上彼此呼应，破坏民主与和平。呼吁停止军备竞赛和军火交易。呼吁结束对于社会抗议活动的镇压，谴责外来军事力量对各国内部事务的干涉，取消侵略工具的禁运和制裁。

2. 依附论

马克思关于经济殖民地的概念和论述后来构成了依附论的一个理论前提，即政治上独立并不意味着殖民地特征的消失。经济殖民地的标志性特征就是它对资本主义中心的依附关系。① 依附论学派是一批分散于世界各地、基本观点接近的学者集合成的一个学术流派。代表人物为阿根廷的劳尔·普雷维什（Roal Prebish，1901—1986）、巴西的特奥托尼奥·多斯桑托斯（The Otoniodos Santos，1936—）和费尔南多·卡多佐（Fernando Henrique Silva Cardoso，1931—）、加拿大的安德烈·贡德·弗兰克（Andre Gunder Frank，1929—），以及智利的恩佐·法莱托（Enzo Faletto）等人。

依附论思想家总体认为："依附是一种不平等的国际贸易关系，是早期殖民扩张的结果，是以其中一方受另一方制约为代价发展起来的。依附论的基本概念有三个：中心、外围和依附。'中心'是指那些资本主义经济发达的国家或地区，'外围'则是指那些经济上贫困落后的国家与地区。外围与中心之间产生联系的方式就是'依附'。依附论的世界图像是比较简单的：世界只有一个'中心'，这个中心控制着一批次一级的中心，每一个次中心又控制着更次级的中心，如此像洋葱一样，最外层的是

---

① 张建新：《激进国际政治经济学》，上海人民出版社 2011 年版，第 72 页。

所有中心的'外围'或者卫星。比较起来，每一个中心都比其外围更富裕。而每一层外围都比其中心贫困，经济上被动。外围不得不依附于其中心，而依附又造成了中心对外围的剥削与掠夺。在中心与外围的这种关系中，中心通过剥削，维持其富有和继续发展，并由此进一步巩固其中心的地位。而经受剥削的外围不但越来越贫困与不发达，也越来越加重其对中心的依附。所以依附论者认为，正是发达国家与不发达国家、富裕国家与贫穷国家之间的这种不公平交换造成了发达与不发达、富裕与贫穷的两极对立，正是发达国家本身的发达造成了外围国家的不发达，而不是外围国家自身的'传统'落后造成了这种不发达。不发达与发达不是历史性、阶段性的差异，而是共时性与结构性的对立，是同一事情的两个方面。不发达国家的不发达与发达国家的发达，通过依附紧紧地联系在一起。所以在依附论者看来，只有当边缘与外围即卫星国家摆脱对其中心国家的依附的时候，才是它们走向发达的开始。从这个意义上说，'依附论'的本质正是反对依附的。"①

孙国强对依附论思想家的思想进行了综述："第一，劳尔·普雷维什是激进学派奠基人之一，他首先提出了'中心—外围'理论，即国际贸易条件对第三世界国家发展日益不利的'普雷维什命题'——实现了工业化的西方国家处于体系的中心，没有实现工业化的不发达国家处于体系外围，中心和外围之间存在着不平等的经济关系，中心的发展损害着外围的发展，而外围的不发达则是中心发展的必要条件；第二，特奥托尼奥·多斯桑托斯是依附论的创始者之一。他认为在依附条件下存在着两种发展模式，一种是以跨国公司为主角的新的国际分工模式，另一种是以国家为中心的国家资本主义模式。依附性发展必然是一个深刻的政治冲突和军事冲突及社会矛盾激化的长期过程。不发达国家不发达绝不是因为它们与资本主义结合得不够，而是必须变革它们参加的国际体系方式和国内经济结构，唯一的办法就是进行人民革命，在社会主义条件下寻求发展。因此，社会主义不仅要在全球化条件下控制好市场，而且应当运用全球治理来解决问题；第三，安德烈·贡德·弗兰克以全球学的视野坚持全球观念，坚

① 余文烈、吴海山：《当代资本运动与全球金融危机》，海天出版社 2014 年版，第 206—207 页。

决反对欧洲中心主义，坚持全球主义历史观，否认现代性和后现代性。他的依附积累理论试图通过资本积累进程中依附性生产关系和交换关系来说明不发达国家不发达及其对发达国家依附的原因。他要建立的是超越任何种族中心主义，建构起一种真正整体的、普遍的、全球性的世界和全球性社会；第四，费尔南多·卡多佐和恩佐·法莱托主张把激进和改良的依附理论综合起来，在方法上，创立了不同历史时期和不同结构性条件使依附结构呈现多元化和特殊性；在理论上，则强调依附与发展是同一过程，既要看到发展的可能性，不要拒绝发展，也要看到不平等性和依附的矛盾，坚持通过发展摆脱依附；在政策上，主张对不同情况具体分析，找到各具特色的发展道路；在方向上，肯定落后国家通过依附于西方国家，可以在付出代价的同时获得一定的发展，不必要脱钩革命或依附改良，从而走出依附，实现发展。"[①]

　　但是，依附论崛起于 20 世纪 60 年代，到 20 世纪 70 年代后期逐渐失去了影响力。"不论是殖民主义论还是依附论，今天都没有多少人再相信了。在许多人，其中包括一些非洲人看来，用殖民主义解释不发达原因的说法早已失去追诉时效了……依附论在拉丁美洲盛极一时，且传播甚远，在第二次世界大战以后随那些新解放的殖民地的经济困境和政治意识而引起共鸣。冷嘲热讽的人也许可以把依附论说成拉丁美洲最成功的出口产品。然而它对于人们的主观努力和士气起消极作用。它养成光埋怨别人而无自责的不健康习性，加剧经济上的无能。即使它是有理的，也最好是把它收起来。正如后来成为巴西总统的依附论学者卡多佐自己所说，巴西没有别的选择。假如巴西不愿成为全球经济的一部分，那就无法竞争……这不是外界强加于我们，这是我们自己的需要。"[②]

　　3. 世界体系理论

　　世界体系论既是对经典马克思主义的折中与综合，又是依附论的直接延续。世界体系论于 20 世纪 70 年代在美国形成，主要代表是美国的学者沃勒斯坦（Immanuel Wallerstein）、霍普金斯（Ternce K. Hopkins）等。

---

　　① 孙国强：《全球学》，人民出版社 2014 年版，第 44—45 页。
　　② ［美］亨廷顿、哈里森主编：《文化的重要作用：价值观如何影响人类进步》，程克雄译，新华出版社 2010 年版，第 28—52 页。

这一理论认为："20 世纪以来全世界已纳入了资本主义的世界体系。国家、地区的经济只不过是世界经济的一部分，每个国家的发展都要受到世界体系的制约。原先封闭与孤立的许多民族国家越来越多地加入到了这一体系之中，其结果则形成了一个空前的世界性分工体系，它分为'核心'、'半边陲'、'边陲'三个国家等级，并各自履行着不同的经济职能。在这样的体系中，一个国家的机能越强，则它影响世界并增进自身利益的机能也就越强。处在'核心'地位的国家其机能当然比处在'边陲'的国家机能要强得多，因此，其对整个世界体系的影响也自然要强得多。根据沃勒斯坦的观点，世界体系自然就是资本主义世界体系，而且，处在这一体系中的三个等级的差异不可能消失，只会不断强化。任何国家都将不断地从内部发生变迁，以促进纳入世界体系的进程。这种从全球角度来考察当今现代化问题的观点，显然没有跳出'西方中心论'的偏见。"①

林战平对世界体系论对依附论的继承和发展前景进行了分析："在 20 世纪 50—70 年代，西方发展理论处于'经典现代化理论'（主流派）与'依附论'（非主流派）两极对峙的时期。随着冷战局势的瓦解以及世界经济一体化趋势的发展，不同的理论出现了相互借鉴和融合的趋势。世界体系论企图在超越的基础上实现主流派与非主流派的融合。经典现代化理论家主张现代化模式上的西化论，对第三世界国家走资本主义道路充满信心；依附论反对西化论，否定走资本主义道路的可行性。世界体系理论则一方面反对西化论，抨击西方中心论，与左派理论如出一辙；另一方面，它通过在依附论的中心——边缘的结构中加入一个'半边缘'，指出世界体系的流动性（中心国家可能下降为半边缘、边缘国家也可能上升为半边缘），从而论证了资本主义的长期性、稳定性和不可避免性，又与主流学派理论相通；在结论上，它认为资本主义的现代世界体系终将消亡，并被社会主义的所取代，另一方面它又宣布社会主义只是一个乌托邦。"②

沃勒斯坦将世界体系理论的发展与公民认同结合起来。"现代世界体

---

① 孙嘉明、王勋编著：《全球社会学：跨国界现象的分析》，清华大学出版社 2006 年版，第 57 页。

② 林战平：《中国经济转型研究》，山东人民出版社 2013 年版，第 29 页。

系的发展过程不是要消除团体，而是要它们附属于一种特殊团体的至上性，即公民集团。公民集团当然在总体上被等同于国家。原则上讲，在现代世界体系中，至少迄今 200 年间，每个人都是某个国家的一个公民，正常情况下仅是一国的公民。对这一通则有一些例外，但它们被视为非正常的。当然，该原则仍然适用。近来的问题不在于是否公民身份还会继续存在，是否还能获得忠诚，而在于它是否还能继续获得首要的忠诚。"①

4. 后殖民主义理论

"后殖民主义又称后殖民批判主义（postcolonial criticism），是 20 世纪 70 年代兴起于西方学术界的一种具有强烈的政治性和文化批判色彩的学术思潮，它主要是一种着眼于宗主国和前殖民地之间关系的话语。"代表人物有爱德华·赛义德（Edward W. Said，1935—2003）、霍米·巴巴（Homi K. Bhabha，1949—）、斯皮瓦克（Gayatri C. Spivak，1942—）等。后殖民主义理论认为，"发达国家尤其是美国凭借在殖民主义和新殖民主义时期积累的超强的经济实力和科技优势，高举'普遍主义'的大旗，在全球跨国教育、文化活动中，广泛推销其文化产品和文化价值观念，力图使处于弱势地位的国家、民族及其文化纳入一个由强势国家和民族及其文化所控制的同质的世界文化之中"。② 由此得出结论：推行世界公民教育实质是由发达国家向落后国家的单向输出。

后殖民主义赞同的是在各种文化之间不断进行转换，而且还要穿越它们以便存活下去。世界主义理念因为殖民经验和后殖民状况而得以再次滋生成长，为我们思索全球化时代的后现代和后殖民状况开出了一条新思路。政治动荡、战争、经济利益、社会不均等多种原因造成的移民世界是我们思考一种本土世界主义的立足点。边缘文化的遭遇和边界处多民族文化的碰撞与转换是我们当代培育世界主义理念的温床。霍米·巴巴对公民资格和叙述权的强调，都是将其理论背景置于当今全球化时代的多元流动社会，他的着眼点在于所谓自由主义社会中那些移位的、流

---

① ［美］特伦斯·K. 霍普金斯、伊曼纽尔·沃勒斯坦等：《转型时代：世界体系的发展轨迹：1945—2025》，吴英译，高等教育出版社 2002 年版，第 260 页。

② "后殖民主义"，2014 年 1 月 20 日，百度百科（http：//baike.baidu.com/link？url＝D-uHtxO6cVsCOeQF_ qKJYxd－3plDh0Z9Hnmx2oVcl0cQQVGyyLMuMyWN9wOrWEokFrPX6－T8SpolXnJ-vGkb－）。

散的、文化上无家可归又格格不入的少数族群体，亦即巴巴所谓的"第四世界"①。

后殖民主义中的身份/认同（Identity）、文化帝国主义（Cultural Imperialism）、混杂性（Hybridity）等关键词与世界公民教育息息相关。项贤明在分析了后殖民主义思潮后指出：就我国比较教育研究而言，如何回应后殖民主义思潮的冲击，并在反思中重新进行定位，逐步摆脱包括"西方中心主义"或"东方主义"在内的任何形式文化霸权的一元化宰制，通过自身的"文化自觉"和理论的"本土生长"实现真正的多元对话，是今后学科发展应着重思考的议题。②

### （二）挑战世界平等与正义：对立理论

"世界公民教育"的对立理论与对"世界公民教育"的批判理论不同，这些理论系统提出了从根本上与"世界公民教育"对立的理论及思想，试图重构当前世界的秩序，建立起新的弱肉强食的世界体系。

1. 轴心文明理论

轴心文明理论打破了世界主义强调的尊重不同国家和民族的文化差异，强调轴心引领人类发展。一直在试图树立及诠释美、苏甚至中国等若干极领导世界文明发展。"轴心文明假说同马克斯·韦伯有关西方现代社会起源的研究存在着内在联系，故自 20 世纪 60 年代后，它便引起了西方社会学家的广泛注意。70—80 年代，以史华兹和艾森斯塔特为首的一批社会人文学者对这一专题进行了数次大讨论，形成了被称为'文明动力学'的历史社会学新分支，而此前的研究，主要集中在轴心时代的起源即'发生学'方面。"③ 德国哲学家雅斯贝尔斯提出过"轴心时代"的观念。他说，"人类一直靠轴心时代所产生的思考和创造的一切而生存，每一次新的飞跃都回顾这一时期，并被它重新燃起火焰。轴心期潜力的苏醒和对轴心期潜力的回忆，或曰复兴，总是提供了精神力量。对这一开端的

---

① 生安锋：《霍米·巴巴的后殖民理论研究》，北京大学出版社 2011 年版，第 150 页。
② 转引自周琴《新殖民主义视阈下的比较教育研究》，《比较教育研究》2013 年第 4 期。
③ 朱鲁子：《人的宣言——人，要认识你自己》，北京交通大学出版社 2007 年版，第 192—203 页。

复归是中国、印度和西方不断发生的事情"①。汤一介教授则对西方学者
强调的中国担当的看法比较客观。他认为:"中华文化当下正面临着新的
复兴,我们正在从传统中找寻精神力量,以便创造新的中华文化,以
'和谐'的观念贡献于人类社会。"

2. 文明辐射理论

文明辐射理论与轴心文明理论有着根本不同,轴心文明理论主张由一
组复兴国家作为引擎,引领世界发展,并未强调文明及文化在不同国家的
叠加,而文明辐射理论基于本国意识形态,主张强盛国家在他国推行并复
制本国所谓"先进"的政治、经济、文化等模式。代表学者为弗朗西
斯·福山。

东欧风波的暴发,特别是苏联的解体,为意识形态的变化和知识分子
的发展提供了背景。在这种意识形态的变化和知识分子的发展中,弗朗西
斯·福山是"成就最高"的一位。他的《历史的终结及最后之人》充分
体现了美国人的富有代表性的世界主义理念。福山理论在意识形态上的弊
端是:严格地说,福山的《历史的终结及最后之人》是一部很不纯粹的
学术著作,意识形态宗旨才是这部书的本质精神或根本目的。简单地说,
《历史的终结及最后之人》的根本宗旨是:从历史上有关世界主义思想的
资源中选取有益于美国意识形态的东西,避开综合历史的学术价值和现实
意义,在"美国中心主义"的背景下推行所谓的自由主义,从而实现把
周边地区的文化提升到最先进的美国的"历史水平"。"福山认为,1806
年以后,罗伯斯庇尔—拿破仑已成为世界精神的象征,这种精神的核心便
是自由;此后的历史只是自由历史的完善与延续;东欧风波证明,社会主
义、集权主义没有出路,自由主义已成为人类历史最后的也是唯一的旗
帜,而且美国是自由主义国家的典范,因此美国人有责任用美国式的自由
主义(无论是用真实的还是虚拟的方式)来规范这个世界,由美国人来
书写当代世界史。福山的观点并没有什么新东西,只是东欧风波和美利坚
给他提供了两种不同的意识形态背景而已。正像对待历史一样,福山是在
用其左手打他的右手,即用世界主义打综合主义,从而为美国的意识形态

① 刘涛:《头等强国:中国的梦想、现实与战略》,中国友谊出版公司2009年版,第259—260页。

而奔走效劳。"①

　　3. 民族分裂主义理论

　　与轴心文明理论和文明辐射理论所倡导的由一个优势文明主导世界不同，当前存在着一股反对国家认同的思潮，主张民族分割到最小单位并分散在世界上，重差异而轻共生，以"民族自治"的名义，妄想进一步加剧种族分离，这就是民族分裂主义理论。这些运动与多元文化主义不同，希望通过暴力、恐怖手段实现少部分人的个人野心和利益。正如沃勒斯坦所说："今天，也有一些运动正提出类似的反国家宣传。一些已采取了宗教统一主义的形式，一些则重新提出种族分离主义的要求。问题并不是这些运动能否在短期内动员起大众，而是它们能否在中期为它们的成员实现暂时目标。在一些时候，这些运动将被用来分担政府的一些责任。如事实上经常发生的那样。在这一点上，它们满足预期的能力与其说是它们纲领或智慧的作用，不如说是世界体系提供给它们的结构可能性的作用。而正是后者在发生变化。在这种情况下，我们就处于另一个恶性循环：对旧的反现存体制运动和自由主义改良主义前景的幻灭，导致这种运动和国家的社会凝聚力都受到削弱；这为其他运动开辟了空间。这些运动也许会在当地取得成功，但却不能继续更好地为人类提供福利，这又将导致国家社会凝聚力的进一步削弱。我们目前似乎正处于这样一种循环中。"②

　　**（三）偏离与背叛：世界公民教育思想的畸形发展**

　　自19世纪以来，世界公民教育思想出现了畸形发展和不同的表现形式，这些思想承认有条件或片面的普世价值，对世界公民教育思潮的正常发展产生了消极影响，且随着全球化的深入，在某种范围和程度上愈演愈烈。具体可分为认同畸形、宗教畸形、语言（改良）畸形、环保畸形四种形式。

　　1. 民族认同畸形

　　明治维新后，日本向资本主义列强快速迈进，一些日本学者为了从种

　　①　于文杰：《论世界主义思想的历史形态》，《世界民族》2005年第6期。

　　②　［美］特伦斯·K. 霍普金斯、伊曼纽尔·沃勒斯坦等：《转型时代：世界体系的发展轨迹：1945—2025》，吴英译，高等教育出版社2002年版，第257页。

族上证明日本人血统之高贵，竟然去论证日本人种起源于白人。日本经济学家、历史学家田口卯吉（1855—1905）提出这样的观点：天孙人种（日本人的祖先）是白色人种，他们与（日本列岛的原住民）虾夷人和隼人混血后变成了黄色，因此，"应对黄种人的恶言恶语加以排斥"。进而，他在一个题为"日本人种之研究"的演讲中甚至这样说道："日本人没有必要承认自己是黄色人种。……我以为，最后是这样加以说明，即日本人实际上是高贵之人的私生子。"① 现实中，日本到今天都很难融入东亚甚至亚洲，其右翼教科书有关"大东亚战争"的史观受到了国际上的强烈反对。

两次世界大战前后，德国等一些国家受到民族主义潮流的冲击，力图将本民族公民变为世界公民，对具有本国国籍的犹太人进行了迫害甚至种族灭绝主义。犹太人因为坚持犹太教的教义，从公元 4 世纪罗马皇帝君士坦丁接受基督教以来就受到各种歧视和迫害。"第一次世界大战和 1917 年的俄国革命改变了整个世界，许多多民族国家分崩离析。在民族主义的背景下，犹太人成了不受欢迎的少数民族。1917 年至 1922 年，仅乌克兰地区就发生 1200 多次对犹太人的迫害，约 10 万人因此失去生命。"② 第二次世界大战中德国纳粹的反犹（anti-semitism）导致 600 万犹太人被屠杀。

2. 宗教畸形

"个别伊斯兰国家就说过，《世界人权宣言》保障的意识自由不应该包括改换宗教的自由。"③这显然是一种宗教普世主义的悖论。与圣保禄、奥古斯丁、夸美纽斯等人积极推行宗教为基础的世界公民思想不同，一些原教旨主义者（fundamentalism）妄想建立以本宗教为单一信仰的世界，例如天主教激进主义者、新教激进主义者、伊斯兰激进主义者。激进主义反对现代主义、自由主义和世俗主义，有极强的保守性、对抗性、排他性及战斗性。"当感到传统的、被人们理所当然地接受了的最高权威受到挑战时，对这种挑战毫不妥协，仍反复重申原信仰的权威性，对挑战和妥协

---

① ［日］橘玲：《（日本人）：括号里的日本人》，周以量译，中信出版社 2013 年，第 136 页。
② 沈青松：《一战后柏林曾是犹太人避难所》，2015 年 4 月 7 日，历史趣闻网（http://lishiqw.com/junshidangan/1843.html）。
③ ［加］威尔·金利卡：《多元文化的公民身份——一种自由主义的少数群体权利理论》，马莉、张昌耀译，中央民族大学出版社 2009 年版，第 120 页。

予以坚决回击，一旦有必要，甚至用政治和军事手段进一步表明其态度。"① 例如美国天主教激进主义者鲁道夫（Eric Rudolph）因为坚持基督教教义而引爆一家女同性恋酒吧，杀死曾在人流手术诊所工作的保安；伊斯兰激进主义提出了宗教政治化、政治宗教化，把希望建立的社会称作"乌玛公社"，而乌玛（Ummah）是伊斯兰最早政教合一的政权。

世界公民教育对于伊斯兰世界来说更加复杂。与基督教相比，伊斯兰原教旨主义者、"伊斯兰国"对异族的打击和报复更加极端。因此，美国《新闻周刊》建议："伊斯兰世界的许多地方必须改革教育体系，打击强硬派宗教学校，同时帮助年轻人为迎接现代世界做好准备。"②

3. 语言畸形

历史上，殖民地半殖民地国家希望在语言和文化上与宗主国家或先进国家看齐或接轨，并提出了一些极端的教育主张，采取了一些极端的教育措施，这显然违背了世界公民教育最基本的平等、共生的原则。

一方面，殖民地半殖民地国家用宗主国语言代替本民族语言成为官方语言或并列为官方语言，即使该语言与民族语言没有任何关联。殖民地半殖民地国家由于饱受资本主义、帝国主义压迫，渴望获得平等，增进不同国家之间的理解，因此在语言上追求世界语的学习，形成"泛罗马化"倾向，如西非、北非国家将法语列为官方语言，东非、中非、南非国家将英语列为官方语言。

另一方面，半殖民地国家试图改良本民族语言文字，希望与世界接轨。在中国新文化运动前后出现了这种思潮。1918 年 8 月，《新青年》发表了朱经农给胡适的一封信。信中把当时国内各种"文字革命"的主张归纳为四种：一是改良文言，并不废止文言；二是废止文言，而改良白话；三是保存白话，而以罗马文拼音代汉字；四是把文言、白话一概废了，采用罗马文作为国语。钱玄同、吴稚晖、李思纯等人赞成汉字罗马化。钱玄同要求用世界语（Esperanto），他也知道这很难一下办到，故建议在过渡之短时期中，采用"某一外国文字"如英文或法文"为国文之

① 陈麟书：《宗教观的历史·理论·现实》，四川大学出版社 1996 年版，第 521—532 页。

② 《西方好像回到 9·11 之后》，《参考消息》2015 年 11 月 24 日第 12 版，译自美国《新闻周刊》（News week）11 月 27 日（提前出版）封面。

补助"，同时限制汉文字数，以"减杀"旧文字的"势力"；对于输入新学问，则应"直用西文原书"。吴稚晖主张"采用一种欧洲文字作为第二国文"，并力推法语担当此任。李思纯认为，人类将来终归大同，故"世界用共同语言文字，至多不过数世纪后，便要实现"，而这种共通文字，"必以衍音文字为粉底"，汉字"必不能与世界公共文字相衔接"。因此，"费大力"制造中国拼音文字，只为"过渡"之用，实无必要；不如一边"保存汉字，救以注音"，一边"竭力推行各种的外国语"——英、德、法乃至世界语均可，以"使中国人的脑筋，渐渐地与拼音文字接近，造成了普遍化，自有一种彻底的解决在后"①。而辜鸿铭、康有为、梁启超等人对此坚决反对。

4. 环保畸形

环保的目的主要是保护人类和栖居在其上各种生命共同拥有的地球，但一些组织和个人却用激进的方法来强制环保，并通过所谓的"环保教育"对组织成员强制洗脑。如"绿色和平国际属激进型国际环境非政府组织，它们经常通过组织游行示威和现场抗议等较激烈的方法来保护环境。最激进的当数 1993 年成立于英国的环境解放阵线（Environmental Liberation Front）和 1980 年成立于美国的'地球第一'（Earth First!）。它们常常采用暴力手段阻止人类对自然，尤其是原始环境的破坏，因而被称为生态恐怖主义组织。20 世纪 80 年代，'地球第一'成员将长钉嵌入树木中以阻止森林砍伐。1998 年 10 月，环境解放阵线的成员为了保护猞猁狲（lynx）的栖息地，将美国科罗拉多的一个滑雪场纵火烧毁，造成 1200 万美元的财产损失，轰动一时"②。

---

① 王东杰：《解放汉语：白话文引发的语文论争与汉字拼音化运动论证策略的调整》，《四川大学学报》（哲学社会科学版）2013 年第 4 期。

② 王杰、张海滨、张志洲主编：《全球治理中的国际非政府组织》，北京大学出版社 2004 年版，第 300—301 页。

# 第 八 章

# 世界公民教育思潮的评价反思

## 一 研究结论

**（一）在肯定国家认同的基础上，世界公民教育思潮倡导多维度公民资格与认同**

通过分析，研究者对主要研究问题之一——"世界公民教育思潮是如何理解和处理国家认同与世界认同的关系"的回答是：世界公民教育思潮主要基于国家认同面向世界认同，开展公民教育。世界公民资格主要由国际组织和民族国家来赋予，民族国家主要接受多维度公民资格与认同。因为全球化的发展使得单一的认同不再可行："跨国认同与共同体正在形成，但其包括的边界、权利、责任太无形，成员资格、立场、人权等理念也不能保证公民资格的形成。"① 不过，从世界公民教育思潮的实践效果来看，国家、学校、教师还未把握好公民教育中国家认同与世界认同的尺度，在"基于国家认同面向世界认同"方面并未达到各方预期。

1. 世界公民资格主要由国际组织和民族国家来赋予

尽管世界公民教育已成为一种国际教育趋势，但世界公民教育的合理性却因为"世界公民"资格本身固有的问题而成为一个必须反思与探讨的问题。公民教育始终围绕现代国家的公民资格而展开，公民资格（citizenship）指作为国家和社会成员所必须具备的知识、能力、情感和态度，与民族国家紧密相连。而在世界公民教育中，对于谁来赋予我们"世界

① John Gaventa, *Globalizing Citizens: New Dynamics of Inclusion and Exclusion*, London: Zed books, 2010, pp. 9 – 10.

公民"资格，国际组织、各国政府及学者们没有给出确切一致的解释，这导致了在世界公民教育实践上的多元与多样性。

"世界公民"资格（global/world citizenship）指作为"世界公民"必须掌握的全球性知识、反思协作的能力、关心宽容的情感和坚持正义的态度，包含世界公民的权利、义务、参与、载体等方面，蕴含着共生、关怀、尊重、包容的价值理念。不过，以公民资格的核心要素与"世界公民"资格比照，便会发现"世界公民"资格在权利、义务、参与等方面存在诸多需要研究解决的问题。欧百伦（Darren. J. O'byrne）从成员资格、权利、义务、参与四个方面分析了公民资格由民族国家到全球的转变。从表《从国家到"世界公民"资格构成的转变》可以看到："世界公民"资格中"成员身份"维度中"多元文化"缺乏全球统一的认同标准，"权利"维度中"人权"只能由各缔约国分别保障，联合国下设的国际法庭发挥的作用有限；"义务""参与"维度在现实中很难同时满足全球与国家的需求。不具备"世界公民"资格，哪来对"世界公民"的教育？

**表 8.1　　　　　　　从国家到"世界公民"资格构成的转变**

| 要素 | 民族国家 | 全球 |
|------|----------|------|
| 成员资格 | 主张社会同化者<br>民族建构 | 多元的<br>多元文化的 |
| 权利 | 公民自由 | 人权 |
| 义务 | 民族国家的利益 | 全球主义<br>环保主义 |
| 参与 | 代议制<br>自由民主制 | 信息社会<br>激进民主 |

资料来源：Darren. J. O'byrne, *The Dimensions of Global Citizenship*: *Political Identity Beyond the Nation-state*, London: Frank Cass&Co. Ltd, 2003, p.213。

通过对世界公民资格观的分析，对于"谁来赋予我们'世界公民'资格"问题似乎有了一个不太成熟的答案：应然状态是等到全球文化与价值观统一时，由世界政府来赋予我们；实然状态是在多元文化与文明的交流融合中，由民族国家在法律上赋予我们国家公民资格，由国际组织和民族国家在认知、态度、情感等方面倡导我们以"世界公民"资格去思考和实践。

2. 国家仍是世界公民教育思潮的主要载体，首先应培养合格的国家公民

世界价值观调查（World Values Survey）是一项非营利性的包括 200 多个问卷项目的全球性调查，定期在全世界就个人态度和信仰进行随机抽查。一次调查的抽查对象来自 55 个国家，调查的是各国人民的本地、国家和全球意识。世界各地的结果都差不多，结果表明国家意识比其他意识强得多。大家首先认为自己是本国的公民，然后是当地社区的一员，再次才是"世界公民"。唯一的例外是暴力事件频发的哥伦比亚和安道尔共和国，那里的人认为他们首先是世界公民，其次才是他们国家的公民。① 民族国家依然是公民可以产生直接影响的主要政治空间。但实事求是地讲，公民对依靠公民选票来赢取连任的政府产生的影响，可能超过各国政府或者国际组织的影响。这说明，公民既能够在国内又能够越过国界参与活动。人们能坚决认为"国家公民身份和国家政府对我们很重要，在很大程度上是因为，它们变成了我们可以对国家中的国际性社区施加影响的手段"②。

林尚立认为："现代国家认同是在现代与全球化所构成的大时空中存在的，不仅认同的主体拥有这样的大时空，国家实际上也拥有这样的大时空。在这样的大时空中，人与国家都经历了多重的现代化和全球化洗礼，因而不论是认同主体对国家的选择，还是国家对认同主体的接纳，都不再局限于特定的族群、文化、宗教、制度所形成的规定性，它们之间是相互开放的系统。冷战结束后，网络化的拓展与深化，进一步促进了这种相互开放。在这样的大背景下，任何社会的现代国家认同建构，不论是从国家来讲，还是从个人来讲，除了有赖于不可缺少的公民教育之外，在很大程度上还有赖于国家建设的整体水平。对于日益全球化和网络化的现代公民

---

① ［美］丹尼·罗德里克：《全球化的悖论》，廖丽华译，中国人民大学出版社 2011 年版，第 192 页。

② ［英］奥黛丽·奥斯勒、休·斯塔基：《变革中的公民身份：教育中的民主与包容》，王啸、黄玮珊译，教育科学出版社 2012 年版，第 25 页。

来说，国家内部体系的合理性与国家在全球体系中的独特性与先进性，必然日益成为决定其国家认同取向的重要因素。"①

周平指出今天不是抛弃民族国家的时候。人类社会仍要采取国家这样的治理形式，民族国家仍然是最为有效的治理形式，人类仍然处于民族国家时代。从这个意义上说，弱化国家认同而形成的对民族国家体制的冲击，将会影响到人类社会的有效治理，进而影响到全球治理，也必然会削减人类的福祉。"国家并不是人类与生俱来的政治形态，但却是人类迄今为止创造的政治形式中最为有效的 种。人类必须以社会的方式生存和发展，人是社会性的动物。而人类社会要正常的运行并获得发展，就离不开国家这样一种治理形式。人类必须生活于国家之中，并在不同国家中结成有形的政治共同体。与此同时，人类又在交往中结成了作为历史文化共同体的民族，形成了不同的民族共同体。人类由于交往的需要而形成的人群共同体，相对于人类社会由于治理的需要而构建的国家或国家共同体来说，既不具有优先性，也不具有至上性"②。

翟艳芳认为："国家公民与世界公民所要求的素质从根本上是一致的，保持公民的'双重忠诚'并非不可实现。首先，要秉持正确的国家利益观。国家利益和人类利益从根本上说并不矛盾。国家是个体利益实现的基本单元，国家正当利益的实现往往能够增进人类的福祉。"③

当今世界是国际组织与国家间以及"天下大同"④ 理念与"和而不同"⑤ 思想的冲突、较量、融合之间不断博弈的过程，推进世界公民教育和国际理解教育任重道远。"'和'并非简单的划多为一，而是强调理解与尊重、宽容与共识（比如，底线伦理、普世伦理、全球伦理等层面，或者其他层面的共识），'不同'则凸显个性与差异。'和'与'不同'两者并不是处于对立的两极，'和而不同'既能在客观上保持个体公民的

① 林尚立：《现代国家认同建构的政治逻辑》，《中国社会科学》2013 年第 8 期。

② 周平：《全球化时代的民族与国家》，《学术探索》2013 年第 10 期。

③ 翟艳芳：《全球教育的理念与实践》，博士学位论文，华中科技大学，2010 年。

④ "天下大同"是中国古代思想，指人类最终可达到的理想世界，代表着人类对未来社会的美好憧憬。基本特征为人人友爱互助，家家安居乐业，没有差异，没有战争。在现代又体现为世界范围内的政治、经济、科技、文化、教育相互融合的思想。

⑤ "和而不同"出自《论语·子路》，意为和睦地相处，但不随便附和。中国的很多比较教育学者对这一思想认可并应用到比较教育的理论和实践中。

多样性，又可在客观上具有强大的国家认同的凝聚力。"①

3. 民族国家主要接受多维度公民资格与认同

总体来看，世界公民教育思潮倡导的是多维度公民资格与认同，民族国家也由单一接受国家认同转向接受多维度公民资格与认同，以应对全球化的挑战，培养兼具爱国情怀和世界眼光的公民。香港大学教育学院副教授罗永华就指出："支持全球主义者认为，尽管全球化冲击了本国的制度、价值观、文化和认同，但它同时促进了民主和共同消费文化的发展。事实上，没有国家仅接受世界公民，相反，这些国家更认同的是多层次／多维的公民。"② 德里克·希特建立了四种层级的公民身份："最明显的情况是联邦宪法所实行的双重公民身份，个体既是较低层次的联邦成员单位（州）的公民，也是较高的联邦层次的公民。欧盟是一种尚没有发展成熟典型案例，我们可以把它称之为半联邦制，它的权力从中央政府下放到了地方自治单位，并且建立起了一种超国家（supra—state）的公民身份。层级公民身份的第三种情况是，承认在次国家（或者次州）一级，即城市或乡镇一级，公民享有额外的关系，我们把它称之为城市公民身份（municipal citizenship）。最后一个层次或许会引起某些争议，那就是超国家层级上的世界公民身份。"③ 同时，一些具有较大开放性和包容性的国家更能支持多维度公民资格与认同："一个成熟的民族国家有能力包容一定的文化交流，然而所有人都能有意识地分享一种气度宏大的民族性。举例来说，在美国，纽约人、加利福尼亚人以及得克萨斯人、新教教徒、天主教徒、犹太人、黑人、拉丁裔美国人及白人，由于文化的民族性附着在他们原有的地域、宗教和种族的特性之上，甚至更加重要一些，所以他们都有一个不可动摇的信念，即他们是美国人。类似地，那些宣称是世界公民的人，由于受到他们的出身及生活的影响，仍保留着自己的民族认同感，我们也没有理由去怀疑他们的真诚性。民族认同感逐级消退，使得作

---

① 王海莹、吴明海：《论"多元文化主义"视阈下的世界公民教育》，《民族教育研究》2011 年第 6 期。

② Wing-Wah Law, "Citizenship, Citizenship Education, and the State in China in a Global Age", *Cambridge Journal of Education*, Vol. 36, No. 4, December 2006, pp. 597 – 628.

③ ［英］德里克·希特：《何谓公民身份》，郭忠华译，吉林出版集团有限责任公司2007年版，第 119 页。

为'地球居民'的认同感日益增长，用查丁（Teilhard de Chardin）的话来说，这事实上越来越容易了。"①

不过，我们也应当对多元认同导致的认同边界的模糊保持警醒："现在，公民被希望忠诚于自己的国家，忠诚于自己所在的州或者地区，忠诚于自己的城市，忠诚于自己身处其中的公民社会。在欧洲，还希望忠诚于欧盟。或许还要求忠诚于地球？要满足这些要求，必然要求一种最广义意义的忠诚。若个人所忠诚的对象能够彼此相安无事，那一切都还好办。但如果情况并非如此呢，就如小石城学校（the Little Rock school）取消种族隔离所导致的后果那样？在这些彼此冲突的忠诚要求之间，公民应当如何选择？公民首屈一指的感觉，或许就是困惑。认同自己的民族国家是容易的事情，通过求助于传统和各种象征，民族主义就有这种强大的威力。但是，当个人被要求认同如此众多的统一体，而且这些统一体都承载着公民的忠诚时，情况就不再那么清楚明了。当前，超国家层面的机构和议程日益要求有更高忠诚，这种忠诚与传统强有力的民族纽带彼此竞争，在这种情况下，问题也就变得彰显。这种顾虑导致对建立超国家层次的公民身份的强烈反对。这大概可以划分两种类型：第一种涉及个人的态度；第二种涉及多民族/世界公民身份与既存的国家体系之间的关系。"②

**（二）从人类利益共同体的角度看，世界公民教育思潮是一种值得借鉴并且可以本土化的思潮**

研究者对主要研究问题之二——"世界公民教育思潮主张的世界公民教育是否现实可行"问题的回答是：当前社会思潮和教育思潮纷繁复杂，虽然不存在普世价值，但世界公民教育思潮强调人类利益共同体，是一种值得借鉴且可以本土化的思潮。应当结合人类利益与国家利益，开展世界公民教育。如果世界公民教育思潮的主要载体——民族国家可以找到人类利益与国家利益恰当的结合点，就可以开展有影响、有实效的世界公

① ［英］德里克·希特：《公民身份——世界史、政治学与教育学中的公民理想》，郭台辉、余慧元译，吉林出版集团有限责任公司2010年版，第267页。
② ［英］德里克·希特：《何谓公民身份》，郭忠华译，吉林出版集团有限责任公司2007年版，第153页。

民教育，培养既适合国家发展又为世界和平、和谐发展做出贡献的公民。

1. 不存在普世价值

"无论是在理论上还是在现实中都不存在一种'普世价值'。因为主体的人对于客体能否满足自身需要以及满足的程度的价值认识总是具体的，因人而异，也总是历史的，因时而异的。同时，在阶级社会里，人们的价值观念不可避免带有一定的阶级性，打上阶级的烙印，特别是系统化、理论化的价值观。根本不存在一种适合一切人、贯穿一切时代的普世价值。普世价值是一个虚构的哲学概念。"[1]　"以'人权高于主权'为口号，实现西方价值观上的'强制认同'，是制造认同危机的重要手段。'西方与东方'、'进步与落后'、'文明与野蛮'、'中心与边缘'、'强势与弱势'的一统天下和二元切割，是优势国家道德和仁义的幌子，进行所谓的'人道主义干预'，以'文明'、'进步'的价值理念自居，强制推动西式意识形态的普世替代。"[2]

文化相对主义是反思普世价值的一种方式。文化相对主义者持有价值观只有在某一特定文化中才有意义的观点。因此，所谓"绝对的文化中立价值观"的概念是自相矛盾的。由此断定，一种文化的价值体系不能被理性地认为绝对比另一种文化优越，因为没有一种文化中立的立场仅仅是从"异文化价值观可以理解"的哲学角度获得的，更不必说能容许基于绝对价值观的标准来公平地比较和理性地判断。[3]

正如沃克所说："反思一下当今世界的各种事件，我们就能知道，如'他人的权利'，'尊重与仁爱'这种普遍接受的观念，不同文化有不同的阐述。即使是'真理'和'民主'的含义也因文化不同而改变。南非真理与和解委员会界定了四种真理：客观事实真理、叙事真理（包括'认知，故事及传说'）、社会真理（由讨论或辩论产生）和恢复性真理（通过确保受害者的经历得到公众认可来治愈他们）。它曾对民主进行大胆的预言：'从现在起，民主的价值将成为人类共同遗产的一部分。'这种共

---

① 汪亭友：《打破西方宪政的"普世"迷思》，《中国社会科学报》2013 年 6 月 10 日 A05 版。
② 詹小美：《民族文化认同论》，人民出版社 2014 年版，第 218 页。
③ Zaw. S. K. , *In Public Education in a Multicultural Society*, Cambridge：Cambridge Universtiy Press, 1996.

同遗产应该受到保护，因为它十分脆弱，而且在民主的进程经常面临倒退的趋势。这让我们更专注于思考国际教育工作者面临的可能是最严峻的挑战：对于其他族群的人的行为，我们怎样做出合理假设？本质上也就是，我们应有什么样的共同价值？"① "理解另一文化群体的价值是一个充满挑战的过程；实际上，文化相对论主义者认为不可能做到。但是，当我们看到塔利班人不让女孩受教育；当我们看到印度母亲选择流产女婴；当我们看到在许多非洲国家女性割礼仪式仍然盛行；当我们看到在美国，枪支仍未受到严格管制，我们还能缄默不语吗？我们必须迈出第一步，去理解为什么这些族群的人仍然相信这样的做法对文化认同，甚至是文化存亡尤为重要。我们可以将这种做法称为'相互理解'，但是理解并不等于认同。我们不必接受文化相对主义者的这种观点，他们最终认为，所有的一切，包括食人和献祭均有其存在的价值。但是只有在理解的基础上，合理的批判才能进行下去。一位约旦青年教师发表了一篇声明，详细阐述了在西方资本主义发动的经济竞争下，全世界很多人认为他们只有对自己的文化价值进行妥协才能获得胜利，他们经常感到失落、后悔、没有把握。如果他们要避免本国文化灭绝，他们就没有选择只有竞争，但竞争的性质和需求看起来又威胁他们一直寻求保护的文化认同。我们已经意识到，那些用来描述人类基本价值的词汇在不同文化中有不同的阐述。我们也意识到，同一价值在不同文化中有不同的地位，比如说，有些文化认为忠诚比诚实重要，还有一些文化认为经济存亡大过人权。如果对于某一价值词汇的定义我们都很难达成一致，那么我们还能树立原则，进而推行可接受的行为准则吗？鉴于问题十分复杂，也就不难理解国际协议很难达成，但这并不是可以接受现状的理由。如果我们发现普世价值的概念很难约束，我们也就能接受人类普遍生存状况的某一点是应该质疑、该挑战、有待提高的。就算其他人采用了一种价值，所有人也都有自由拒绝这一价值。"②

"所谓的普世文明，不过是一种自我宣称式的特殊文明，是特殊文明当中一种过度膨胀的自我意识，当普世文明还原到欧洲的具体历史语境之

---

① George Walker, *Educating the Global Citizen*, Suffolk: John Catt Educational Ltd, 2006, p. 92.

② Ibid. , p. 100.

后，它只是西方文明的特殊表现，是西方文明在全球扩张过程之中人为建构的历史神话。"①"从私有财产、主体性、法制、市民社会、公共空间、宪政国家，一步一步推到国际法，然后推到世界历史，然后反过来以世界历史的方式，以普遍性的名义来为自己的特殊道路和特殊利益作辩护。"②

亨廷顿（Huntington Samuel P.，1927—2008）的"文明的冲突"理论与全球治理理论、多元文化主义理论有着共同滋养的思想土壤。他断定相当长的时期不会有普世的文明而是多元文明共存，因此必须加强各文明、各民族公民的相互了解。亨廷顿于 1993 年在美国《外交》季刊上发表了知名论文《文明的冲突？》，提出"冷战后时代世界冲突的根本原因将不再主要是意识形态因素或经济因素，主要的全球性政治冲突将发生在具有不同文明背景的国家和集团之间；人类的最大分歧和冲突的主导因素将是文化方面的差异，文明的冲突将主宰政治，文明的差异将成为未来的战线。即认为冷战后世界政治冲突的主线将是'文明的冲突'，当下世界不稳定的主要根源在于不同文明间的摩擦与冲撞"③。亨廷顿明确区分了两种对普世文明的阐释："一种是在意识形态冷战或者二元式的'传统与现代'分析框架之中，将普世文明解释为以西方为典范的、值得各非西方国家共同仿效的文明，另外一种是在多元文明的理解框架之中，普世文明乃是指各文明实体和文化共同体共同认可的某些公共价值以及相互共享与重叠的那部分社会文化建制。"④

苏国勋等人则认为"全球主义"本身就是一个相当武断、带有绝对意涵的偏颇概念。首先，它表征着一种市场意识形态，并为国际货币基金组织、世界银行和八国集团这样一些国际金融寡头机构所掌控，通过世界贸易组织（WTO）而操纵世界市场；其次，它还意味着全球自由贸易的原则，并且以同样的普遍模式规定了人权的标准以及单一的历史变迁和文

---

① 许纪霖：《普世文明，还是中国价值？——近十年中国的历史主义思潮》，《开放时代》2010 年第 5 期。

② 张旭东：《全球化时代的文化认同：西方普遍主义话语的历史批判》，北京大学出版社 2005 年版，第 18 页。

③ 夏东民：《评亨廷顿的文明冲突论——兼论利益冲突是世界冲突的根本原因》，《苏州大学学报》（哲学社会科学版）2004 年第 3 期。

④ ［美］亨廷顿：《文明的冲突与世界秩序的重建》，周琪等译，新华出版社 2010 年版，第 43—45 页。

化演进的准则；最后，全球主义还指代着一个全球规模的市场化秩序，在其中"赢得"冷战的美国充任道义上的总管和维护安全的警察。因此，全球主义意味着正在被全球化的，乃是美国版本的资本主义及其固有的世界主义（cosmopolitanism）的意识形态，其中充斥着"帝国""霸权"的味道，往往引起人们的反感。① 中国学者自信地指出："中国道路的成功证明了通往现代化并非只有华山一条路，所谓'全球化＝西方化''现代化＝西方化'不过是西方编造的神话；中国道路的成功将西方的'普世模式'还原为地区性模式，人类开启了一个没有'普世模式'的多元化时代。"②

2. 世界公民教育思潮强调人类利益共同体

尽管不存在普世价值，但人类共同利益需要得到各国契约式的保护。世界公民教育思潮强调人类利益共同体。正如入江昭所说："如果不存在普世的人权或者普遍的对保护自然栖息地的承诺，那么由世上的男男女女组成的、具有共同利益从事共同事业的全球共同体，又是如何发展出来的呢？是不是这个共同体本来就只是一个概念？是不是这个理念本身也是一种霸权，是主导文明将这一概念强加给世界其他文明的？如果全球正变得日益分裂，分化为各个自我界定的文化，并有着各自的地方忠诚，那还应该尝试着在不同文化间进行交流和对话吗？一个文化多元的世界是否能容下一个国际市民社会？"③ 发展中国家也在逐渐转向，由"全盘接受/全面批判西方价值观的世界公民教育"到"培养全球责任的世界公民"，由西方化世界公民教育逐渐转向全球共同体的世界公民教育。

2001 年在法国里尔召开的世界公民大会上宣读的《人类责任宪章》（草案）就指出："目前，国际格局大体依靠两个支柱：一个是《人权普遍宣言》，强调个体尊严与他们的权利维护；另一个是《联合国宪章》，强调和平与发展。这两个支柱在其设立的范围内，促进了国际关系方面无可置疑的进步。然而，在过去的五十年中，世界发生了巨大的变化，今天

---

① 苏国勋、张旅平、夏光：《全球化：文化冲突与共生》，社会科学文献出版社 2006 年版，第 76 页。

② 韩庆祥、陈曙光：《中华民族伟大复兴的世界意义》，2016 年 5 月 5 日第 7 版。

③ ［美］入江昭：《全球共同体：国际组织在当代世界形成中的角色》，刘青等译，社会科学文献出版社 2009 年版，第 155 页。

的人类面临着许多新的挑战。因此，这两个支柱已不足以承受未来的变革。第三个支柱，即地球宪章的想法开始萌芽，它重视调整人类与生物圈的关系。在 1972 年斯德哥尔摩的世界环境大会上，这一想法被第一次正式提出。1992 年里约热内卢的地球高峰会议再次提到这一主题，然而，没有产生任何宪章，因为在如何表述这个世界所面临的挑战上，各政府间无法达成共识。不过，自此以后，各种各样的宪章文本在国际公民社会中纷纷酝酿而出。"① 这一百花齐放的情形本身表明了，人们意识到建构这一第三支柱的前所未有的紧迫性。

《人类责任宪章》（草案）提出了一个全人类思考的共同问题——责任可否是普遍原则？答案是既是又不是。"我们可以在所有的人类群体中找到伦理意义上的责任概念。然而，在如何承当责任的方式上则各有不同。比如在有些社会，责任通常是由群体中的一人独当，而非由提出动议的某个成员承当。在各种不同的条件下，人们对自我行为承当责任的实践方式也就各有春秋。而且，在如何赋予责任意识以合法内容上，文化差异是相当显著的。人类今天所面对的危机要求我们越过这些差异。正如世界各国纷纷接受了人权的理念，现在应该是人类责任的理念发扬光大的时候了。换言之，任何世界范围的合作或世界治理，都不能缺少一定的普遍原则。而且，无论这些原则始于何处，它们都能使整个人类受益。"②

《人类责任宪章》（草案）阐述了人类对于生命本身的责任："我们的时代面临着广泛的社会和环境危机，以至于赌注被直接压在天赋生命的保护之上。生命并非由人类创造。人类只属于万千生命中的一部分。生命，神秘奥妙，生息与共，在大自然里，在人性中和在生命之间延续。挽救生命的多样性，已成为人类的共同责任。这就是为什么，一个基于这种认识的宪章从严格意义上说是普世的，它关乎一切显见的和隐形的存在。宪章包含了某些人类理解和管理能力之外的现象，而人类整体对这些现象却又是有责任的。从这一基本责任出发，为其他民族和别种生命类型开辟和保

---

① 世界公民联盟参与过拟订的草案有：《全球伦理宣言》，由世界宗教议会（PRM）于 1994 年在芝加哥起草；《普遍伦理草案》，由联合国教科文组织（UNESCO）的伦理哲学部修改；《人类责任普遍宣言》，1997 年在维也纳由互动议会（ICC）起草，参与者为 25 位政要；《地球宪章》，由地球议会（CT）和国际绿十字协会（CVI）联合起草。

② 世界公民联盟：《人类责任宪章》，里尔，2001 年 12 月 1 日。

留一块空间便成为必要。分担责任的方式虽然千变万化，而对其他民族和别种生命的保护却构成了对生命本身的整体保护。"①

我们应当努力建立人类命运共同体，而不是局部共同体。正如滕尼斯在《共同体与社会》中指出的："当社会矛盾激化后，共同体便成为人们寻求发展的主要出路。所谓共同体与社会的分水岭在于，在社会中充满了矛盾与冲突，人生活在矛盾之中，被迫忍受生活的折磨；而在共同体中，一切矛盾、冲突都被化解，人与人生活在和谐、自然的关系中。每当社会矛盾激化、尖锐时，'共同体'与'社会'的命题就被提出来。"② 在世界呼唤建立人类命运共同体的同时，我们应当避免出现局部共同体分割独立的情况，历史告诉我们，这样的以民族自决的名义建立的局部共同体发展轨迹并不乐观，例如"一战"后的德国魏玛共和国。魏玛共和国的民主基础是脆弱的，十余年后便被法西斯政权所取代。"导致纳粹上台的不是民主制度本身，而是当时的德国人的政治观点多是从个人处境出发，对他人的权利漠不关心。他们没有社会公民意识。希特勒非常懂大众心理，他争取他们支持的办法不是提高福利，而是增强他们翻身解放的意识。社会福利的增加毕竟是有限度的，而平等甚至在政治上比他人优越却能使普通人获得幸福感，哪怕他们的生活并不是太好。事实上，那时的德国人渴望的从来不是自我实现的自由，而是想要摆脱'自由选择的可怕负担'（陀思妥耶夫斯基语）。从一个习惯于凡事自主的美国人的角度看，这些普通德国人缺少的其实是公民意识和勇气：一种能够使人既不被统治也不统治别人，而是能够自我统治的勇气。"③

民族国家团结必须有共同的利益。"本来属于统一的民族，由于历史的发展，常常分解为不同的部分；而原来属于不同民族的人员，又往往由于政治、历史以及经济的变动被共同利益联系在一起，重新结合为一个新的民族。"④ 恩格斯在分析了"欧洲最近一千年来所经历的复杂而缓慢的历史发展的自然结果"⑤ 后指出："差不多每一个大的民族都同它的本身

① 世界公民联盟：《人类责任宪章》，里尔，2001年12月1日。
② 李伯杰：《三个德国人，必有一社团》，《读书》2015年第10期。
③ 景凯旋：《他们为什么支持希特勒》，《读者》2015年第23期。
④ 詹小美：《民族文化认同论》，人民出版社2014年版，第85页。
⑤ 《马克思恩格斯全集》第21卷，人民出版社2003年版，第225页。

的某些处于边远位置的部分分离，这些部分脱离了本民族的民族生活，在多数情况下参加了某一其他民族的民族生活，以致不想再和本民族的主体合并了。瑞士和阿尔萨斯的德意志人不愿再合并于德意志，就像比利时和瑞士的法兰西人不愿在政治上再归附于法国一样。"① 这就更加证明了一个真理："要使各民族真正团结起来，他们就必须有共同的利益。"② 同时，新兴民族国家一定程度上也促进了人类共同体的形成。新兴民族国家由于没有民族分裂之忧，在发展的同时就需要与其他民族国家和国际组织携手合作，促进本国政治、经济发展，这又推动了全球化的发展，促进人类共同体的形成。"与欧洲一体化相比，去殖民化和国家建设更显示出自身发展的活力。这些现象也是全球化的一个方面。将原先统治地球大片地区的帝国分割开来，建立一系列独立的新国家，这看起来似乎是分裂而不是整合国际共同体，但各地区去殖民化背后的精神却暗合了《联合国宪章》前言的主旨，即'民族自决'的原则。只要有新国家是在这个被认为普世的原则之下诞生的，去殖民化就会有助于世界的整合。这就是温德尔·威尔基在《一个世界》中描绘的图景。由于新兴独立国家拥有同样的愿望，它们联合起来将会对全球共同体的诞生做出贡献。"③

3. 世界公民教育思潮是一种值得借鉴并且可以本土化的思潮

一个文明国家随着经济的发展和社会的进步以及思想的开放，对一种新的思潮有一种认识过程和适应过程。世界公民教育思潮客观上促进了全球理解、合作、共生，以及世界公民意识的形成，是一种值得借鉴并且可以本土化的思潮。"一个国家教育制度的形成，受世界格局和国际环境的制约，教育政策和实践往往是由国家以外的力量决定的。"④ "指导思想、话语体系、中国传统哲学是本土化研究的核心体现。"⑤

全球化与本土化也可以相互促进。"全球化与本土化之间会存在一种

① 《马克思恩格斯全集》第 21 卷，人民出版社 2003 年版，第 225 页。
② 《马克思恩格斯全集》第 4 卷，人民出版社 1960 年版，第 409 页。
③ ［美］入江昭：《全球共同体：国际组织在当代世界形成中的角色》，刘青等译，社会科学文献出版社 2009 年版，第 70 页。
④ 蔡婷婷、丁邦平：《西方比较教育研究现状及其对我国的启示》，《外国教育研究》2006年第 4 期。
⑤ 商秀梅、陈时见：《中国大陆比较教育学科体系研究的内容分析》，《比较教育研究》2008 年第 2 期。

不断进行的正反合的互动关系。在全球化与本土化的互动关系中，从全球脉络中比较各国的教育现象，一方面，是从全球脉络来理解以达到对本国教育现象的深入理解；另一方面，从本土观点来研究本国教育，并从全球与他国的经验中获得反省与借鉴，追求本土特质的发挥，以提供本国教育决策者建议以改善本国教育。"①

当前多数世俗性国家积极推行公民教育且赋予了基于本国文明及文化基础上的本土内容。要实现世界公民教育"本土化"就要做好"创生"与"再生"工作。世界公民教育"本土化"主要指世界公民教育内容及实施过程中体现各国主导的适合本国国情，彰显本国文化、体现文明特色的教育政策、教育行动和教育理论及其效果。"本土化"的重点在于"创生"。仅仅对本国传统文化进行扬弃是远远不够的，还必须应对全球化和世界公民教育思潮，在已有基础上有所突破，再生出原来没有的新的政策、措施、理论。这些需要各国在开展世界公民教育实践中，以学校为核心，以各级教育行政部门为督导，以高校和研究机构为理论支撑，以非政府组织为辅助，动员社会、家庭、教师和学生共同参与。

### （三）世界公民教育思潮的五项主要特征

1. 从思潮的影响范围看，是一种在发达国家大型、发展中国家中型的思潮

关于世界公民教育的讨论在发达国家持续升温，但在发展中国家却没有得到普遍的回应。一方面，从数据统计分析来看，表《相关论文撰写国家》表明发达国家发文篇数占绝对比例。另一方面，从世界公民教育研究者来看，"西方公民资格的概念已经日臻完善，现在需要创造新的公民资格概念来使发展中国家的糟糕的公民概念变得更好。进一步来说，发展中国家和发达国家开展的世界公民教育不同"②。

思潮从影响范围划分可以分为"最大型思潮、大型思潮、中型思

① 洪雯柔：《全球化与本土化辩证中的比较教育研究》，博士学位论文，台湾暨南国际大学，2002 年，第215 页。

② Lynette Shultz, Ali A. Abdi and George H. Richardson, *Global Citizenship Education in Post-secondary Institutions：Theories，Practices，Policies*，New York：Peter Lang, 2011, pp. 2 – 3.

潮"。显然，世界公民教育是一种在发达国家大型、发展中国家中型的思潮。最大型思潮的特点是在世界范围内有着广泛影响，且持续时间较长。作为一种新兴思潮，世界公民教育思潮显然不能达到封建皇权思想，西方资产阶级民主、自由、平等思想，西方科技思潮等最大型思潮的影响范围。

对于发达国家来说，作为全球化的受益者，其经济社会发展到一定程度时也会面临新的全球性问题和挑战："罗马俱乐部在 1972 年提出的许多'世界性问题'，在当今世界不但仍然存在，而且往往不受政府控制。比如，以 9·11 事件为代表的恐怖主义、席卷全球的环境污染、肆虐全球的艾滋病、横跨几大洲的禽流感等流行病以及突如其来的东南亚海啸，这些问题既不是某个国家或者政府发起的，也不是仅仅靠军事实力和经济实力就能够解决的……更令人深思的是，面对这些新的全球性问题，无论一个国家的实力有多强，也都无法单枪匹马地予以解决。因此，人类迫切需要'全球治理'。全球治理需要建立与全球化相一致的文化和教育。"① 因此，"当社会矛盾运动达到某种程度，猛烈地刺激了人们的心理，诱发原有社会心理的分裂，并由此重新组合形成一定范围内人们的共同心理趋向时，这种新的心理趋向与相应的社会意识形态相结合，就往往演变成得以广泛传播与响应的思潮"②。大型思潮的特点是在一定地区、一个国家或一个民族范围内，在一定历史时期对大多数人有着较大影响。例如现代人本主义哲学思潮、新正统派神学思潮等。所以，当前发达国家的公民科及公民教育课程内容大都包含世界公民教育的内容，在发达国家属于大型思潮。

对于发展中国家来说，国家和公民所面对的主要是经济发展、社会进步和生活稳定的问题，"仓廪实而知礼节，衣食足而知荣辱"，经济基础决定上层建筑，发展中国家的公民教育主要是促进本国经济发展的国民教育。"一般说来，一种思潮是否能产生较大的社会影响，取决于两个因素，一是在一定的时间和空间内，执政当局对它所采取的态度；二是在特定的时间和空间内，这一思潮与社会现实的契合程度。如果执政者的态度

---

① 张民选：《国际组织与教育发展》，上海教育出版社 2010 年版，第 35—37 页。

② 毕红梅、李东升：《当代西方思潮与思想教育》，武汉华中师范大学出版社 2010 年版，第 2 页。

是赞同和支持的，而且这一思潮也契合当时的社会现实，这一思潮就会产生较大的影响，反之则不然。"① 中型思潮的特点是在一个国家内的某些领域内，在一定阶级或阶层内，对相当部分人有着较大影响，或者在许多国家的某些领域内，对部分人有影响。因此，世界公民教育在发展中国家属于中型教育思潮。

2. 从思潮的意识形态来看，主观着眼意识形态全球化，客观促进全球理解

世界公民教育思潮不是一种简单的西方思潮，而是一个矛盾体，伴随着对全球化带来的教育问题思考，兴起于西方，裹挟着资本主义全球化的愿望和西方文明、价值观、文化的内容。但是，这一思潮传播开来后却在世界各国淡化了意识形态、文明和文化的冲突，得到了全球范围的广泛认同。因此，如果将世界公民教育思潮比作西方社会的缩影，便未免太过狭隘。世界公民教育思潮实际体现了全球社会的发展状况，促进了全球理解、合作、共生，是一种可以本土化的思潮。就像"终身教育"思潮一样，20世纪70年代末中国学者最初进行抵制，认为是西方资本主义的糟粕，但在今天却变为一种中国教育政策。正如顾明远先生回忆1974年参加联合国教科文组织第18届大会的情景："关于终身教育，我之前从来没有听到过。按照当时阶级斗争的思维定式，既然终身教育是发达国家提出来的，发达国家全都是资本主义国家，因此终身教育肯定是资产阶级教育思想。于是在分委会讨论时，我就大力支持发展中国家提出的扫除文盲和普及初等教育的提案，而对终身教育则只好置之不理。等到表决时，对于发展中国家提出的扫盲、普及初等教育的立项，我就高高举手；对于终身教育的立项，我也不敢反对，因为不了解，只好弃权。"②其他如全民教育、全纳教育、女童教育、国际理解教育等思潮也是如此。

由此，可依据思潮兴起的世界对相关思潮进行三种划分，便会对世界

---

① 毕红梅、李东升：《当代西方思潮与思想教育》，武汉华中师范大学出版社2010年版，第224页。

② 顾明远、李敏谊：《顾明远教育口述史（九）：我对终身教育的认识》，《北京师范大学校报》2008年8月15日第4版。

公民教育思潮的立场有进一步的认识。

第一种：兴起于第一世界（西方发达国家为主）的思潮。如新自由主义、共和主义、普世价值等。

第二种：兴起于第三世界的思潮。如批判教育学、后殖民主义、依附论等。

第三种：第一世界站在第三世界立场（以世界公民身份和角度）而兴起的思潮。如世界体系、世界公民教育等。

**3. 从思潮的目的与效果来看，存在着主客观不统一的吊诡**

第一，世界公民教育主观为世界和全人类服务，客观上却不一定得到所有国家和公民的认可，即使是在英国和美国这样思潮的发源国家，当世界研究课程在两国学校得到蓬勃发展时，却也出现了对世界公民教育不认可的情况。"彰显于20世纪40年代和80年代的紧张和不安——某些教学中的全球倾向终将导致一场协调一致的政治运动，以削弱年青一代对其国家的忠诚——在20世纪90年代终于平息了。但是，教学目标和教学方法仍需小心规划，同时，还必须澄清由于世界公民身份概念本身的含糊性所导致的极端难以实现的目标。"①

第二，世界公民教育主观着眼西方价值观全球化，客观上却促进了国际理解和合作共生。德里克·希特就提出了这样的问题："如果民族国家政权使人性几近泯灭的话，那么，忠于国家的公民道德原则难道就不应当得到世界公民身份的责任心和义务感的补充，甚至取而代之吗？"联合国1948年通过的《世界人权宣言》就标志着人权思想的世界性意义。其中的"人人生而自由，在尊严和权利上一律平等。他们赋有理性和良心，并应以兄弟关系的精神相对待；人人有资格享受本宣言所载的一切权利和自由，不分种族、肤色、性别、语言、宗教、政治或其他见解、国籍或社会出身、财产、出生或其他身份等任何区别；人人有权享有生命、自由和人身安全"等思想就肇源于西方的民主思想，但是对于人权思想不是要通过批判西方而将其放弃，而是要通过世界人民的共同努力将其发扬、完善和实践。德里克·希特指出："作为不同的认同，个人可以把自己看作

① ［英］德里克·希特：《何谓公民身份》，郭忠华译，吉林出版集团有限责任公司2007年版，第174页。

一个世界主义者、一个爱国的公民和一个民族的成员，而不会产生内在的矛盾感，或者产生必须将它们紧密结合起来的必要性。但是，它们之间的确存在着某种松散的联系。世界主义强调个体在普遍秩序中的重要性，因此，与公民理想——强调公民自由以及与其他公民之间的平等之间联系紧密。爱国主义是共和主义公民身份的核心概念，当然，人们广泛认为，如果缺乏以公民地位保证的自由，也就不可能有真正的爱国主义。同样，只要人们能够尊重其敌人，而且没有滑入傲慢和仇外的轨道，爱国主义也不必然与世界主义相对立。"民族"这一概念也可以与世界主义和谐相处，因为人类语言和文化的分殊并不必然导致深刻的敌意，仅仅是不同民族'精神'的表达而已。"①

第三，世界公民教育主观强调课程内容标准化与普世化，客观却受到不同国家、教育机构、教师的多元阐释甚至质疑。正如斯维尼亚斯基（Louise Swiniarski）指出：全球的发展并没有在课程中充分体现，两者一直缺乏内在一致性和组织性。在教育中体现全球视野与针对专门院校、专门科目、专门年龄层次的专门项目都有关联。可以说整个西方高教体系"疏忽了"教师教育的全球视野。国际教师教育比其他行业面临更多挑战，因为各国存在社会和文化差异，国家间也有矛盾。杜威式的民主教育（满足社会需要的同时满足个人需要）内在的困境在教师教育和公立中小学教育中一样明显。②

4. 从思潮的兴盛原因来看，是倡导型和危机逼迫型的结合

一方面，世界公民教育是一种倡导型思潮。"当某种意识形态倾向于某一阶级或阶层的利益时，就往往获得那一阶级或阶层的拥护，就获得他们的赞同与倡导，于是就得以在社会上更广泛的传播，进而形成一种思潮。"③ 世界公民教育的内容一部分契合了国际组织和一些国家政府的利益，得到了其赞同与倡导，但推广与实践的内容有所区别。各国的世界公民教育更关心培养出来的"世界公民"能否首先维护本国利益，并受思

① ［英］德里克·希特：《何谓公民身份》，郭忠华译，吉林出版集团有限责任公司2007年版，第98页。
② Louise Swiniarski, Mary Lou Breithorde and Murphy M., *Educating the Global Village：An Inclusive View of the Child in the World*, Columbus：Prentice Hall-Merrill, 1999, p. 5.
③ 毕红梅、李东升：《当代西方思潮与思想教育》，华中师范大学出版社2010年版，第7页。

想家和社团所推动。国际组织则除了照顾组织内国家的利益外，还关注人类的"集体利益"和"公共品"，着眼于把教育"普及"到全世界，"普及"到全人类的每一个人。

另一方面，世界公民教育还是一种危机逼迫型思潮。在全球化的背景中，人类有"共同的自然资源"，譬如海洋、空气、臭氧层；有"人造的公共品"，譬如普世规范、原则、知识和网络。① 还有重要的"全球条件"，譬如和平、自由贸易、金融稳定等。而以上这些全球公共资源由于战争、国家利益纷争等原因，随时有可能被破坏、消耗。在全球性危机中，人们普遍需要新的信仰和追求目标，以获取归属感，寻找着能反映全球利益、诉求和福祉的理论，并在危机中寻求重大的变革。世界公民教育便在这样的危机逼迫下应运兴起。

5. 从思潮的传播主动性来看，是一种被动的思潮

当今世界，不论种族、信仰、文化和贫富程度，每一个国家公民对于世界的和平、全球的理解、关心、包容都有自己美好的愿景，但这一社会心理是潜在的，大多数国家的公民需要通过国际组织、国家、教育机构与学者的倡导和实践才能激发，被促使能够思考和践行自己作为地球村的一分子所应履行的义务。"社会心理需要特定的思想理论引导，并对其进行一定的理论概括，而特定的思想理论也会受到社会心理的激发和制约，二者相互影响、相互作用、相互制约，便形成了思想的浪潮。"②"资本的全球化把不同的文明拉到一起。文明是被动地接受这个现实。而不是主动地相互联系。"③ "把地理学意义上的'全球'以政治的方式组织成一个'世界'应该是人民的最好选择。但是目前人们还缺乏关于世界的理念，甚至缺乏关于政治世界的自觉的世界意识。"④ 因此，世界公民教育在一定程度上是一种被动的思潮。

---

① I. Kaul, "Governing Global Goods in Multi-actor World: The Role of the United Nations", R. Thakur & E. Newman edited, *New Millennium*, *New Perspectives*: *The United Nations*, *Security and Governance*, Tokyo: UN University Press. 2000, P. 300.

② 吴仁华主编:《社会思潮十讲:青年师生读本》,福建教育出版社 2014 年版,第 2—3 页。

③ 赵可金:《全球公民社会与民族国家》,上海三联书店 2008 年版,第 15—19 页。

④ 赵汀阳:《天下体系:世界制度哲学导论》,中国人民大学出版社 2011 年版,第 75 页。

# 二 反思

## （一）谁是世界公民——社会精英还是普罗大众

15 世纪晚期，英语才将古希腊的"kosmopolites"翻译为"Citizen of the world"①，使世界公民的概念变得更加盎格鲁—撒克逊化。《世界伦理道德辞典》指出，世界公民是：古希腊斯多葛派所提出的伦理术语。斯多葛派主张道德世界主义，认为人都遵从同一的自然或世界理性，大家都应是这个"大世界里的公民"，或者是"宇宙的公民"，都具有理性、道德性，不应该是某一民族、城邦或国家的公民。因此，人人都是至爱亲朋，大家都按一定的理性和道德生活，整个世界就是一个具有完善道德性的大家庭。这种把人性和道德抽象化、绝对化的理论，是一种伦理唯心史观。②《现代汉语新词语词典》指出，世界公民是：有宏大的世界观、有全球意识，以整个世界为思想、活动范围的人。③ 世界公民教育的目标是培养世界公民，当我们说一个人是世界公民时通常是褒义的，那么哪些人已经是世界公民了呢？

一方面，是自诩为世界公民的人。罗德里克通过综合各种调查提炼了这一群体的特征并进行了略带批判的分析："精英阶层和社会大众之间有一个重要的区别。一种强烈的世界公民感也的确存在，但是，只限于一些富豪以及教育程度最高的人群。反过来，社会阶层低一些的人，国家归属感就强得多，全球意识也相对弱一些。这种差别可能也在意料之中。具有高级技能的专才和投资者更可能从全球性的机会中得利。和那些流动性不那么大，没什么特殊技能，被局限在自己周围的环境中的人相比，国家、国内形势对精英阶层的影响要小一些。要求全球性治理的呼声那么高，这种机会差异也暴露了这些要求背后不可告人的一面。建立事务性的政治社区是一个全球化精英的项目，为了满足

---

① Online Etymology Dictionary（http：//www. etymonline. com/index. php？ term＝citizen. 2015－10－13）.

② 李水海：《世界伦理道德辞典》，陕西人民出版社1990年版，第232页。

③ 尤世勇、刘海润：《现代汉语新词语词典》，上海辞书出版社2009年版。

他们自己的需求而已。"① 此外，在乐施会、无国界医生等国际非政府组织以及创价学会、巴哈伊教等国际宗教组织工作的人，由于一种内在的世界主义精神以及工作性质的公益性与普适性，更愿意称自己为"世界公民"。

另一方面，是被众人评价或赞许为世界公民的人。衡量一个人是否是世界公民，要从其是否具备世界认同、是否承担全球责任、是否赞许通过世界性法律、是否主动参与跨国家的机构和活动等方面来衡量。正如德里克·希特所建构的表《公民资格从模糊到精确的含义光谱》所示，"对整个人类存在认同感的人们可以贯以'世界公民'的称号；接受下述道德原则的世界公民：个体对整个地球及人类、人类之外的环境要有责任意识。服从和遵守超国家或者跨国家层次的法律（如自然法或者国际法），有时甚至是普世性法律；最切合于世界公民这一头衔的是这样一些人，他们相信必须有超国家的政治权威和行动，最虔诚者对这类活动甚至还会身体力行"②。

**表 8.2    公民资格从模糊到精确的含义光谱**

| | 模糊←—————————————→精确 | | |
|---|---|---|---|
| 认同 | 道德 | 法律 | 政治 |
| 作为人类一员的情感 | 对地球及其上的生命负责 | 承认自然法、国际法和有可能性的世界法律 | 信仰和参与超国家形式的政治活动和机构 |

由此衡量，除了前文提到的伊拉斯谟、夸美纽斯、康德、潘恩，近代以来的罗斯比、滕尼斯、晏阳初、赛珍珠、颜雅清等人都是"世界公民"。瑞典气象学家罗斯比（Carl Gustaf Arvid Rossby，1898—1957）曾以提出长波理论、风场和气压场相互适应理论而著称于世。由于罗斯比在20世纪的30—40年代把气象科学从着眼于气团的分析（挪威学派）引向

---

① ［美］丹尼·罗德里克：《全球化的悖论》，廖丽华译，中国人民大学出版社2011年版，第192—193页。

② Derek Heater, *What is Citizenship*, Cambridge：polity press, 1999, p.146.

着眼于气流场的研究（芝加哥学派），对气象学术界乃至气象科学整个发展产生了深远影响，美国气象学会特尊他为"世界公民"，并设立最高荣誉奖："罗斯比奖"①。滕尼斯（Ferdinand Tnnies，1855—1936）是一位与全世界都有接触的世界主义者，对真理、正义与永恒价值的追求是其一生的主题，出版了《共同体与社会》等一系列代表作。② 颜雅清作为民国时期少数信仰巴哈伊教且在联合国工作过的女性，立志做女飞行员，打败日本帝国主义。③ 晏阳初和赛珍珠都被人称为"世界公民"。两人虽然国籍不同，性格各异，但却有着相似的文化背景，"都是'中西文化的产儿'，都自童年起，就接受儒家文化与西方民主思想的滋养，成为两种异质文化的承载者与传播者。还可以说，他们都是'精神领域里的漂泊者'。面对中国、美国以及世界的现实与潮流，他们都有过许多苦闷与思索。他们是人道主义者，都对中国的与世界的劳苦民众倾注了极大的热情与巨大的精力"④。在当代，总部设在美国旧金山的"世界公民联合会"⑤、联合国记者协会（UNCA）、全球数字娱乐联盟（Global Digital Media and Entertainment Alliance）等国际组织都设立了"世界公民奖"。获奖者包括中国改革开放和现代化建设的总设计师邓小平，前联合国秘书长加利，美国女影星安吉丽娜·朱莉、妮可·基德曼，俄罗斯老兵坦尼斯拉夫·彼得罗夫，中国阿里巴巴董事局主席马云以及美国股神巴菲特等。获奖者入选理由集中在"热心公益，有世界公民意识，将公民责任与道义放在全球化的背景当中去行动"。例如安吉丽娜·朱莉获奖是因为她创办了两个基金会帮助孤儿院里的儿童；妮可·基德曼获奖是因为她多年来为"全人类幸福"所做的努力和为联合国儿童基金会所做出的贡献；坦尼斯拉夫·彼得罗夫获奖是因为其作为苏联中校在 1983 年避免了一场极可能

① 袁世全主编：《中外誉称大辞典》，燕山出版社 1991 年版，第 1137 页。

② 参见［德］乌韦·卡斯滕斯《滕尼斯传——佛里斯兰人与世界公民》，林荣远译，北京大学出版社 2010 年版。

③ 参见蔡德贵《世界公民颜雅清传》，花城出版社 2013 年版。

④ 宋恩荣：《"世界公民"——晏阳初与赛珍珠》，《河北师范大学学报》（教育科学版）2003 年第 4 期。

⑤ 《"你好—世界公民"》，2015 年 1 月 14 日，百度文库（http：//wenku.baidu.com/link? url = 3_MHUVjFs6qp0KdywxFF6OwPUprI0QWtDenDVVPWpQXFA9qMcJHkXodHtw_ak7uOsPwxGM dH-fYLAMGinAUPCx-KSlGfTH4sWeURd3VkV7Uq）。

发生的核战。①

进入 21 世纪，随着全球化的深入，法尔克（Falk）描绘了五种类型的世界公民：②

（1）"全球改革者"和超国家政府的支持者

（2）从事全球商业活动的精英阶层

（3）决心投身全球经济和生态可持续发展的个人

（4）区域治理形式的支持者，例如欧盟

（5）为人权和民主斗争的基层组织（grassroots organisations）中的跨国积极分子

总之，能够成为众人称道的"世界公民"必有非常之处，他们作为社会精英或思想先驱，为人类树立了"世界公民"的标杆。但当前的世界公民教育对于培养世界公民的门槛相对较低，只要为世界和平、发展做出贡献的都可以称为世界公民。一方面，世界认同存在于每个人心中："旨在产生独立的民族公民认同感的这些深思熟虑的政策持续着，妨碍了教育家们探究世界公民认同感的努力，而他们认为这样的世界公民的认同感存在于我们每个人之中。事实上，这样的教育努力要求学生去理解人的本性，所以自由教育的目的以及世界公民的目的可能被认为实际上是一回事。赫钦斯（Robert M. Hutchins，1899—1977）说：'如果教育变得切合实际、考虑周全的话，从事教育就是要努力使得人（people）称其为人（man），那么它一定会促进一种世界共同体的形成……只有所有人都是一个法制与正义的世界共和国的公民，同时也是一种知识的国度的公民，我们所追求的文明才会实现。'"③ 另一方面，通过教育才能培养世界公民："世界公民认识到公民同胞都享有相同的平等权利，不论他们是否来自同一街区或邻近街区，也不论他们是否来自同一城市或国家，甚至来自世界

---

① 《品德_ 你好_ 世界公民》，2013 年 12 月 11 日，百度文库（http://www.zybang.com/question/084b2a5b9b8f1cac162907e2e1d16825. html）。

② Carlos Alberto Torres，"Global Citizenship and Global Universities. The Age of Global Interdependence and Cosmopolitanism"，*European Journal of Education*，Vol. 50，No. 3，September 2015，pp. 262 –279.

③ ［英］德里克·希特：《公民身份——世界史、政治学与教育学中的公民理想》，郭台辉、余慧元译，吉林出版集团有限责任公司 2010 年版，第 272—273 页。

任何地方。然而,对社区和共同人性的感情是必须去体验和学习的东西,它需要人们理解:当这种感情扩展到整个世界时,社区可能意味着什么。世界公民需要学习判断哪些是特定的文化价值观,哪些是普遍价值观,此外,他们必须发展参与技能和乐于接受多样性的思想倾向。简而言之,世界公民不是与生俱来的,是正式和非正式的教育使人们变成了世界公民。"①

随着全球化的深入和信息化的发展,世界上人们的联系愈加紧密,"世界公民"不再成为一个高山仰止的词汇,而是通过每个人的努力可以达成的目标。

**(二) 谁来承载世界公民教育——世界政府抑或民族国家**

我们对于世界公民的权利、义务、参与问题的讨论,对于"世界公民"资格的论争最终要归到世界公民载体问题上来。尽管世界公民教育思潮有通过全球治理和世界政府来开展世界公民教育的倾向,理论上也应有世界政府及与之匹配的全球统一文化,但实际上世界公民教育的载体主要有民族国家、国际组织、跨国公司、宗教,民族国家和国际组织主要承载了世界公民教育的实践。在此主要反思世界政府、民族国家、跨国公司、宗教作为世界公民教育的载体的可能性与实践效果。

1. 乌托邦式的"世界政府"

(1) 世界政府没有存在的基础

在理论上,应当有这样一个世界政府来承载并实施世界公民教育。赵汀阳指出:"关于世界秩序或者世界之治,就其理论的可能性而言(尽管都未经最后证明),可行的方案似乎是建立某种合法的世界制度以及执行这个制度的世界政府,或者是某种形式的世界帝国,或者是世界民主政府。看起来没有什么其他更好的选择。无政府主义的世界是不现实的,因为不得不假定没有足够多的人成为坏人,或者说假定没有人试图最大化自己的利益,否则好人也只好变成坏人。于是就不可能有一个可以接受的

---

① [英] 奥黛丽·奥斯勒、休·斯塔基:《变革中的公民身份:教育中的民主与包容》,王啸、黄玮珊译,教育科学出版社 2012 年版,第 25—26 页。

社会。"①

　　但实际上，世界政府没有存在的基础。小约瑟夫·奈、戴维·韦尔奇认为："由于国家之上没有更高的权威，国内政治与国际政治间存在着法律、政治和社会上的重大区别。国内法相对来说比较明确，并且前后一致。警察和法院充当执法者。而国际法则不然，它是分散的、不完整的，建立在有时比较模糊的基础之上，也不存在日常的执法机制。在世界上缺少一支全球性的警察力量，国际法院/法庭虽然存在，但是它们却拿那些无视国际法的主权国家没有什么办法。"② 韩水法也指出，只有世界上每个人公平地获得世界公民资格才能组建世界政府："这里可以假定，如果每一个个体的世界公民资籍是能够建立起来的，那么世界大同主义的世界正义是能够建立起来的。但是，这应将一个世界政府的构想排除在外。然而，参考历史的经验，这样一种资籍事实上无法以康德所设想的方法即通过订立契约的和平途径取得。"不过"这种资籍必须是世界上每一个人都能公平地获得的，而这一要求在相当长的时期内几乎毫无现实的可能性"③。

　　德里克·希特指出："世界公民的观念根本没有什么希望得到有效的实现。一般说来有四种选择，一是将国家分解成更小的单元。二则是将小的国家合并成地区性的联盟。三是联邦制或共同体的安排，分别像瑞士和欧洲经济共同体，或许可能真正与国家有所区别。但在事实上，这样的安排势必会走向极端，会产生或者保持主权行为。第四种观点就是世界政府。我们需要更为细致地考察世界政府的反对者。比如接受公民身份是个体与政府之间的关系，那么如果一个世界政府在这一点上被证明是不尽如人意的，以及或者是不切实际的，那么反对世界公民身份就有有力的口实了。一个国家的公民是在一个清楚界定的框架内行使他的公民身份，这个框架包括道德行为的标准、法律与政治制度的准则等。但是，在全球的范围内不同文化间的道德标

------

① 赵汀阳：《天下体系：世界制度哲学导论》，中国人民大学出版社 2011 年版，第 80 页。
② ［美］小约瑟夫·奈、［加］戴维·韦尔奇：《理解全球冲突与合作理论与历史》，张小明译，上海人民出版社 2012 年版，第 5 页。
③ 韩水法：《权利的公共性与世界正义——世界公民主义与万民法的比较研究》，《中国社会科学》2005 年第 1 期。

准显然是相互有别的。国际法涉及的首先是作为合法实体的国家之间的关系，而不是个体之间的关系，而且世界政府并不存在。世界主义（cosmopolitan）的理论常常带有它固有的极端含混性，它呼吁人们运用理性与良知，认清人类行为中的一些合乎情理的法则并遵守这些法则。但是，既然这些所谓的法则既不是世界政府的强制力编纂而成的，也不能受到它的支持，因此，对于个体来说，要在防备一种'公民'行为模式时学习并维护它，这是一件极为困难的事。而且如果像以上所说明的那样，公民的关键性特征就是参与，那么必须存在政治体系中的参与。从而可以得出，因为世界政治体系缺乏参与机制，那么世界公民是不能存在的。现在如果世界公民的倡导者承认这种主张，他常常会转换自己的立场，从而主张世界公民就是那些为世界政府的诞生而工作的人，这样他就会意识到，我们对此是多么可怜地无能为力。"①

德里克·希特还反思：由于世界政府与国家政府的存在不相容，那么世界公民既不真实，也没有什么用处，"世界公民是毫无意义的，积极的世界公民也不过是像踩高跷一样的胡闹。反对世界公民的逻辑很快就可以归纳出来。国家是一个事实，履行着重要的功能，因此保留国家是有利于人类的。相反，世界政府并不是事实，也并没有什么用处。而且既然世界政府与独立主权的国家政府的存在是不相容的，所以世界公民与国家公民也是不相容的。从而可以得出的结论是，世界公民既不真实，也没有什么用处。将主权转移给一个世界权威可能吗？值得这样做吗？一个国家不能将其主权的某个部分割让给其他国家，或者在没有理解一个超国家的机构自身真实的性质前就割让给这个机构。主权也不能容忍它的任何公民忠诚于别的国家权威，或者忠诚于一个超国家的机构，甚至一度被一些人看作世界政府处于萌芽状态的联合国组织。首先，所有国家对其公民仍然主张并行使广泛司法权。第二条线索就是主权国家仍然普遍存在，这使得人们继续相信，它仍然是唯一可以在国内和外部事务中合法使用暴力的主体。第三条保持健全的主权国家的证明在于，人们普遍反对任何将国际道德原则与现实政治（Realpolitik）的实践联系

---

① ［英］德里克·希特：《公民身份——世界史、政治学与教育学中的公民理想》，郭台辉、余慧元译，吉林出版集团有限责任公司 2010 年版，第 330—331 页。

起来的做法。"①

(2) 作为悖论的"全球统一文化"

当下,全球经济一体化的程度要远远大于文化一体化,在某种意义上,正是经济一体化带来的影响才催生人们对于培养世界公民紧迫性的思考。全球统一文化无疑有利于世界公民的真正形成,是世界政府建立的重要思想基础,但是在多元文化主义兴起的今天,全球统一文化无疑是一个悖论。这无论是在自然界强调物种多样性还是人类社会强调丰富多彩的世界和文化来说,全球统一文化都是不可能实现的。一些学者没有认识到文化多样性与统一性的辩证统一关系,关于"在文化全球化进程中民族文化逐渐被消融,此时突出强调民族文化不符合时代潮流"的结论显然是错误的。赫费将此结论归为文化平均主义并坚决反对:"在全球化时代有一种文化平均主义的威胁,而针对这一文化平均主义,需要通过强化特殊性,特别是单个国家的特殊性来进行对抗。"② 有学者对努斯鲍姆淡化民族国家文化的思想也进行了批判:"努斯鲍姆未必有意去剔除所有传统,但是她主张淡化以文化传统为依归的民族主义,就难免令人有这个印象。而扬弃文化传统、国家身份认同之际,却又没有一个世界文化、世界政府能够提供新的身份认同,难怪不少人认为努斯鲍姆的理想只是乌托邦。"③

英国历史学家汤因比教授对全球文化统一进行了预测,尤其在多元文明等值的基础上对中国文明提出了更大的希望。汤因比认为:世界的未来在中国,人类的出路在于中国文明,中国应对人类文明尽更大责任。但一些学者对其观点曲解,指出汤因比预言"中国文化将统一世界"。事实上,汤因比多元文明等值的观点,突破了欧洲文明中心论和历史发展直线论,为不同文明之间的平等对话与交流提供了理论基础。汤因比关于全球文化统一的观点只是预测和期望而没有实质操作步骤。他在《展望二十一世纪》中指出:"我所预见的和平统一,一定是以地理和文化主轴为中

① [英] 德里克·希特:《公民身份——世界史、政治学与教育学中的公民理想》,郭台辉、余慧元译,吉林出版集团有限责任公司 2010 年版,第 328—329 页。

② [德] 奥特弗利德·赫费:《经济公民、国家公民和世界公民——全球化时代中的政治伦理学》,上海译文出版社 2010 年版,第 176—177 页。

③ 余创豪:《在全球化的脉络下探讨 Nussbaum 的世界主义和世界公民意识》,《开放时代》2006 年第 3 期。

心，不断结晶扩大起来的。我预感这个主轴不在美国，欧洲和苏联而是在东亚。估计世界的统一将在和平中实现。这正是原子时代唯一可行的道路。"①

（3）联合国不等同于世界政府

赵汀阳认为，把地理学意义上的"全球"以政治的方式组织成一个"世界"应该是人民的最好选择，但人类面临着一个"无效世界"的问题："目前人们还缺乏关于世界的理念，甚予缺乏关于政治世界的自觉的世界意识。对于建构一个世界，显然需要由新的哲学给予支持的世界制度，否则就没有根据和方法去组织世界。关于整体世界的制度构筑，目前看起来有两种理想的可能模式：一是建构一个世界/帝国，另一个则是建构一个众多甚至全部国家的国际联盟。可是不幸的是，这两种模式都遇到了大量的尚未被驯服的困难，结果使得世界一直是个空洞的词语而非一个事实。现在我们所面临的真正严重问题并不是在世界中存在着所谓的'无效国家'（failed states），而是一个'无效世界'（failed world）。假如存在着一个有效的世界，那么，即使出现了某些失效国家也仍然是有救的；如果世界是一个无效世界，而且无望地作为无效世界存在下去，那么，世界上的任何一个国家都不可能获得长久的成功，因为没有一个自身足够成功的国家能够一直成功地克服它的负面外部性，或者说，它不可能有足够能力去应付与之不协调、不合作的整个外部世界，它最终也会变成失效国家。无效世界是谁也承担不起的，它太重了。"②

不过，当前的"无效世界"问题并不能由联合国来解决。联合国还不能有效行使世界政府的功能。"联合国这样的政治概念至多意味着目前规模最大的政治单位，却不是理论上最大而且地位最高的政治单位，因为它不拥有在国家制度之上的世界制度和权力，而只不过是民族/国家之间的协商性机构，所以从实质上说就只是个从属于民族/国家体系的服务性机构。"③"联合国模式表面上是众多国家的联合机构，但实质是第二次世

① ［日］池田大作、［英］汤因比：《展望21世纪——汤因比与池田大作对话录》，苟春生等译，国际文化出版公司1985年版，第294页。

② 赵汀阳：《天下体系：世界制度哲学导论》，中国人民大学出版社2011年版，第75页。

③ 同上书，第30—31页。

界大战后对世界权力关系的重新规划。联合国在发展其多种功能的过程中也发展了许多混杂的思想观念，其中特别包括了多元论和普遍主义这样两个有严重分歧甚至互相矛盾的原则。当然，联合国模式本来就是以众口难调和什么都要照顾到的复杂情况为背景的，一方面，它要以各国所共同认可的原则为基础来把各国联合起来追求某些普遍的价值和目标；另一方面，既然联合国并非一个'世界国'或严格意义上的世界性单位，各国就必定仅仅考虑或至少优先考虑自身的利益，这样的联合性或'合同性'的制度显然不可能形成甚至不可能去发现属于世界整体的价值观、世界性利益和世界性理念。那些所谓的'普遍'价值和目标一方面是伪装成普遍价值的超级大国的利益，另一方面又被各国多元地解释，显然只不过都是各自利益的表述而已。多元论和普遍主义本来应该是'或者'的关系，但是在联合国那里似乎被伪装成'并且'的关系。也许可以更准确地说，联合国根本不是个世界性制度（institution），而只是个世界性组织（organization），是关于各国利益的一个谈判场所或机构，而且还是个不健全的谈判机构。原因是明显的：当不存在一个世界性制度时，就不存在超越国家利益和力量而做出解释/决定的可能性，也就不存在超越民族旧家的游戏规则，而且也没有能力去控制一个超级力量滥用实力。"① "我们可能认为联合国秘书长相当于萌芽中的世界总统。然而，这同样也会让人产生误解。秘书长（secretary-general）是一个很弱小的行政官员，更像一个秘书（secretary），而不太像一个将军（general）。如果说秘书长有权力的话，那么他更像教皇拥有软权力，而不像一个总统那样同时拥有硬权力与软权力。"②

（4）世界政府的反对声音：易走向极权，不值得追求

德里克·希特提醒，一个所谓的世界政府建立起来，也很容易走向极权。"假定一个世界国家能以三种方式产生：一是通过某种自发的方式产生。二是通过秘密行动。亦即通过使对国家的忠诚逐步转移至其他观念，人们不断从一个四分五裂的世界的危险劣势中醒悟过来。所有已建立起来

---

① 赵汀阳：《天下体系：世界制度哲学导论》，中国人民大学出版社 2011 年版，第 74—75 页。

② ［美］小约瑟夫·奈、［加］戴维·韦尔奇：《理解全球冲突与合作：理论与历史》，张小明译，上海世纪出版集团 2012 年版，第 225 页。

的国家，无论规模大小，只要对于它们自身的事务保持着相当的独立支配力。只要它们坚持这种主张，自然会严重地阻碍这种可能真实的普遍体制，比如国际联盟或联合国。联合国作为一个世界性的权威，其作用在这么多年来是降低了而不是增加了。在当今，这些组织的效能作用于增加的最好例子就是欧洲共同体。另外一种努力就是地区性一体化，比如阿拉伯联盟或者非洲共同体组织，甚至在它们内部都没有能够取得实质性的合作。三是征服。显然想象得到的是，这种方式遇到的困难是最小的，严重的困难倒是权力的平衡。对方如果不加以遏制的话，就可能在事实上统治世界。如果一个世界政府建立起来了，它能够持续存在吗？世界公民的反对者继续给出一个否定的回答，因为世界政府无论如何完全不值得追求。如果通过军事的征服而产生世界政府的行为，这样的设想在一个核时代里极其可怕，这样的结果会是一个全球的人间地狱而不是一个世界国家。甚至即使人类幸存下来，建立起普遍的政治构架；由这样一个世界政府所带来的危险也可能是可怕的。它的好处是值得高度怀疑的。地球上还有其他一些地方享有着人道的政权。这样一种健全与希望的避难所在一个世界政府之下根本不会存在。如果它们存在的话，中央政府就会想方设法去镇压它，这样就会引起一场全球性的公民战争。"①

（5）世界政府的支持声音：世界政府的憧憬

虽然世界政府在现实中的组建面临着重重困难，但并不是每个学者都对成立世界政府持消极态度。早在18世纪，康德就设想能够成立国家之间的联合体。"人们可以把一些国家为了维护和平组成的这样一种联合体称为常设的国家代表大会，是否参加这个代表大会则由每个相邻的国家自己决定；这类联合体（至少就国际法权以维护和平为目的的形式而言）在本世纪的前半叶还曾在海牙的国际会议上出现；在这次会议上，大多数欧洲王室，甚至连最小的共和国的部长们都已经对一个国家遭到另一个国家攻击提出了控诉，并就这样完全把欧洲设想成一个唯一的联盟国家，他们在自己的那些公开纷争中把这个联盟国家似乎当成法官"，尽管康德认为18世纪国家之间的联合体是脆弱的。"与此相反，到后来国际法权只

---

①　[英] 德里克·希特：《公民身份——世界史、政治学与教育学中的公民理想》，郭台辉、余慧元译，吉林出版集团有限责任公司2010年版，第331—334页。

留存在书本中，但却从各个内阁中消失了，或者在已经实施暴力之后被以放逐的形式托给阴暗的档案馆了。在这里，代表大会仅仅被理解为不同国家的一个任意的、在任何时候都可能解体的聚会，而不是这样一种（像美利坚合众国那样）建立在一种国家宪政之上，因此不可解体的结合。"①其后，乌托邦主义思想家也对成立未来政府作了种种构想。

德里克·希特指出："最激进的是世界联邦主义者提出的方案，他们先是对国际联盟的脆弱性感到极度沮丧，再是对联合国的虚弱感到无比失望，因此提倡建立一个世界政府。例如，为了倡议这一目标，1945 年，罗伯特·萨拉札克（Robert Sarrazac）发起成立了世界公民人类阵线（the Front Humain des Citoyens du Monde）。两年后，美国人加利·戴维斯（Garry Davis）发起成立了至今仍存在的世界公民登记处（World Citizens' Registry），这一运动的要点体现在如下陈述上——只有权力直接来自全世界人民的世界权威才能够优先给定（世界）共同的需要和利益，并提供其有效的防卫和组织。"②

在当代，《从动物到神：人类简史》的作者——耶路撒冷希伯来大学历史学教师尤瓦尔·哈拉里就憧憬：人类在未来将成立世界性的政府，敌对双方是虚构的，受苦的是相信的平民。哈拉里致力于解释人类的演化过程。哈拉里说："神、故土、事业……这些东西没有一样是现实存在的。但由于有了这些概念，更接近于动物的智人才得以发展出一种合作的模式，并借此占领了世界。"哈拉里引用了以色列与哈马斯的最近一次战争作为例子。他说："都说双方是两败俱伤，但其实并非如此。因为'以色列'和'哈马斯'都不存在，是虚构出来的。真正受苦的是那些相信这些虚构的概念而失去家园、家人甚至生命的人。"③哈拉里相信，人类在未来将成立世界性的政府，"领导人、企业家、文化领袖等人士将组成一个全球性的团体，做出最重要的决策"。

---

① ［德］康德：《道德形而上学》（注释本），张荣译，中国人民大学出版社 2013 年版，第138—139 页。

② ［英］德里克·希特：《何谓公民身份》，郭忠华译，吉林出版集团有限责任公司 2007 年版，第149—150 页。

③ 《西班牙先锋报》：《以色列历史学家预言：现代技术改变人类进化进程》，《参考消息》2014 年 9 月 22 日第 12 版。

当前受经济全球化影响，世界各国最迫切想建立的首先是经济世界中的"世界政府"。吴翠指出：建立秩序和规则，并监督秩序和规则的执行，是人们赋予理想中的世界政府的主要职能。它能消除关税壁垒，实现贸易自由和公平竞争；它能抵御经济危机，保持繁荣稳定；它能统一分配资源，解决经济发展的严重不平衡，消除饥饿和贫穷；它能统筹规划，引导投资，保持可持续发展，并且在保护环境方面也起到积极的果断的作用。① 国际货币基金组织、世界银行和世界贸易组织是当前为实现以上目标较活跃的国际组织。与经济全球化相对应，20世纪90年代后，全球主义得到了更多的关注。全球主义（Globalism）指的是将所有的地球人看作一个单一世界社会的成员。目前世界上有许多非政府组织，它们的工作人员来自哪个国家并不重要，这些人可能自认为是世界公民。他们在为全球社会的利益服务，即使有时他们所做的事情反对他们本国的政府。区分国际主义和全球主义是理解世界政府内容的关键。国际主义（Internationalism）的字面意义是民族国家及政府之间的相互交往和相互作用。国际主义表现在国际组织的发展中，如1919年成立的国际联盟，1945年成立的联合国。在国际主义的时代，国际会议遵照多种语言的原则。无论是一国政府还是一国公民都将国家主权和国家安全利益放在对外交往的第一位。② 郭学堂提出了这样的问题：如果国际主义被全球主义所取代，国际机构会有什么变化吗？有没有必要建立一个全球性管理组织呢？联合国是在尊重民族国家主权、公民效忠本国政府的基础上建立起来的，这是国际主义的反映。如果地球人组成一个单一社会，组成一个世界政府，那会不会是全球主义的结果？③

（6）研究者的态度：不坐等，先行动

我们可以推断：近代以来，每当世界面对动荡变革，新的世界秩序需要重建，发生在人们身边的战争冲突和思潮冲击剧烈时，人们就渴望能够

---

① 吴翠：《三天读懂世界经济：用最短的时间最全面地了解世界经济》，中国法制出版社2012年版，第229页。

② Kjell Goldmann, *The logic of Internationalism: Coercion and Accomodation*, London: Routledge, 1994.

③ 郭学堂：《人人为我，我为人人：集体安全体系研究》，上海人民出版社2010年版，第142页。

有一个全球共同体或世界政府来保证公民的基本生存权、发展权，保护公民的核心利益，这样的公民个体和社群增多后，就形成一股强大的思潮；而当自身公民资格得到基本保证，生活惬意无忧时，这种对于世界政府的呼唤就愈加弱小。

"有人说世界政府就是大海上在风暴里漂流的人眼中的大陆，是沙漠里迷路的人眼中的绿洲；也有人说世界政府是无知者创造的另一个上帝，是人类历史上最大的一个谎言。"① 我们对待世界政府的应有态度是：不坐等，先行动。通过平等沟通交流，用每个人的行动促进全球问题的解决。正如加文塔所说："我们不能质问是否有世界政府才能理解世界公民的可能性。这种政治权威的缺失是挑战但不是公民行动的束缚，全球权力的转换已重新形塑了国家认同和公民实践。"②

2. 需要被约束的跨国公司

（1）取代国家角色，培养企业世界公民

正如帕拉格·康纳所说，"世界正在进入一个最强有力的法则时代，这种法则不是主权法则而是供求法则"③。20 世纪 70 年代时，霍布斯鲍姆所称的"跨国经济体"开始发展，其标志就是跨国公司的出现（20 世纪 80 年代初，跨国公司数量达到了 900 个）。这样的公司其实早就存在，但是直到 20 世纪 70 年代以后数量才迅速增长。越来越多的商业转向本土以外，在远离旧址的地方建厂运作，其中的工作人员可以来自几个不同国家。一些学者认为，跨国公司的存在有利于国际经济体系的平稳运行。在大战之前，虽然全球化的进程发展得也很快，但世界范围内的贸易机制总存在瘫痪的危险，因为大部分制造商和贸易公司都带有民族国家的烙印，它们之间相互竞争激烈，很容易产生民族主义的敌对情绪。但是，跨国公司的增长能够发展出一种跨国利益和国际团结，这对国际秩序来说是非常有利的因素。这个论点很有趣，它完全符合非国家行为体在世界范围内大量发展的总的图景。跨国公司和国际组织代表着这样一种力量，它们试图

---

① 吴翠：《三天读懂世界经济：用最短的时间最全面地了解世界经济》，中国法制出版社 2012 年版，第 229 页。

② John Gaventa, *Globalizing Citizens: New Dynamics of Inclusion and Exclusion*, London: Zed books, 2010, p. 24.

③ 帕拉格·康纳：《跨国公司的去国籍化和虚拟化》，《参考消息》2016 年 3 月 31 日第 12 版。

建立一个不同于旧有国际体系的新的国际社会，以前的那个国际体系被定义为主权国家间的活动总和。而新的国际社会则挑战旧有体系将主权国家看作世界秩序界定者的传统看法。①

今天，跨国公司在不同国家按照多样法规要求，执行不同工作机制。公司必须对有时彼此矛盾的期望作出回应，有时在政府失灵和法律缺失的环境下开展工作。这时，企业行为透过国家管理制度与社会需求的同步性就不再像以往那样顺利。同时，大公司正利用它们日益增长的力量，通过咄咄逼人的政治游说行动来影响政治体系决策的进程，以此通过符合公司利益的法规。另外，一些跨国公司试图推动积极的社会改变。2007 年，4000 家企业和组织签署了《联合国全球契约》，自愿支持人权、遵守社会准则和环境标准，与腐败的影响作斗争。跨国公司逐渐将原属于国家的责任担起，开始发挥更加积极的作用，试图跨国界地加强治理政策、制度和进程。跨国公司在各国的抑制机制（repressive regime）框架内从事公共健康项目、教育、人权保护。跨国公司处理艾滋病、贫困（营养不良）、无家可归、文盲等社会弊病。跨国公司通过自我调节来弥补法律的缺失，促进社会和平和稳定。这样的话，一些企业就不是简单地从法律和道德层面遵从社会标准，而是在不断改变和已全球化的世界中重新定义这些标准。

在政治科学中，现代国家的公民被设想为持票人（bearer），拥有个人权利，例如拥有财产的权利、签订私人契约、从事市场活动等。伴随这些权利的是受教育和医疗权（社会权利），以及参与决定公共规则和共同关注问题的权利（政治权利）。同时，公民还有义务，例如团结公民同胞以及从事公益（common good）。公司扮演了类似国家的角色来保护公民权利。②

在全球化的世界中，全球治理——涉及全球维度上的规则制定和执行，已不单单局限在国家政府范围。跨国公司与公民社会群体一样，开始参与政治领域的规程制定和实施，而这以往只由国家机构负责。相关政治领域包括保护人权、执行社会标准、保护环境、与腐败做斗争以及生产公

① ［美］入江昭：《全球共同体：国际组织在当代世界形成中的角色》，刘青等译，社会科学文献出版社 2009 年版，第 133—134 页。

② Andreas Georg Scherer and Guido Palazzo, *Handbook of Research on Global Corporate Citizenship*, Cheltenham and Northampton: Edward Elgar Publishing Limited, 2008, pp. 1 – 14.

共产品。这种发展标志着全球商业规程的转换——从国家中心模式转向新的多边无国界模式。多边无国界模式中还包含了作为核心行动者的个人的和非政府机构。有学者将跨国公司称为我们这个时代新的"利维坦"（Leviathans）。①

跨国企业标榜自己的员工是世界公民。跨国公司斯伦贝谢认为全球公民反映在公司员工的多样化和完整性。该公司有来自 140 个国家的 126000 名职工，在 85 个国家工作。② 美国缤特力公司宣传自己在努力践行全球公民理念，主要是"通过促进环境的健康发展来实现其全球公民价值。降低对环境的干预，成为社会上负责的公民。简言之，善待我们的消费者、员工、社群乃至我们的星球"③。一些跨国企业赢得了良好的质量口碑，履行了所谓的世界公民责任，为产品质量提供保障和维护，而不考虑使用在哪个国家，例如："由一家德国企业在 1907 年（清光绪三十三年）承建的兰州中山桥，是兰州历史最悠久的古桥，也是黄河上第一座真正意义的桥梁，有'天下黄河第一桥'之称。令人赞叹的是，在 1987 年保固期满后德国当年那个企业的后继公司依然专门致函兰州市政府，申明合同到期，还派来工程技术人员对大桥进行测查，并提出了维修建议。这家德国企业的诚信无疑使德国的形象大为增色。"④

（2）跨国公司需要被约束

亚当·斯密早就注意到资本的世界性使得资本能够逃避民族国家的管制，他说："资本的所有者准确地说应该是世界公民，并不必然地依附于任何特定的国家。如果他面临着令人讨厌的质询以确定税收水平的时候，他可能把他的资本转移到其他国家，在那里，他可以自在地享受他的财富。"⑤ 俞可平认为全球市场和跨国组织在本质上与传统的国家领土观念是相冲突的。"资本的全球流动和跨国公司的全球活动客观上都要

---

① Andreas Georg Scherer and Guido Palazzo, *Handbook of Research on Global Corporate Citizenship*, Cheltenham and Northampton: Edward Elgar Publishing Limited, 2008, pp. 1 – 14.

② Global Citizenship（http://www.slb.com/. 2015 – 1 – 25）.

③ Citizenship（http://www.plantronics.com/us/company/global-citizenship/. 2015 – 1 – 24）.

④ 赵启正：《公共外交与跨文化交流》，中国人民大学出版社 2011 年版，第 20—21 页。

⑤ ［加］罗伯特·阿尔布里坦、［日］伊藤诚等主编：《资本主义的发展阶段》，经济科学出版社 2003 年版，第 88 页。

求冲破领土的束缚。当国家的领土疆界与资本的全球要求相矛盾时，跨国公司和其他跨国组织就会想方设法使国家的领土要求从属于资本扩张要求。"①

帕拉西奥斯认为，在全球化不断深入的时代，无国界形式的国家认同正在出现，企业公民日益增长，改变了以往个体公民的性质。企业公民的力量值得重视，在普遍的全球治理体系中有重要作用。达到了负责任行动和追求可持续发展目标程度。但企业的社会责任有局限性，资本主义呈现的"关心"社会的程度也有限。出于本性，跨国公司员工不能成为充分负责的公民，尽管如此，他们可以被引导通过各种方式改变自己，以与社会和环境发展目标相一致。非政府组织和反全球化运动的潜力可以成为公民的调节器（regulators），能够推动引入约束机制和规章制度，以建设治理体系来约束和管理跨国公司的力量。跨国公司具备打击与东道国政府一起打击商业联盟的能力，尤其在主要资源投资占主导的国家更是加强了这一优势。一个障碍是公司集团从持续的网络化加强了跨国公司与商业伙伴在关键功能与操作上的共享，这使得在产品生产过程中界定相关公司各自的责任变得愈加困难。另一个障碍是全球治理体系的缺失使得强制执行和监视公众期许的跨国公司的责任和义务变得困难。再一个是联合国法律力量的缺失而无法颁布约束跨国公司的规章制度。最后，反全球化运动（anti-globalization）和亲环境运动（pro-environmental，环保型和生态型农业）缺乏组织性和一致性，使得运动收效甚微，这是使得跨国公司成为更负责任履行义务公民最实质的障碍。②

"在新自由主义意识形态的支持下，跨国公司的全球帝国主义企图在全世界建立这样一个乌托邦——'没有国家的全球治理'，一种世界秩序的理想状态，不是由一个国家而是只由市场规则所统治。国家本应是公民意志的表达，现在国家却迫于市场的压力，造成了实质性的民主空心化，将决策机构改造为达成协议、压制异议的简单组织。全球帝国主义往往扼杀民主，并且是通过市场来扼杀。借用一位极具话语权的跨国资本家颇为

---

① 俞可平：《民主与陀螺》，北京大学出版社 2006 年版，第 96—97 页。

② Juan Jose'Palacios, "Corporate Citizenship and Social Responsibility in a Globalized World", *Citizenship Studies*, Vol. 8, No. 4, December 2004, pp. 383 – 402.

形象的比喻：'市场即君王'。"①

因此，我们要审慎地看待跨国公司倡导的世界公民教育。"全球市场影响范围的大小一定要受到治理范围的限制。只要交通规则是正确的，由国家政府来开车的世界经济一定能够正常运行。"②

3. 有争议的宗教组织

西方在整个中世纪时期都深受宗教普世主义的影响。进入全球化时代，世界宗教的影响力更加多元。多尔富斯（Olivier Dollfus）指出："宗教团体是非经济形势的全球化行为体，尽管他们也会拥有兴旺的公司，但这类团体——从新教内的各教派到穆斯林兄弟会——对宗教首领或教义比对所在国家更为忠诚，团体生活的规则比居住地的法律和习俗更加重要。这种通过意识形态或宗教建立起来的团体是依靠网络运作的，他跨越了国家界限并减弱了领土的重要性。"③冷战后期，"除了西方背景的基督教组织外，非西方和非基督宗教背景的国际非政府组织开始步入快速发展的轨道；同时，跨宗教合作、宗教对话开始得到不断强调。冷战后，以上两大趋势进一步加强，而且跨宗教性的国际非政府组织的地位得到极大的提升，在联合国的某些事务中甚至超过西方背景的基督教的组织"④。

余创豪认为宗教是联结世界公民的重要纽带："除了职业之外，宗教是另一个没有世界政府之下的世界公民身份，一般来说，宗教强调博爱精神，这是世界主义的彰显。我想强调，在这里宗教是指主流宗教，而不是极端主义。有趣的是，比起在政治实体下的身份，有时候宗教性的世界公民身份，能够更加建立人们强烈的身份认同、更加凝聚人们的向心力。举例说，第二次世界大战之后苏联控制着东欧，包括波兰在内，然而，波兰是天主教国家，波兰人认为自己是天国子民，甚至波兰共产党亦认为天主

① 白乐、张尼：《资本主义正在走向不确定的未来——访意大利马克思主义政治经济学教授埃内斯托·斯克勒潘蒂》，《中国社会科学报》2014年5月20日A05版。

② ［美］丹尼·罗德里克：《全球化的悖论》，廖丽华译，中国人民大学出版社2011年版，第195页。

③ ［法］奥利维埃·多尔富斯：《地理观下全球化》，张戈译，社会科学文献出版社2010年版，第86页。

④ 李峰：《国际宗教非政府组织的发展历程：新制度主义的视角》，《世界宗教研究》2010年第4期。

教徒的身份比起共产党徒的身份更加重要。"① 世界主要宗教基督教、伊斯兰教、佛教、犹太教等都有着世界公民教育的思想,但宗教教义以"实现全世界联合,培养世界公民"为重点的宗教主要有巴哈伊教、创价学会等。

(1)世界主要宗教

塞舌尔共和国首任总统詹姆斯·曼卡姆(James R. Mancham)通过与各宗教广泛接触认识到:基督教、"儒教"、佛教、印度教等来自全球每一个地方的宗教,都有着善意的宗教特质。② 在《旧约》中,先知弥迦的见解被联合国奉为格言:"他们应当铸剑为犁,熔矛为镰;国与国之间不应挥剑相向,他们也不应当再学习有关战争的知识。"

1986 年在"世界和平祈祷日"当天,各大宗教的代表献给世界和平的祈祷词都体现了和平、宽容、理解的信念与愿望:"佛教:唯愿世间万物,凡受身心之折磨者,皆可获无尽之幸福与欢乐。基督教:我对你们这些听众说,爱你们的敌人,善待那些怨恨你的人,赞美那些诅咒你的人,祝福那些痛骂你的人。如果有人打了你的一边脸颊,给另一边让他打;如果有人取走了你的斗篷,不必再留住你的上衣;对每个乞求你的人,给他们所要的东西;对拿走了你的东西的人,不要再找他们归还。如果你希望别人怎样对你,你就要怎样对他。犹太教:我们的上帝在天堂。和平之神将会同情和怜悯祈求他的同情和怜悯的地球上的人民。让我们祈祷和平,让我们追求和平。非洲万物有灵教:万能的上帝啊,您是我们打结时不可或缺的伟大的拇指,您是能劈开大树的咆哮的雷电,您是站在高处能看清地面石块上留下的羚羊脚印的洞察一切之神。您从不吝惜及时地满足我们的要求。您是和平的基石。"③

(2)巴哈伊教

创立于中东的巴哈伊教(Baha'i)致力于在教学中将世界公民资格概

---

① 余创豪:《在全球化的脉络下探讨 Nussbaum 的世界主义和世界公民意识》,《开放时代》2006 年第 3 期。

② James R. Mancham, *Seychelles Global Citizen*: *The Autobiography of the Founding President of the Republic of Seychelles*, St. Paul: Paragon House, 2009, p. 214.

③ [美]斯塔夫里阿诺斯:《全球通史:从史前史到 21 世纪》,吴象婴等译,北京大学出版社 2006 年版,第 86—87 页。

念作为儿童日常标准教育的一部分。庞秀成指出："巴哈伊教的起源根植于它的宗教文化——伊斯兰—阿拉伯文化，又受到犹太教和基督教的浸润以及世界各个重要的宗教传统的启发。巴哈伊教的普世宗教思想与全球一体化的历史节律相契合，使之成为传播速度最快、传播范围仅次于基督教的新兴宗教。巴哈伊教宣扬普世精神，阐释了'世界公民'的伦理内涵，认为巴哈伊教仪贯穿于世界公民这一概念之中。'世界公民意识'就是巴哈伊教以自上而下方式建立的自觉自律的伦理范式，是巴哈伊教建立世界新秩序、实现世界和平的实践伦理。"[①]

　　巴哈伊教较早发展了对世界公民的理解。胡安·科尔（Juan Cole）注意到在 19 世纪巴哈伊教的思想就对世界公民有所论述。1881 年创始人巴哈欧拉重申了他关于国际安全体系和采用普适性语言的主张。他认为最好的教育是使人们理解促进人类财产、安全与和平的措施。[②] 巴哈伊教徒菲尔·卢卡斯还创作了《世界公民之歌》：

> 你爱你的祖国
> 你爱人类
> 我们是唯一大树上的果实
> 和一个树枝上的叶子
> 世界公民，世界公民
> 联合，世界呼唤联合
> 她的光芒似太阳般照耀
> 不久世界将成为一个整体
> 联合，这是世界应当的那样
> 公民作为一个整体生活
> 像阳光下愉快而芳香的花朵。

---

　　① 庞秀成：《巴哈伊基本教义：演进、传播及比较》，博士学位论文，东北师范大学外国语学院，2009 年。

　　② Margei Warburg, *Citizens of the World: a History and Sociology of the Baha'is from a Globalisation Perspective.* Leiden&Boston: Brill, 2006, p. 519.

巴哈伊教还专门成立了教育工作坊（Workshop）来集中研讨世界公民教育。其整体目标是：头脑聚集（智库），通过探索历史学、心理学、巴哈伊教著作，进行讨论，更好地理解世界公民的概念；能够使用扎实的案例，产生新的想法，通过教育传递意识和富有情感的世界观。其学习进程是：批判思考"世界公民资格"的内涵；探索能够促进可持续发展承诺的新的世界公民资格概念；创建新的有关如何介绍与教授（灌输世界公民意识）的典型案例 Create some prototypical examples on how to introduce and "teach"（instill the consciousness）of World Citizenship；坦率地指出我们面临的巨大危险；审视可持续发展世界中世界公民的可能性。另外，巴哈伊要求符合时代的需要，考虑教授世界公民资格的概念，将其作为每个儿童标准化教育的一部分。参与者聚焦智库群体、头脑风暴，思考能在学校中施行的可行性想法和措施（课程或其他方面），以此帮助学生及家长、社区及学校文化形成世界公民意识。①

（3）创价学会

创价学会与世界公民教育有关的理念主要有和平理念和生态环保理念。创始人牧口常三郎呼吁他会员，尤其是一些年轻人，要意识到并尊重地球以及地球上的生命："换位思考人与物，同时尊重人与物：我们应该以同样的眼光看待人类、动物、树木、河流、山峰或者石头，并意识到我们与他们大都相同。这样的话，虽然我们可能不会有意识的想到，也会有这样的感觉，'如果我处于他们（或者他）的位置，我会有什么感觉……或者我会怎么做？'当你遇到与另外一个人或物发生冲突时，就应该换位思考，将其设想成你的一部分或者是跟你同类的人。你将你的经历与他或它分享，并与其互换位置。""牧口常三郎相信，他那个时代的学校会因为忽视或违反人类最基础的原则而被惩罚。他认为，教育的目的并不是传递知识，而是引导学习过程，把学习的责任交给学生自己。教育包括在生活环境中寻求价值，进而发现统领我们生活的生理与心理法则，并最终将这些新的法则应用以发现新的价值。总而言之，教育应该是引导学生获得观察、理解和应用的能力。牧口常三郎认为，教育唯一的目标是使每一个

---

① Greg Kagira-Watson, *Teaching "World Citizenship" and the "Oneness of Humanity" in Schools around the World: The Most Critical Educational Challenge of Our Time*, a report in conference, 2004.

人成为开心、自信，自我指导、自我实现，具有社会意识的社会成员。"①

（4）宗教组织不能成为推行世界公民教育的主流

由于宗教组织对入教成员的精神和生活的控制达到了一定程度，已经违背了世界公民教育"自由、平等、包容、共生"的初衷，因此不能成为推行世界公民教育的主要载体。正如德里克·希特所说："公民身份得以最广泛接受的方面是宗教：用当时的一个词汇来说是'社会的黏合剂'。因为宗教被认为是推进公民团结的首要因素，所以接下来的问题是，宗教的异端邪说对一个人的公民身份要求提出了令人担忧的疑虑。"②许多宗教组织对成员开展世界公民教育有附加条件，还有一些邪教组织披着"世界公民教育"的外衣进行着敛财及违反法律道德的活动。

在一些西方国家，"公民宗教"已经融入民族国家的国家主义和民族主义理念中，并试图与其普世价值观绑定，继而向世界推广："尽管美国版本的全球化概念总是高调宣扬一套普遍主义、世界主义的理念，鄙薄、讥讽发展中国家主张的爱国主义、民族主义是一种特殊主义的、偏颇的、狭隘的、非理性的情绪，但认真观察美国社会生活就不难发现其内里的民族主义社会氛围丝毫不亚于世界任何地方，只不过形式更隐蔽，手法更高明罢了。同样，尽管美国历来不遗余力鼓吹政教分离，但深入观察和思考就会发现美国的许多社会—政治行动都是借助宗教语言表达的，远的如立国时期的联邦党人诸先贤对独立宣言以及宪法理念的阐述，近到现代历任总统所发布的国情咨文和重大政策的宣示，都要从《圣经》中摘引出立论根据。尤其'9·11事件'后布什在一些公开场合的演讲，用一位美国著名作家的评论，'与其说是谈论战争，倒不如说是表达一种对宗教的敬仰'。在美国，人们会发现层出不穷的宗教介入社会行动的现象，譬如，教会出面促使或阻止选民对某个政党执政的选择，或对公众人物竞选某一公共职位施加影响，对总统、国会议员制定某项法律或公共政策进行游说。美国人可能对此早已习以为常，并不觉得这与宪法主张的政教分离原

---

① David Machacek and Bryan Wilson, *Global Citizens: The Soka Gakkai Buddhist Movement in the World*, New York: Oxford University Press Inc. 2000, pp. 59 – 61.

② ［英］德里克·希特：《公民身份——世界史、政治学与教育学中的公民理想》，郭台辉、余慧元译，吉林出版集团有限责任公司2010年版，第50页。

则有什么悖逆或不妥之处，毋宁说美国人在日常生活中早已把宗教、道德、公民政治或者说公民责任融汇在一起了，在其潜意识里这可能反而是美国政治文化的一种长处。"①

一些信仰基督教新教为主的西方发达国家人士并不认为各宗教间可以平起平坐，共同推动世界公民教育。美国学者英格尔哈特（Ronald Inglehart）就认为不同宗教传统在社会信任上有差别。他在论述文化间差异的文献中谈到了一个关键变量：人与人之间的信任（生存价值观与自我表现价值观这一层面上的一个组成部分）。英格尔哈特指出："詹姆斯·科尔曼（1988 年，1990 年）、加布里埃尔·阿尔蒙德和西德尼·维尔巴（1963 年）、普特南（1993 年）以及福山（1995 年）都认为，要建立民主体制所依赖的社会结构以及作为大型经济企业的基础的复杂社会组织，人与人之间的信任是必不可少的：在人与人之间的信任这一点上，几乎所有的历史上属新教的社会，得分均高于历史上属天主教的社会。即使对照经济发展水平时，情况依然如此：人与人之间的信任与人均国民生产总值水平二者之间有很大连带关系，然而，即便是富裕的天主教社会，在人与人之间的信任这一点上，也不如同等富裕的历史上属新教的社会。"②

4. 民族国家成为世界公民教育的主要载体

（1）民族国家的内涵

周平指出："'族'这个词表达的是'群'的意思。民之为族，是人类本质的必然性现象。人类总是以社会的方式存在和发展社会。用'民族'（nation）这个概念来指称特定的人类群体，则是在欧洲中世纪后期特定的历史时空中形成的，并具有特定的内涵。经过长期而持续的政治整合、经济整合和文化整合，王朝国家的居民逐渐被凝聚成为具有明确的政治色彩而又相互区别的人群共同体。在这样的情况下，早先被民族主义者用以指称具有同一出生地居民团体的拉丁字 natio 被改造为 nation，用来指称这个新的人群共同体。到了 16 世纪和 17 世纪，nation 一词便开始被用

---

① 苏国勋、张旅平、夏光：《全球化：文化冲突与共生》，社会科学文献出版社 2006 年版，第 66—67 页。

② ［美］亨廷顿、哈里森主编：《文化的重要作用：价值观如何影响人类进步》，程克雄译，新华出版社 2010 年版，第 134—135 页。

来描述一国内的人民而不管其种族特征。因此，有学者得出结论说：'并不是民族创造了国家和民族主义，而是国家和民族主义创造了民族。'各个以'民族'（nation）概念指称的人群共同体在发展的过程中，随着民族意识的觉醒和增强，逐渐凸显成为王朝国家内足以抗衡王朝政权的强大社会政治力量，并常常与王朝政权发生摩擦和冲突。为了解决逐渐觉醒的民族与王朝国家之间的二元对立，一种以实现国家与民族的统一为目的的制度框架被创造出来了。这种新的国家制度的本质特征是通过一系列的制度安排来实现和保证民族对国家的认同，因此便以'民族'（nation）来命名，这就是民族国家（nation state）。"① 根据英国著名学者、共产党员霍布斯鲍姆教授的考察，"民族/国家"（nation）大约出现于 18 世纪 80 年代。②

"民族国家由于实现了民族与国家的统一而焕发活力并与资本主义经济的活力相结合而显示优势的同时，民族国家这种国家形式也被世界范围的其他国家接受和模仿从而向全球拓展，不仅成为世界近代以来主导性的国家形态，而且进而构建了民族国家的世界体系。西方的民族国家在对中国造成深刻影响的过程中，民族概念也传入了中国，并被中国的思想家接受。梁启超在 1899 年于《东籍月旦》一文中率先使用'民族'一词后，又于 1902 年在《论中国学术思想变迁之大势》一文中提出了'中华民族'概念。"③

俞可平指出："民族国家建立在众所周知的三要素之上：领土、主权和人民。然而，不可阻挡的经济全球化进程已经对领土、主权和人民三要素构成了重大的挑战，正在从根本上动摇人们心目中的国家形象。正如德国著名学者乌尔里希·贝克所说：人们既可以否定、攻击全球化，也可以为它欢呼，但是无论人们如何评价全球化，涉及的都是这样一种强势理论：以领土来界定的社会领域的时代形象，曾在长达两个世纪的时间里，在各个方面吸引并鼓舞了政治、社会和科学的想象力，如今这种时代形象

---

① 周平：《中华民族：中华现代国家的基石》，《政治学研究》2015 年第 4 期。

② Eric Hobsbawn, *Nations and Nationalism Since 1780: Programme, Myth, Reality*, New York: Cambridge University Press, 1990.

③ 周平：《中华民族：中华现代国家的基石》，《政治学研究》2015 年第 4 期。

正在走向解体。伴随全球资本主义的是一种文化与政治的全球化过程，它导致人们熟悉的自我形象和世界图景所依据的领土社会化和文化知识的制度原则瓦解。"① 正如维尔纳（Pnina Werbner）所说："20世纪后期以来，全球化的持续性浪潮已经使国家的边界变得模糊起来。民族国家边界的合法性已经不仅仅受到来自经济移民与跨国散居的同一民族的挑战；跨国公民、出版机构、媒体、娱乐产业、国际女权主义者或者绿色运动、人权组织、恐怖组织、网上订购、旅行者、联合国、北大西洋公约组织、国际货币基金组织、国际和平法庭，所有这些都超越或跨越了民族国家的边界……爱国主义与民族忠诚现在似乎听起来已经很老旧。"②

（2）民族国家成为世界公民教育"本土化"的载体

朱旭东指出，民族国家是当今公共教育体系的建构者和维护者，是当今世界最基本的国家教育形态，也是世界教育体系的基本单元，是国际教育关系的基本主体，是公共学校体系的基本支柱。由于民族国家仍然是唯一得到国际承认的政治组织结构，因此公共教育体系是民族国家这一政治组织结构在国际关系中的合理的交往对象。③ 尽管联合国教科文组织、乐施会等国际组织积极推动世界公民教育的发展，但其只能成为世界公民教育的主要推动者，实践中还是要依靠民族国家这一主要载体。

虽然西方各国也注重培养世界公民和全球意识，但民族性依然是西方各国公民教育的基本点，增强公民的民族认同感是世界各国公民教育的核心内容，旨在提高公民对自己在国家政治和法律生活中的地位的认识，在情感上培养公民对于所属国家的特定社会群体的认同，在认知上强调公民对自身所承担的责任与所享有的权利的了解。④ 臧宏指出，国家在世界公民教育的发起和价值导向中具有决定性作用，没有国家将联合国教科文组织的蓝图纳入本国的教育框架，联合国相关组织的愿景只能发挥道德教化的作用。国家之所以在全球化时代进行世界公民意识的培养和教育，目的

① 俞可平：《民主与陀螺》，北京大学出版社2006年版，第96页。

② Pnina Werbner, "Divided Loyalties, Empowered Citizenship? Muslims in Britain", *Citizenship Studies*, Vol. 4, No. 3, 2000, pp. 307 – 324.

③ 朱旭东：《论全球化时代民族国家在比较教育研究中的合理性》，《比较教育研究》2013年第11期。

④ 秦树理等：《西方公民学说史》，人民出版社2012年版，第15页。

仍在于增强国家的综合国际竞争力，尤其是民族文化的国际竞争力和适应力。① 穆图鲁尔也认为，世界公民既要对本国负责也要对世界负责。世界变化需要每个人更加有责任感、主动性、民主地对待自己所处的地球上的人和物。②

**（三）国家如何应对国际组织推行的世界公民教育——抵制排斥或者选择性引入**

受世界公民教育思潮影响和自身利益驱动，民族国家开展了不同程度、多元内容的世界公民教育，但民族国家对于国际组织推行的世界公民教育进行了不同回应。

1. 国际组织的重要作用：着眼人类共同利益，遵循各国契约行动

入江昭肯定了国际组织的积极作用："那些年充满着这样的希望：教育确实可以在建立一个相互依存的世界共同体中发挥重大作用，而国际主义必定是教育的关键。受到这个看法的鼓舞，无论是国家和政府间的组织，还是非政府组织都将相当大部分的资源投入到了教育交流项目的继续和扩展中。到了 1951 年，国际大学生实习交流协会（International Association for the Exchange of Students for Technical Experience）、国际大学教授和讲师协会（International Association of University Professors and Lecturers）、国际经济协会（International Economic Association）、国际学校通信和交换组织联合会（International Federation for Organizations for School correspondence and Exchanges）等非政府组织也相继建立起来，它们都在联合国教科文组织的支持下开展工作。"③ 国际组织可以说是全球共同体的"制度形式"。入江昭把全球共同体定义为"一个基于全球意识的跨国网络，这一全球意识指的是这样一种理念，即存在一个超越不同国家和民族社会的更为广阔的世界，任何个人和团体在那个更广阔的世界中都共享一定的利

---

① 臧宏：《公民教育的民族性趋势与本土资源研究》，吉林人民出版社 2012 年版，第 87 页。

② Celal Mutluer, "The Place of History Lessons in Global Citizenship Education: the Views of the Teacher", *Turkish studies-international periodical for the languages*, *literature and history of Turkish or Turkic*, Vol. 8, No. 2, Winter 2013, pp. 189 – 200.

③ ［美］入江昭：《全球共同体：国际组织在当代世界形成中的角色》，刘青等译，社会科学文献出版社 2009 年版，第 52 页。

益和关切"。而国际组织则是全球共同体的"制度形式"①。

20 世纪 90 年代以来,许多新现实主义者提出了新的认识和看法。有的强调在国际社会中各国合作的必要性和可能性,强调即使是强国也无法无视已经建立起来的国际规则和秩序。最著名的事例是,1984—1985 年,美国、英国和新加坡三国以联合国教科文组织效率低下为由退出活动、停止支付经费的行为,就遭到世界各国——尤其是发展中国家——和各国学者的批评。不仅如此,这三个国家最终仍然不得不回到联合国教科文组织的大家庭中。更多的学者认为,即使在强国把持的一些国际政府间组织里,各国仍然可以通过协商与合作,建立各国能够承受、强国也需要遵守的制度与规范。这些制度与规范将有助于处理国际事务和争端。②

非政府组织不是资本主义的代理机构。有些人很可能会进一步声称:非政府组织是全球资本主义的代理机构,它们通过在不同地方建立紧密的联系以及推广某些统一的(即西方的)规则和行为准则来捍卫欧洲和美国资本家的利益。但是这就忽视了这样一个事实:非政府组织是非营利的,它们的活动有时是与全球资本主义的利益相背离的。全球化包含了众多要素:技术的、经济的、组织性的、思想的、艺术的和心理的。选择其中的两个要素并在其间建立起因果关系完全是一种过于简单化的做法。作为一种心理状态的全球化(全球意识)向来是国际组织的重要组成部分,这与资本主义对利润的贪得无厌是不能相提并论的。③

非政府组织源起于自由主义精神。在意识形态的层面上,资本主义和非政府机构或许有一些共同之处。自由主义,一种强调个人相对于国家权威的权利、主动性和自由的思想流派,既为企业家也为慈善家,既为贸易商也为人道救助组织者提供了意识形态基础。尽管自由主义的意识形态产生得较早,在 18 世纪对抗绝对主义(absolutism)和重商主义(mercantilism)时即已应运而生,但直到 19 世纪末期它的重要性才得以彰显,那时德国、意大利、俄国和日本等现代国家相继出现,

---

①　[美]入江昭:《全球共同体:国际组织在当代世界形成中的角色》,刘青等译,社会科学文献出版社 2009 年版,"译序"第 7—8 页。

②　张民选:《国际组织与教育发展》,上海教育出版社 2010 年版,第 32—33 页。

③　[美]入江昭:《全球共同体:国际组织在当代世界形成中的角色》,刘青等译,社会科学文献出版社 2009 年版,第 16 页。

它们与早期的西欧各民族国家一起共同构成了文明世界（美国在内战后才成为一个现代国家）。恰恰是因为这些国家倾向于加强中央政府的权威，一些势力开始寻求维护商业活动的自主性以保护公民的权利，而通常这些势力会通过建立跨越国界的联系来加强自我。国际非政府组织的增加就是这一现象的一个鲜明写照。全球资本主义时代的自由主义逐步展现出国际化的特点。①

2. 国际组织的局限：受民族国家尤其是大国的制约

正如北京大学王立新教授指出的那样，国际组织，特别是政府间组织构成"一种权力结构，使权力不平等关系制度化"，如联合国安理会、世界银行和国际货币基金组织等在维护和平、促进发展的同时，也"反映了大国的偏好"，成为大国实现自己国家利益的工具。同时也有不少国际非政府组织受到本国政府的资助，自觉或不自觉地成为推行国家政策的工具。另外，大多数国际非政府组织是在西方社会的土壤上成长起来的，是建立在西方世界国家与社会二元结构基础上的，并在西方宪政民主、结社自由和市场经济的环境中逐渐壮大，因此国际非政府组织主要体现了西方社会的价值观，即一种"内嵌的自由主义"（embedded liberalism）。内嵌于非政府组织议程与活动中的自由主义以及建立在这种自由主义基础之上的正义和伦理观念是否具有普适性也是有争议的，这也导致它们在从事跨国活动和实施其议程的时候并非总是伴随和谐与合作，有时也带来与非西方国家的矛盾和冲突。在一个无政府状态的国际社会里，国际组织，特别是国际非政府组织之间如何合作和规范自己的行为，协调相互竞争的议程和相互冲突的利益也是一个崭新的课题。②

"被公认为'现实主义之父'的汉斯·摩根索（Hans Morgenthau，1904—1980）提出，国际法规和治理是软弱低效的，国际组织只是国家在希望运用时使用的一种工具。国际组织能够强化和弱化国家的权力，但是无法改变国际社会的基本特性。对此，另一位当代现实主义学者密阿舍梅尔（Mearsheimer，1995）回应说：'在国际社会中最强大的国家造就国

① ［美］入江昭：《全球共同体：国际组织在当代世界形成中的角色》，刘青等译，社会科学文献出版社 2009 年版，第 16 页。
② 同上书，"译序"第 15—16 页。

际组织，所以这些国家就能够维护它们的国际权力份额，甚至增加它们的份额'。"①

德里克·希特认为国家公民在参与国际组织活动时也受到了限制："对于积极参与全球组织的个体来说，他们在履行世界角色的时候还必须承受相应的压力。许多人是在较低忠诚层次作为世界公民角色而行动的，的确，作为国家公民，他们有时必须如此。签署请愿书，请求为这类组织进行慈善捐献，这当然可以把它看作世界公民身份的行为。"② 缺乏世界政府及与之匹配的全球统一文化也是国际组织开展"世界公民"教育的范围和效果受到影响的根本原因。

3. 民族国家对国际组织的基本政策：限制、引导、规范

在一些非政府组织发达的国家，尽管没有专门的非政府组织管理法，但国家根本大法和相关的经济管理法律就构成了非政府组织管理的主要依据。法律对非营利组织的准入只设置了简单的设立程序，有的国家更是承认未登记非营利组织的法律地位，只是在非营利组织的行为能力上施加一定的限制。"美国没有非政府组织管理法，但主要依据可执行的宪法和可操作性非常强的税法，就基本实现了对非政府组织管理的完整制度框架和执行制度"③，"美国的非营利组织的注册非常简单，只需要提交几份两页纸的机构章程，写明机构名称、目标，说明不为任何私人谋取利益的宗旨，然后交州政府批准即可；英国的社团成立采取的是放任制，只有慈善组织才必须申请登记，经过登记的组织可享有税收等方面的优惠，但必须接受慈善委员会的管理；日本采取的则是认可制，法律为民间组织的成立设定了简单的条件，只要符合这些条件，政府一般情况下必须认可；新加坡由于其严格法治才规定所有的非营利组织必须注册，否则非法。即便如此，对非营利组织的性质也有所区分，列入附录的社团才设置了较为苛刻的

---

① 张民选：《国际组织与教育发展》，上海教育出版社 2010 年版，第 32—33 页。

② ［英］德里克·希特：《何谓公民身份》，郭忠华译，吉林出版集团有限责任公司 2007 年版，第 147—148 页。

③ 褚松燕：《中外非政府组织管理体制比较》，国家行政学院出版社 2008 年版，第 249 页。

条件，其他一般性社会团体的设立也十分简便"①。

4. 民族国家对于国际组织推行的世界公民教育的对策为注重价值，为我所用

当前民族国家对于国际组织推行的世界公民教育的对策为注重价值，为我所用。当其符合本国价值观和利益时就进行选择性引入，当不符合本国价值观和利益时就抵制排斥。例如对世界公民教育中的"和平、发展、合作、共生、环保"等理念认同度较高，而对于"民主、人权、全球义务、全球伦理"等理念则选择性引入和吸收。例如，在生态、环保等方面，世界各国和公民没有异议。但是，受国家利益和经济利益驱动，当前全球还存在大量破坏生态环境的行为，世界公民教育思潮在这些行为面前显得苍白无力。例如，作为人类历史上第一个具有法律约束力的减排文件《联合国气候变化框架公约的京都议定书》（*Kyoto Protocol*）的悲剧命运。"由于发达国家政治意愿不足、各国互信缺乏等气候谈判根深蒂固的矛盾，正是埋葬《京都议定书》的主要推手。"②

当前，在一些转型国家和发展中国家也逐步建立了非政府组织的总部，并得到所驻国家的支持，例如设在中国的"保护国际、北京地球村环境教育中心（GVB）、国际爱护动物基金会、绿色和平、全球报告倡议组织、全球环境研究所、世界资源研究所、香港地球之友、香港乐施会、自然之友"，设在泰国的"泰国农村重建基金会、亚洲象之友基金会"，设在巴西的"紧急救援大西洋森林"等与世界公民教育有关的多个非政府组织。中国政府也明确表示："中国不会阻止限制境外非政府组织合法活动。境外非政府组织在中国是一个很活跃的群体，数据显示，现在中国已经有7000多家，主要是在环境、科技、教育、文化等很多领域，给我们带来有益的经验，也带来了资金。"③ 2016年4月28日，中国第十二届全国人民代表大会常务委员会第二十次会议通过了《中华人民共和国境外非政府组织境内活动管理法》，力争为非政府组织提供一个更加规范的

---

① 冯亚文、许玉姣编著：《社会管理基本问题》，甘肃教育出版社2009年版，第267页。

② 袁瑛：《〈京都议定书〉之死——二十年艰苦谈判 末路命运今难阻》，2011年7月4日（http://www.infzm.com/content/60937）。

③ 傅莹：《中国不会阻止限制境外非政府组织合法活动》，2016年3月4日，中国新闻网（http://www.chinanews.com/gn/2016/03-04/7783833.shtml）。

法治环境。

毕竟，"有些非政府组织之所以具有世界公民身份，并不是因为它们是国际组织，也不是因为它们具有联盟的性质，而是因为它们的目标对全世界都具有吸引力，尽管它们的目标可能还有其局限性"①。"在世界公民的发展上，各国政府也应当采取一些统一的政策行动，以免为不法分子造成制度上可利用的实施违法犯罪的空间。"②

### （四）批判性世界公民教育的视角——世界一体化还是多样化

世界公民教育未来的发展应当是世界统一化还是持续多样化？根据批判教育学的观点：教育再生产了占主流地位的社会意识形态、文化以及经济结构，教育从来不是公平的，不能用唯科学的方式研究，而应该用客观的批判思维进行研究。批判性世界公民教育针对世界主义和世界公民教育思潮中显现的世界一体化倾向，对世界一体化还是多样化也进行了相应的思考。

加拿大学者埃道（.Sameena Eidoo）建立了批判性世界公民教育的万花筒模型，从批判的、多学科角度呈现了多元世界公民教育的教育实践。从多元文化主义、种族、宗教、性别、语言和读写等方面分析世界公民教育（见图《批判性世界公民教育的万花筒模型》）。埃道指出了批判性世界公民教育的五项原则："第一，批判地理解全球化，询问全球各层次的权力关系；第二，以公民学习的国际深度视野工作；第三，采取关心、律己、反省的方式，面对在本土和全球问题中个人、群体、国家如何紧密相连；第四，通过批判性认知，以跨文化视角和多样性从事世界公民教育；第五，运用公民机构，使公民机构可行。"③

安德莱奥蒂（Vanessa Andreotti）描绘了世界公民教育的温和与批判取向（见表《世界公民教育的温和与批判取向》）。拉帕耶斯（Yveffe V. Lapayese）指出："我使用批判（critical）来区分世界公民教育更保

① 法国更新治理研究院编：《治理年鉴：2009—2010》，金俊华译，吉林出版集团有限责任公司2011年版，第138页。

② 王洛林：《全球化背景下的中国法治建设》，经济管理出版社2010年版，第240—241页。

③ Sameena Eidoo, etl, "'Through the Kaleidoscope': Intersections Between Theoretical Perspectives and Classroom Implications in Critical Global Citizenship Education", *Canadian Journal of Education*, Vol. 34, No. 4, 2011, pp. 59 – 85.

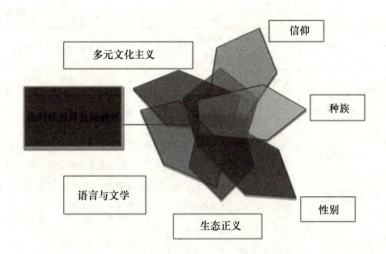

**图 8.1　批判性世界公民教育的万花筒模型**

资料来源: Sameena Eidoo, etl, "'Through the Kaleidoscope': Intersections Between Theoretical Perspectives and Classroom Implications in Critical Global Citizenship Education", *Canadian Journal of Education*, Vol. 34, No. 4, 2011, pp. 59 – 85。

守的形式，批判性世界公民教育试图强加一套价值体系，最终却在挑战优势范式和统治集团的时候失败。世界公民教育必须避免陷入成为另一个统治话语的陷阱。学生和教师必须批判性地审视公民的概念，人权和民主。"①

表 8.3　　　　　　　　　　　**世界公民教育的温和与批判取向**

| 序号 | 条目 | 温和的世界公民教育 | 批判的世界公民教育 |
|---|---|---|---|
| 1 | 问题 | 贫穷、无助 | 不平等、不公正 |
| 2 | 问题的本质 | 欠发达、缺乏教育、资源、技能、技术等 | 复杂的结构、体制、权力关系等产生并维持了剥削和"去授权"（diseapowerment），并倾向于消除差异 |

---

① Yvette V. Lapayese, "Toward a Critical Global Citizenship Education", *Comparative Education Review*, Vol. 47, No. 4, November 2003, pp. 493 – 501.

续表

| 序号 | 条目 | 温和的世界公民教育 | 批判的世界公民教育 |
|---|---|---|---|
| 3 | 处于优势地位的理由 | 发展、历史、教育、更艰苦的工作、更好的组织、良性开发资源、技术 | 控制不平等的体制与儿童节从中获益 |
| 4 | 关心的基础 | 人类共性、善、分享与关怀为了他看的责任（或教他者） | 正义、伤害他者之责任的复杂性（或与他者共同学习）、问责任 |
| 5 | 行动的根据 | 人道主义的、道德的（建基于思想和行为的规范原则） | 政治的、伦理的（建基于关系的规范原则） |
| 6 | "普通"人的角色 | 一些个体是问题的制造者，但普通人是解决方，因为他们可以施加压力、寻求变革 | 我们每个人都同时是"系铃"和"解铃"人 |
| 7 | 必须变革的方面 | 对发展构成障碍的结构、制度与个人 | 结构、（信仰）体系、制度、假设、文化、个人、关系 |
| 8 | 变化如何发生 | 从外到内（强加的） | 从内到外 |
| 9 | 变革的目的 | 每个人都能获得发展，社会和谐、宽容与平等 | 伸张正义，建立平等对话的舞台，人们获得更多自主权以决定自己的发展 |
| 10 | 世界公民教育的目的 | 赋权个体采取行动或成为主动的公民（activecitizen），依据他们所命定的美好生活与理想世界 | 赋权个体去批判地反思他们自身之文化和情境的遗产与进程，设想不同的未来，并承担做决策和行动的责任 |
| 11 | 世界公民教育的潜在意义 | 使学生更好地意识到相关问题，为有关活动提供支持，增强帮助他人的动机，使自我感觉良好等 | 养成独立思考与批判思考，行动更合理、更宝责任心并适于人类基本伦理 |

资料来源：Vanessa Andreotti, "Soft Versus Critical Global Citizenship Education"，转引自高振宇《全球视野下的世界公民教育及对中国的启示》，《全球教育展望》2010 年第 8 期。

根据批判性世界公民教育的观点，我们应当审慎地思考世界公民教育本身的合理性，以及实施的程度和范围，把握好教育实施中一体化与多样化以及世界主义与多元文化主义的关系，在推行世界公民教育的过程中不应该强制原有多元文化的消解。亚瑟（James Arthur）等指出："我们还不应当忽略世界上一些国家的地区（如北爱尔兰、香港）在进行基于民族认同的爱国模式的公民教育有一定特殊性。这些地区正在开展的是寻求基于共同权利的公民教育。一项对北爱尔兰人14—18岁的调查发现，年轻人或把自己作为爱尔兰人（42%），或英国人（23%），或北爱尔兰人（18%）。"① 正如唐克军所说："所以北爱尔兰不可能进行基于民族认同的爱国模式的公民教育，而是寻求基于共同权利的公民教育。"② 在一项对中国上海、香港两地的世界公民教育状况调查中，超过九成的受访者认为需要加强"世界公民教育"，但上海教育工作者比香港更注重提升学生的竞争力，香港教育工作者比上海更注重培养学生认识和接纳多元价值。③ 通过调查可以看出：上海师生是以我为主，大国视野；香港师生更强调融入全球，开放多元。

　　本研究认为，片面坚持世界主义有可能像共同体主义者一样压制少数民族公民的正当权利诉求。世界公民教育有一项内容是保护环境和物种多样性，那么这与保护民族多样性、文化多样性并不矛盾，需要与共同体主义的教育划清界限。我们需要对世界公民教育的内容进行分类，哪些是世界公民需要遵守的，哪些是少数民族特色需要保护的；此外，还需要根据国家文明类型和文化的不同进行分类推广实施世界公民教育。例如在美加澳等多元化种族国家，首先应做好多元文化教育与跨文化教育，即先学习和本国身边不同种族的人交往，继而学习与世界上不同种族的人交往，即世界公民教育。以上假设都有待于通过进一步研究来验证。

---

① James Arthur, Ian Davies and Carole Hahn, *The Sage Hand of Education for Citizenship and Democracy*, New Delhi: Sage Publications, 2008, pp. 255 – 256.

② 唐克军：《英国公民教育简论》，参见中国教育学会比较教育分会第十六届年会论文集2012年版，第475—480页。

③ 李荣安主编：《世界公民教育：香港及上海中学状况调查研究》，乐施会2004年版，第213—215页。

# 三 展望

## （一）通过世界公民教育构建人类命运共同体

马克思指出："新思潮的优点就恰恰在于我们不想教条似的预料未来，而只是希望在批判旧世界中发现新世界。"[1] 展望未来，通过世界公民教育构建人类命运共同体是有可能的，正如赵进中所说："中国有大同世界的思想，西方有康德的世界公民理论，在今天全球化的时代，如同沃勒斯坦对世界体系的思考，认为人类寻求的不应该仅仅是资本的全球化，而应该是世界公民的全球化。"[2]

联合国教科文组织的研究报告《反思教育：向"全球共同利益"的理念转变?》就指出："共同利益可以定义为人类在本质上共享并且互相交流的各种善意，例如价值观、公民美德和正义感。报告认为，共同利益的概念超越了个人主义的社会经济理论。共同利益不是个人受益，而是一项社会集体努力的事业。在界定什么是共同利益时，强调参与过程，知识必然成为人类共同遗产的一部分。要在相互依存日益加深的世界实现可持续发展，就应将教育和知识视为全球共同利益……教育在促进发展所需的知识方面，起到了重要作用：首先，是与当地及国家的社会、文化和政治环境共命运的意识，以及全人类休戚与共的精神；其次，通过了解地方和全球层面的社会、经济和环境变化的相互依存关系，认识到社区发展面临的挑战；最后，出于个人对社区的责任意识，承诺参与地方、国家及全球层面的公民行动和社会行动。"[3]

赫尔德指出：世界主义民主侧重于全球范围的制度性变革，它与早期的威尔逊理想主义有很多相似之处。所不同的是，理想主义主要从世界和平的目标出发，而世界主义民主背后所蕴含的价值取向和基本原则是：在尊重所有人的平等价值和尊严、个人的权利与职责相统一的基础之上，对

---

① 中央编译局：《马克思恩格斯全集（第一卷）》，人民出版社 1972 年版，第 416 页。

② 赵进中：《世界公民社会道德理念的现代性——以德国理论为视角的探讨》，北京大学历史学系编《北大史学》（16），北京大学出版社 2011 年版，第 306 页。

③ 顾明远：《对教育本质的新认识》，《光明日报》2016 年 1 月 5 日第 14 版。

于公共事务应通过投票方式做出决定，以保证可持续发展的实现。世界主义政体以将世界看作一个"命运重叠的共同体"为出发点，寻求扩展受法治、民主和人权原则约束的国家和其他机构组成的框架，并在全球和区域层次上不断提升有效的、负责任的政治、管理和调节能力，以此作为对国家和地方层次的补充。① 冷战后规范理论中的世界主义主张在很大程度上继承了近代尤其是康德哲学的传统，坚守个人主义的价值前提和全球共同体的道德理想。②

每个人都生活在他者中，存在于人类命运共同体中，正如麦金太尔所说："对我来说，决不可能仅仅以个人的资格寻求善和践行德行。……我们都是作为一个特殊的社会身份的承担者与我们自己的环境打交道的。我是某个人的儿子或女儿，另外某人的表兄或叔叔；我是这个或那个城邦的公民，这个或那个行业或职业的一个成员，我属于这个氏族、那个部落或这个民族。因此，那对我来说是好的事情必定对那处于这些角色中的任何人都是好的，这样，我从我的家庭，我的城邦、我的部落、我的民族继承了它们的过去，各种各样的债务、遗产、合法的前程和义务。这些构成了我的生活的既定部分，我的道德的起点。在一定程度上，正是这一切使我的生活有它自己的道德特殊性。"③

世界民主模式被看作附属性地方机构与全球团体之间更加有效的一种渐进演化方式，是联合国改革的方向，以及当前全球公民社会网络的发展趋势。这幅得到了提高的民主蓝图将使公民在改善了的司法体系中受到保护，并以直接民主、代议民主和全民公决等方式参与各式各样的民主过程。用这一理念的主要阐述者戴维·赫尔德（David Held）的话来说就是，在世界民主体系中，人们在各种有效地影响着他们的共同体中享有成员资格，并相应形成了各种形式的政治参与。从原则上说，公民身份将延展到所有交叉性（cross—cutting）政治共同体的成员资格中，不论这种政

---

① David Held，"Democratic Accountability and Political Effectiveness from a Cosmopolitan Perspective"，*Government and Opposition*，Vol. 39，No. 2，Spring 2004，2000，p. 389，pp. 382 – 383.

② 张旺：《世界主义的价值诉求——国际关系规范理论的视角》，《教学与研究》2006 年第 12 期。

③ 转引自吴玉军《现代性语境下的认同问题：对社群主义与自由主义论争的一种考察》，中国社会科学出版社 2012 年版，第 49 页。

治共同体是地方性的还是全球性的。

各国公民应当努力推动关注世界公民教育，促进人类命运共同体的形成。"未来的工作中需要发展对民主观念的共同理解，例如多元文化主义、参与、综合，公民社会，聚集教育者、学者、政治家和感兴趣的公民，在各国论坛和国际论坛上，通过在线、面或两者一同运用的形式相互交流。而且，需要批判比较概念上的研究来支持对话，与观念发展一样，为了可能或局部的规划，关注国际教育、和平教育、国际人权和公民教育，作为争论和反对的场所（sites）。"①

学校需要改进教学来促使青年人明确全球责任。"在一个全球化的时代，世界范围内的相互信任依赖使得大多数人在日常生活中就感受到了这种全球化，因而对于个人来说非常重要的是，他们应知道如何对全球范围内的公共事务发挥某种控制和影响作用，就像对他们地区性的共同体和国家的公共事务一样。为了抵消无力感所致的萎靡不振，教师必须当心对其影响年轻人的日益增长的过分预期。因为当其学生们有限的激情行动在世界如此规模的问题面前显得是如此微不足道，但他们必须不能沮丧，不能失望。必须设定现实的目标。必须在年轻人心中培养一种承担一部分责任的意识，一份不断增长、不断扩展的责任，而不管是多小的一部分责任。因为教学也是一种可能的艺术。"②

正如德里克·希特指出的那样，随着 19、20 世纪军事冲突的不断增多，全球公民的概念与促进和平的责任显得愈加重要。"全世界的公民们团结起来吧，否则你将失去一切！"③

### （二）逐步实现国家公民身份与世界公民身份的整合

国家中的每位公民将必须学着成为一个"世界公民"，也就是说，

---

① Alan Reid, *Globalization, the Nation-state and the Citizen: Dilemmas and Directions for Civics and Citizenship Education*, Oxon: Routledge, 2010, p. 238.

② ［英］德里克·希特：《公民身份——世界史、政治学与教育学中的公民理想》，郭台辉、余慧元译，吉林出版集团有限责任公司 2010 年版，第 348 页。

③ 同上书，第 202 页。

"一个有能力调和国家传统与其他替代性的生活方式的个人"①。"国家中的世界公民身份与国家公民身份既不是替代关系，也不是敌对关系。无论在地方、国家、区域或者全球哪一个层面，它都是成为公民的一种方式。世界公民身份建立在人类同胞无论身处何地都团结一致的情感基础之上，它扩大了公民身份的视域，反对对公民身份进行一种狭隘和排他性的定义：世界公民（身份）教育必然是关于如何使学习者在他们当前的环境和全球环境之间建立起联系，它将包括公民（身份）学习在内的一切作为一个整体。这意味着对国民身份认同有更广泛的理解，我们需要认识到，对于身份，比如说英国国民身份，不同的人可能会有不同的体会。这也意味着承认我们共同的人性以及与他人团结的意识。但是如果我们不能在自己的社区里树立团结他人尤其是与我们意见相左者的意识，那么仅仅感受到并表达对其他地方的人的团结意识则是远远不够的。"②

一方面，要重视国家公民教育，维系国家共同体。保罗·卡恩《摆正自由主义的位置》指出，国家公民应当无条件为国家牺牲，这种对国家的爱是国家本身存在的条件，这种精神是其他任何共同体都无法比拟的。"几乎所有现代国家，如果处在关乎国家存亡的危急时刻，必定能够征召它的公民。在这些情况下，公民也必须为国捐躯。这种'死了都要爱'的精神是其他任何共同体都无法比拟的。"③反观"世界公民"，对于国际组织、社团等共同体的牺牲是有限的，可以付出时间、金钱、脑力、体力，却鲜有人愿意为"共同体"献出自己宝贵的生命。那些标榜世界宗教的邪教、共同体要求自己的信徒集体殉道，早已不在"世界公民"及"全球公民社会"之列。

另一方面，要坚持开展世界公民教育，推动世界发展。公民身份还必须超越狭隘的国家意识，朝着开放的世界意识发展。完全的"世界公民"不现实，惧怕世界公民教育思潮，抱着国家公民不放，也不理性。理性的、可行的态度只能根据当代社会的格局而定，全球化时代的民族国家需

① ［英］戴维·赫尔德、安东尼·麦克格鲁：《全球化与反全球化》，林祐圣、叶欣怡译，弘智文化事业有限公司2005年版，第156页。
② ［英］奥黛丽·奥斯勒、休·斯塔基：《变革中的公民身份：教育中的民主与包容》，王啸、黄玮珊译，教育科学出版社2012年版，第23—24页。
③ 田力：《"诗无济于事"——保罗·卡恩对美国自由主义的批判》，《读书》2015年第10期。

要的是世界历史性国家公民。

"所谓'世界历史性'是指当前世界一体化、全球化的特性，但它又与民族、国家相联系，必然受到民族国家利益的制约。它强调全球的利益，全人类的观念，有别于狭隘的民族主义、国家主义，但又不抹杀民族国家的存在，试图超越狭隘的民族国家中心主义在心理上、社会上、文化上的偏见。世界历史性的公民，立足于民族国家，放眼于世界，将民族国家利益与全人类的利益紧密结合起来，做到'思考着眼于全球，行动始于地方'，实现国家公民身份与世界公民身份的整合。"①

当今世界不能产生完全脱离国家的世界公民。因为标榜世界公民的人也出生在某个民族国家，世界上有中立国，但没有一片不属于任何国家的繁华的城市和富饶的土地供所谓的"世界公民"去栖息。即使是像世界未来协会将总部设在联合国附近，其成员也由世界各国的公民组成；即使将乌托邦主义者的理想变为现实，占领了大洋上的某个无人岛去建设，其所谓的"理想国""太阳城""大西岛"也是领土狭小，影响力有限。真正的"世界公民"不应当是"出世"，而应当是"入世"②，投身于由民族国家和普罗大众构成的现实世界之中，努力促进世界和平发展，正如全祖望《梅花岭记》所说："其气浩然，常留天地之间，何必出世入世之面目。"

### （三）国际组织向"全球共同体"的发展愿景

世界公民教育需要载体，世界公民教育思潮对国际组织向"全球共同体"的发展给予了期望，这种期望又和全球公民社会思想的倡导不同。由于不存在一个世界政府来赋予我们"世界公民"资格，保障我们的权益，国际组织这时就承担了相应的、一定限度的角色。从国际组织的发展趋势来看，其将会伴随着人类命运共同体、利益共同体、责任共同体的构建，逐渐向全球共同体发展。当前构建全球共同

---

① 冯建军：《公民的当代境遇与公民教育的路向选择》，《探索与争鸣》2012 年第 11 期。

② "出""入"就是离去和进来的意思，而"世"在这里指各国构成的世界。综合禅宗和儒家之说，出世表示一个人不再关心人类生活中大家都追求的功名、权位、财富等，出世的人希望超脱世人的生活，更多在精神上的追求；入世则相反，表示一个人渴望在现实生活中实现自己的价值。

体具有非常重要的作用。入江昭指出："虽然国际社会、全球共同体以及'行星地球'等大部分理念都预见到了国家间和民众间的相互依存，但至今还没有发展出各世界组织互相往来、共同促进人类福祉的观念。在现阶段这或许还很难实现。国际组织几十年来所追求的全球共同体是一个很好的开始。这一共同体以其自身的动力向前发展着，以不同的形式存在着：或者是主权国家形成的国际体系，或者是商业世界。如果这些不同的共同体能够紧密地联合起来，那么就会出现一个真正的人类共同体，这个共同体将由各种有共同担当、试图通过合作以解决人类问题的不同组织组成。我们尚不清楚这一愿景能否实现，但在某种程度上说这种可能性是存在的，我们应该对国际组织，尤其是非政府组织领导了这一进程而予以表扬。"① 我们虽然无法否定我们各自的国家身份，但我们同时也都是共享着同一个星球的人类。如果全球化的大潮持续下去——这一点似乎毋庸置疑，尽管有时候会有些倒退——我们就有必要对全球共同体给予密切的关注。②

正如入江昭所说："如果人们想要寻求建立世界秩序的可能性，而不是无政府状态，就必须认真地看待国际组织的活动，因为绝大多数这样的组织从定义上来说都是以建立国际秩序、合作和相互依存为导向的……当个别国家破坏和平，或企图把地球分割为自足的（self-contained）帝国，或专注于民族统一和强大时，政府的和非政府的国际组织就代表了世界的良知。在一个经济与政治全球化（在战后重续其进程）受到了看似全球军事主义和无政府主义的挑战的年代，全球意识由于非国家行为体为维护一个世界的理念而做出的英勇行动得以幸存。"③

全球共同体不是传统意义上的国际社会。北京大学王立新教授指出："西方国家领导人在公开文件中经常使用'国际社会'这一概念，实际上在多数情况下表达的是西方国家的意愿与立场。这种特定语境下的'国际社会'实际上已经成为一种公共辞令和权力政治话语。'共同体'是指

---

① ［美］入江昭：《全球共同体：国际组织在当代世界形成中的角色》，刘青等译，社会科学文献出版社 2009 年版，第 206 页。

② 同上书，"中文版序言"第 3 页。

③ 同上书，第 6、39 页。

建立在共同价值观和社会内聚性基础上组织起来的群体，参与者通常具有共同的成员身份和情感纽带，在共同体内部可以实现自己的需要并通过发挥自己的影响来获得自我实现，也就是说具有强烈的共同体意识（sense of community）。民族和国家通常被认为是这样的共同体。西塞罗谈到民族和国家时说：一个民族并不是随随便便一群人，不管以什么方式聚合起来的集合体，而是很多人依据一项关于正义的协议和一个未来共同利益的伙伴关系而联合起来的一个集合体。入江昭所描绘的由国际组织和全球化进程所催生的全球共同体具有类似民族（国家）共同体的初步特征，它也是建立在共同的价值观和文化，共同的情感与社会纽带和利益关切，甚至是共享的（全球）身份基础上的。而国际社会显然不是这样的共同体。因此，国际社会与全球共同体的区别是显而易见的。其一，如果说国际社会的基本单位是主权国家，而全球共同体的基本单位则是跨国行为体，包括国际组织、国际非政府组织和跨国公司。……全球共同体的思想基本上是康德式的，主张建立起超越民族国家主权或打破民族国家界限的治理结构。其二，主权国家构成的国际社会强调的是国家利益至上和民族国家文化的特殊性，而由跨国行为体组成的全球共同体关注的是人类共同利益、全球公共问题和普遍的正义，代表了理念、制度和生活方式的一致和趋同。其三，国际社会奉行的是主权至上、不干涉内政的原则，而在全球共同体中只有打破主权神话这些原则才能建立，无论是政府间组织还是非政府组织实际上都把关注其他国家的内部事务视为理所当然。其四，由主权国家组成的国际社会由于国家对自私的国家利益的追求而内在地蕴藏着冲突，而由跨国行为体构成的全球共同体孕育的是友爱、互助、合作精神和相互依赖意识。主权国家构成的国际体系带来的是国家之间的相互隔绝与不信任，而全球共同体以打破国家界限和实现相互合作为其存在的前提。其五，民族国家组成的国际体系和国际社会主要关注国家安全；而全球共同体主要关注'人类安全'（human security），也就是保障世界各地的人们免予环境伤害、免受人权暴行和各种歧视。全球共同体虽然并不能取代由主权国家构成的国际社会，但它是与国际社会并立的世界共同体，并且在逐渐侵蚀主权国家的影响力和由主权国家构成的已经存在数百年的国际体系，使国际关系进入了后威斯特伐利亚时代。"①

"在共同体中，人与人之间的亲密交往、兄弟手足情谊、稳固的世俗礼仪，使得个人能够从共同体当中获得一种稳定的归属感和安全感。"② 齐格蒙特·鲍曼用近乎诗化的语言描绘了共同体的这种温馨："在共同体中，我们能够互相依靠对方。如果我们跌倒了，其他人会帮助我们重新站立起来。没有人会取笑我们，也没有人嘲笑我们的笨拙并幸灾乐祸。如果我们犯了错误，我们可以坦白、解释和道歉，若有必要的话，还可以忏悔；人们会满怀同情地倾听，并且原谅我们，这样就没有人会永远记恨在心里。在我们悲伤失意的时候，总会有人紧紧地握住我们的手。当我们陷于困境而且确实需要帮助的时候，人们在决定帮助我们摆脱困境之前，并不会要求我们用东西来作抵押；除了问我们有什么需要，他们并不会问我们何时、如何来报答他们。他们几乎从来不会说，帮助我们并不是他们的义务，并且不会因为在我们之间没有迫使他们帮助我们的契约，或者因为我们没能恰当地理解这一小小的契约书而拒绝帮助我们。我们的责任，只不过是互相帮助，而且，我们的权利，也只不过是希望我们需要的帮助即将到来。"③

### （四）世界公民教育思潮仍将深入发展

尽管世界公民教育思潮在推行中面临着认同危机和理论上的质疑与争议，但世界公民教育思潮不会因此消亡，未来随着全球化的深入，仍会呈渐进式发展，正如曼海姆所说："当我们鸟瞰某一时代时，这一时代才会呈现出只被一种知性潮流主宰的面貌。如果更深入地考察历史的细节，我们会发现每一个时代都被分割成多个潮流，至多会发生的情况就是一种潮流获得了统治地位，而将其他潮流降低到暗流的地位。没有一种潮流会真正被消灭，即使当一种潮流获得胜利时，其他从属于某一社会局部的潮流也会继续作为暗流而存在，时刻准备着当时机成熟时再次出现，并在更高

---

① ［美］入江昭：《全球共同体：国际组织在当代世界形成中的角色》，刘青等译，社会科学文献出版社 2009 年版，"译序"第 10—12 页。

② 吴玉军：《现代性语境下的认同问题：对社群主义与自由主义论争的一种考察》，中国社会科学出版社 2012 年版，第 63—64 页。

③ 同上。

的层次上重新建构自己。"①

　　世界公民教育思潮的理想不是空中楼阁。全球问题具有超意识形态性，便于进行跨国合作，也易于避免某些政治上的麻烦与冲突。全球问题的超意识形态性是指其存在的普遍性、挑战的共同性、利益的相关性。"全球问题不因你是社会主义国家就不存在，也不因你是发达国家就可避免，它反映了人类社会生活中更一般的内容。正因为如此，全球问题所带来的挑战就是人类面临的共同挑战，它所关涉的利益就是人类的共同利益。全球问题的这一显著特点，不仅有助于在全球层面达成合作的共识，形成有约束力的机制与条约，尤其适于在国内层面开展跨国合作，实施全球治理。道理显而易见，当他国、国际组织和世界公民运动试图介入一国的政治、军事、外交事务时，必然会触动敏感的主权问题，从而导致激烈的反应，甚至纠纷。但对关乎经济、社会发展，指向改善人与自然关系，提高人类生活质量的问题与事务，各国大都欢迎国际社会的介入，包括资金的投入、人员的培训、技术的支持，以及治理机制与方法的引进。对于国内层面的全球治理，将其治理对象锁定于全球问题不仅是适宜的，而且是现实可行的。它既为全球层面的治理主体介入存在于一国，但却又为有全球影响的事务提供了可能，又能为主权国家接受。"② 查卡利亚（Zakaria F.）认为：当今世界向着"更加平等，更加积极和更加富有活力"的方向发展。③

　　从乐观的角度看，世界公民教育思潮和实践正在向康德所期望的未来靠近："这就使人可以希望，在经过许多次改造性的革命之后，大自然以之为最高目标的东西，——那就是作为一个基地而使人类物种的全部原始秉赋都将在它那里面得到发展的一种普遍的世界公民状态，——终将有朝一日会成为现实。"④ 尽管世界公民教育存在自身无法解决的问题，但在我们质疑世界公民教育合理性的时候，国际组织和民族国家已经开始积极

---

① 《卡尔·曼海姆精粹》，南京大学出版社 2002 年版，第 41 页。
② 曹子阳：《文化军事解密世界极端气候变化中的世界公民运动浪潮》，微盘（http://vdisk.weibo.com/search/? type = public&keyword = 世界公民教育）。
③ Zakaria F., "Education for Global Citizenship", *Independent School*, Vol. 64, No. 3, 2005, pp. 86 - 92.
④ ［德］康德：《历史理性批判文集》，何兆武译，商务印书馆 1996 年版，第 18 页。

推进世界公民教育，其政策与实践反思构成了世界公民教育思潮的重要部分。可以预测，未来世界公民教育思潮将在世界公民资格缺失与多方推进中，随着全球化的深入继续发展。

# 参考文献

## 著　作

[1] [澳] 巴巴利特：《公民资格》，谈谷铮译，桂冠图书股份有限公司 1991 年版。

[2] 蔡德贵编：《世界公民颜雅清传》，花城出版社 2013 年版。

[3] 陈丽华、田耐青等：《打造世界公民的 12 个方案：全球教育理论与 实践》，高等教育文化事业有限公司 2011 年版。

[4] [德] 奥特弗利德·赫费：《经济公民、国家公民和世界公民——全 球化时代中的政治伦理学》，上海译文出版社 2010 年版。

[5] [德] 奥特弗利德·赫费：《全球化时代的民主》，庞学铨、李张林、 高靖生译，上海世纪出版集团 2007 年版。

[6] [德] 康德：《道德形而上学》（注释本），张荣译，中国人民大学出 版社 2013 年版。

[7] [德] 乌韦·卡斯滕斯：《滕尼斯传——佛里斯兰人与世界公民》， 林荣远译，北京大学出版社 2010 年版。

[8] [法] 奥利维埃·多尔富斯：《地理观下全球化》，张戈译，社会科 学文献出版社 2010 年版。

[9] [法] 多米尼克·莫伊西：《情感地缘政治学：恐惧、羞辱与希望的 文化如何重塑我们的世界》，姚芸竹译，新华出版社 2010 年版。

[10] 冯俊、龚群主编：《东西方公民道德研究》，中国人民大学出版社 2011 年版。

[11] [古罗马] 马可·奥勒留：《沉思录》，何怀宏译，中央编译出版社 2012 年版。

[12] 郭忠华、刘训练编：《公民身份与社会阶级》，江苏人民出版社2007年版。

[13] 国际21世纪教育委员会：《教育——财富蕴藏其中》，联合国教科文组织总部中文科译，教育科学出版社1996年版。

[14] 黄晓婷：《中小学公民教育政策：变迁与展望》，社会科学文献出版社2013年版。

[15] ［加］威尔·金利卡，《多元文化的公民身份——一种自由主义的少数群体权利理论》，马莉、张昌耀译，中央民族大学出版社2009年版。

[16] 乐施会编著：《扶贫毅行——乐施会在中国内地二十年》，知识产权出版社2011年版。

[17] 李秋零主编：《康德著作全集》（第8卷），中国人民大学出版社2010年版。

[18] 李荣安主编：《世界公民教育：香港及上海中学状况调查研究》，乐施会2004年版。

[19] 李素洁编：《为世界公民的人生奠基：长沙麓山国际实验学校教育创新研究》，教育科学出版社2012年版。

[20] 刘化军：《社群主义方法论的批判性分析：兼论唯物史观的当代价值》，科学出版社2013年版。

[21] ［美］阿兰·博耶等，《公民共和主义》，应奇、刘训练编译，东方出版社2006年版。

[22] ［美］丹尼·罗德里克：《全球化的悖论》，廖丽华译，中国人民大学出版社2011年版。

[23] ［美］公民教育中心：《民主的基础：世界公民读本文库》，刘小小、赵文彤译，金城出版社2011年版。

[24] ［美］奎迈·安东尼·阿皮亚：《荣誉法则：道德革命是如何发生的》，苗华健译，中央编译出版社2011年版。

[25] ［美］奎迈·安东尼·阿皮亚：《世界主义：陌生人世界里的道德规范》，苗华建译，中央编译出版社2012年版。

[26] ［美］罗伯特·诺奇克：《无政府、国家和乌托邦》，姚大志译，中国社会科学出版社2008年版。

[27] [美] 玛莎·努斯鲍姆:《培养人性:从古典学角度为通识教育改革辩护》,李艳译,生活·读书·新知三联书店 2013 年版。

[28] [美] Carlos Alberto Torres:《民主、教育与多元文化主义:全球社会公民职权的困境》,张建成译,(台北)学富文化事业有限公司 2010 年版。

[29] [美] 乔纳森·弗里德曼:《文化认同与全球性过程》,郭建如译,商务印书馆 2003 年版。

[30] [美] 入江昭:《全球共同体:国际组织在当代世界形成中的角色》,刘青等译,社会科学文献出版社 2009 年版。

[31] [美] 沃尔特·C. 帕克:《美国小学社会与公民教育》,谢竹艳译,江苏教育出版社 2006 年版。

[32] [美] 小约瑟夫·奈、[加] 戴维·韦尔奇:《理解全球冲突与合作理论与历史》,张小明译,上海人民出版社 2012 年版。

[33] [美] 约翰·罗尔斯:《正义论》,何怀宏、何包钢、廖申白译,中国社会科学出版社 1988 年版。

[34] 秦树理、陈思坤、王晶等:《西方公民学说史》,人民出版社 2012 年版。

[35] 饶从满:《教育的比较视野》,安徽教育出版社 2012 年版。

[36] 饶从满:《日本现代化进程中的道德教育》,山东人民出版社 2010 年版。

[37] [日] 橘玲:《(日本人):括号里的日本人》,周以量译,中信出版社 2013 年。

[38] [日] 岭井明子主编:《全球化时代的公民教育:世界各国及国际组织的公民教育模式》,姜英敏编译,广东教育出版社 2012 年版。

[39] [美] 塞缪尔·亨廷顿、劳伦斯·哈里森主编:《文化的重要作用:价值观如何影响人类进步》,程克雄译,新华出版社 2010 年版。

[40] [英] 史蒂芬·缪哈尔、亚当·斯威夫特:《自由主义者与社群主义者》,孙晓春译,吉林人民出版社 2011 年版。

[41] 宋建丽:《公民资格与正义》,人民出版社 2010 年版。

[42] 苏国勋、张旅平、夏光:《全球化:文化冲突与共生》,社会科学文献出版社 2006 年版。

[43] 唐克军：《比较公民教育》，中国社会科学出版社 2008 年版。

[44] 陶国富：《公民道德向度与和谐发展逻辑》，上海财经大学出版社 2010 年版。

[45] 特伦斯·K. 霍普金斯、伊曼纽尔·沃勒斯坦等：《转型时代：世界体系的发展轨迹：1945—2025》，吴英译，高等教育出版社 2002 年版。

[46] ［土］哈坎·奥尔蒂奈主编：《全球公民：相互依赖世界中的责任与权力》，祁怀高、金芮帆译，上海人民出版社 2012 年版。

[47] 万捷琳：《共和主义的公民身份理论：一种观念史的考察》，中国社会科学出版社 2011 年版。

[48] 王杰、张海滨、张志洲主编：《全球治理中的国际非政府组织》，北京大学出版社 2004 年版。

[49] 王铁军：《全球治理机构与跨国公民社会》，上海世纪出版集团 2011 年版。

[50] 邬志辉：《教育全球化：中国的视点与问题》，华东师范大学出版社 2004 年版。

[51] 吴玉军：《现代性语境下的认同问题：对社群主义与自由主义论争的一种考察》，中国社会科学出版社 2012 年版。

[52] ［意］但丁：《论世界帝国》，朱虹译，商务印书馆 2007 年版。

[53] ［英］安东尼·吉登斯：《全球时代的民族国家：吉登斯讲演录》，郭忠华编译，江苏人民出版社 2012 年版。

[54] ［英］奥黛丽·奥斯勒、休·斯塔基：《变革中的公民身份：教育中的民主与包容》，王啸、黄玮珊译，教育科学出版社，2012 年版。

[55] ［英］德里克·希特：《公民身份——世界史、政治学与教育学中的公民理想》，郭台辉、余慧元译，吉林出版集团有限责任公司 2010 年版。

[56] ［英］德里克·希特：《何谓公民身份》，郭忠华译，吉林出版集团有限责任公司 2007 年版。

[57] ［英］尼克·史蒂文森：《文化与公民身份》，陈志杰译，吉林出版集团有限责任公司 2007 年版。

[58] ［英］约翰·基恩：《全球公民社会？》，李勇刚译，中国人民大学

出版社 2012 年版。

[59] 余文烈、吴海山：《当代资本运动与全球金融危机》，海天出版社 2014 年版。

[60] 臧宏：《公民教育的民族性趋势与本土资源研究》，吉林人民出版社 2012 年版。

[61] 张秀雄，邓毓浩主编：《多元文化与民主公民教育》，韦伯文化国际出版有限公司 2006 年版。

[62] 张秀雄主编：《公民教育的理论与实施》，台北师大书苑有限公司 1998 年版。

[63] 张秀雄主编：《新世纪公民教育的发展与挑战》，台北师大书苑有限公司 2004 年版。

[64] 赵进中：《"世界公民"之路：论德国公民权利发展的历史主线》，北京大学出版社 2008 年版。

[65] 赵可金：《全球公民社会与民族国家》，上海三联书店 2008 年版。

[66] 赵中建选编：《全球教育发展的研究热点：90 年代来自联合国教科文组织的报告》，教育科学出版社 2003 年版。

[67] 周俊：《全球公民社会引论》，浙江大学出版社 2010 年版。

[68] Alan Reid, Judith Gill, Alan Sears, *Globalization, the Nation-State and the Citizen: Dilemmas and Directions for Civics and Citizenship Education*, New York: Routledge, 2010.

[69] Alastair Davidson and Kathleen Weekley, *Globalization and Citizenship in the Asia-Pacific*, Hampshire: Macmillan Press, 1999.

[70] Ali A. Abdi and Lynette Shultz, *Educating for Human Rights and Global Citizenship*, New York: State University of New York Press, 2008.

[71] Andrew Mahlstedt, Global Citizenship Education in Practice: An Exploration of Teachers in the United World Colleges. Monograph, International Comparative Education School of Education Stanford University, 2003.

[72] Barbara C. Crosby, *Leadership for Global Citizenship: Building Transnational Community*, Thousand Oaks: Sage Publications, 1999.

[73] Ben Tonra, *Global Citizen and European Republic: Irish Foreign Policy in Transition*, New York: Manchester University Press, 2006

[74] Cark A. Grant and Agostino Portera, *Intercultural and Multicultural Education: Enhancing Global Interconnectedness*, New York, London: Routledge, 2011.

[75] Cheah Pheng and Bruce Robbins, *Cosmopolitics: Thinking and Feeling beyond the Nation*, Minneapolis and London: University of Minnesota Press, 1998.

[76] Daniele Archibugi, *The Global Commonwealth of Citizens: toward Cosmopolitan Democracy*, Princeton: Princeton University Press, 2008.

[77] Darren J. O'byrne, *The Dimensions of Global Citizenship: Political Identity beyond the Nation-state*, London: Frank Cass & Co. Ltd, 2003.

[78] David Machacek and Bryan Wilson, *Global Citizens: the Soka Gakkai Buddhist Movement in the World*, New York: Oxford University Press, 2000.

[79] Derek Heater, *A Brief History of Citizenship*, New York: New York University Press, 2004.

[80] Derek Heater, *A History of Education for Citizenship*, London: Routledge Chapman & Hall, 2004.

[81] Derek Heater, *Citizenship: the Civic Ideal in World History, Politics and Education*, New York: Longman Inc, 1990.

[82] Derek Heater, *Peace through Education: the Contribution of the Council for Education in World Citizenship*, New York: Falmer Press, 1984.

[83] Derek Heater, *What is Citizenship*, Cambridge: Polity Press, 1999.

[84] Derek Heater, *World Citizenship: Cosmopolitan Thinking and its Opponents*, London: Continuum, 2002.

[85] Dill Jeffrey S. , *The Longings and Limits of Global Citizenship Education: the Moral Pedagogy of Schooling in a Cosmopolitan Age*, New York: Routledge, 2013.

[86] Donella H. Meadows, *The Global Citizen*, Washington D. C. : Island Press, 1991.

[87] Eduard Vallory, *World Scouting: Educating for Global Citizenship*, New York: Palgrave Macmillan, 2012.

[88] Elise Boulding, *Building a Global Civic Culture: Education for an Inter-dependent World*, New York: Teachers College Press, 1988.

[89] George Walker, *Educating the Global Citizen*, Suffolk: John Catt Educational Ltd, 2006.

[90] Graham Pike and David Selby, *In the Global Classroom 2*, Toronto: Pippin Press, 2000.

[91] Hans Schattle, *The Practice of Global Citizenship*, Lanham: Rowman & Littlefield Publishers, 2008.

[92] Homi K. Bhabha, *Nation and Narration*, London, New York: Routledge, 1990.

[93] James Arthur, Ian Davies and Carole L. Hahn, *The Sage Handbook of Education for Citizenship and Democracy*, California: SAGE publications, 2008.

[94] James A. Banks, *Educating Citizens in a Multicultural Society, 2nd Revised Edition*, New York: Teachers' College Press, 2008,

[95] James R. Mancham, *Seychelles Global Citizen: The Autobiography of the Founding President of the Republic of Seychelles*, St. Paul: Paragon House, 2009.

[96] Janette Ryan, *Cross-cultural Teaching and Learning for Home and International Students: Internationalisation of Pedagogy and Curriculum in Higher Education*, Oxon: Routledge, 2013.

[97] Jason D. Hill, *Becoming a Cosmopolitan: What It Means to Be a Human Being in the New Millennium*, Lanham, MD: Rowman and Littlefield, 2000.

[98] Jo Beth Mullens and Pru Cuper, *Fostering Global Citizenship through Faculty-led International Programs*, Charlotte, NC: Information Age Pub. , 2012.

[99] John Cogen, Paul Morris and Murray Print, *Civic Education in the Asia-pacific Region: Case Studies across Six Societies*, New York: Routledge Falmer, 2002.

[100] John Gaventa, *Globalizing Citizens: New Dynamics of Inclusion and Ex-*

clusion, London: Zed books, 2010.

[101] John J. Cogan and Ray Derricott, *Citizenship for the 21*$^{st}$ *Century: An International Perspective on Education*, London: Kogan Page Limited, 1998.

[102] Judith A. and Myers-Walls, *Families as Educators for Global Citizenship*, Aldershot: Ashgate Publishing Ltd. , 2001.

[103] Kjell goldmann, *The Logic of Internationalism: Coercion and Accommodation*, London: Routledge, 1994.

[104] Kwame Anthony Appiah, *Cosmopolitanism: Ethics in a World of Strangers—Issues of Our Time*, New York: Norton Paperback, 2007.

[105] Kwame Anthony Appiah, *Education for Global Citizenship*, unpublished.

[106] Laura Westra, *Globalization, Violence and World Governance*, Leiden: BRILL, 2011.

[107] Luis Cabrera, *The Practice of Global Citizenship*, New York: Cambridge University Press, 2010.

[108] Lynette Shultz, Ali A. Abdi and George H. Richardson, *Global Citizenship Education in Post-secondary Institutions: Theories, Practices, Policies*, New York: Peter Lang, 2011.

[109] L. J. F. Brimble and Frederick J. May, *Social Studies and World Citizenship: a Sociological Approach to Education*, London: Macmillan & Co. ltd, 1945.

[110] Marianne N. Bloch, *The Child in the World/ the World in the Child, Education and the Configuration of a Universal, Modern, and Globalized Childhood*, New York: Palgrave Macmillan, 2006.

[111] Marjorie Mayo, *Global Citizens: Social Movements and the Challenge of Globalization*, Toronto: CSPI, 2005.

[112] Martha Nussbaum, *Cultivating Humanity: A Classical Defense of Reform in Liberal Education*, Boston: Harvard University Press, 1997.

[113] Martin Albow, *The Global Age State and Society beyond Modernity*, Cambridge: Polity Press, 1996.

[114] Michael Edwards and John Gaventa, *Global Citizen Action*, Boulder:

Lynne Rienner Publishers, 2001.

[115] Nel Noddings, *Educating Citizens for Global Awareness*, New York: Teachers College Press, 2005.

[116] Nelson Mandela, *Our Global Neighborhood: Report of the Commission on Global Governance*, New York: Oxford University Press, 1995.

[117] Nigel Dower and John Williams, *Global Citizenship: a Critical Reader*, Edinburgh University Press, 2002.

[118] Nigel Dower, *An Introduction to Global Citizenship*, Edinburgh: Edinburgh University Press, 2003.

[119] Norris and Pippa, *Critical Citizens: Global Support for Democratic Government*, New York: Oxford University Press, 1999.

[120] Peter Singer, *One World, New Haven*, London: Yale University Press, 2002.

[121] P. W. Preston, *Political/Cultural Identity: Citizens and Nations in a Global Era*, London: Sage, 1997.

[122] Renate Kock, *Education and Training in a Globalized World Society*, Frankfurt: Peter Lang, 2006.

[123] Richard G. Niemi and Jane Junn, *Civic Education: What Makes Students Learn*, New Haven: Yale University Press, 1998.

[124] Rita Verma, *Be the Change: Teacher, Activist, Global Citizen*, New York: Peter Lang, 2010.

[125] Robert A. Rhoads and Katalin Szelényi, *Global Citizenship and the University: Advancing Social Life and Relations in an Interdependent World*, Stanford: Stanford University Press, 2011.

[126] R. E. Hughes and Robert Edward, *The Making of Citizens: a Study in Comparative Education*, London: The Walter Scott publishing co. Ltd., 1902.

[127] Stearns Peter N., *Educating Global Citizens in Colleges and Universities: Challenges and Opportunities*, New York: Routledge, 2009.

[128] Sun Myung Moon, *As a Peace-loving Global Citizen*, Washington: Washington Times Foundation, 2010.

[129] Susan Greenhalgh, *Cultivating Global Citizens: Population in the Rise of China*, Cambridge: Harvard University Press, 2010.

[130] Tenth Edition, *Global Corporate Citizenship*, Boston: McGraw-Hill, 2003.

[131] Tharailath Koshy Oommen, *Citizenship and National Identity: from Colonialism to Globalism*, New Delhi: Sage Publications, 1997.

[132] Theresa Alviar-Martin, *Seeking Cosmopolitan Citizenship: a Comparative Case Study of Two International Schools*, Ann Arbor, Mich.: UMI, 2008.

[133] Thomas Faist and Peter Kivisto, *Dual Citizenship in Global Perspective: from Unitary to Multiple Citizenship*, New York: Palgrave Macmillan, 2007.

[134] Timothy Brennan, *At Home in the World: Cosmopolitanism Now*, Cambridge, MA: Harvard University Press, 1997.

[135] Ulrich Beck and Edgar Grande, *Cosmopolitan Europe*, Cambridge: Polity Press, 2007.

[136] Vanessa de Oliveira Andreotti and Lynn Mario T. M. de Souza, *Postcolonial Perspectives on Global Citizenship Education*, New York: Routledge, 2012.

[137] Vanessa de Oliveira Andreotti, *The Political Economy of Global Citizenship Education*, New York: Routledge, 2013.

[138] William D. Hitt, *The Global Citizen*, Columbus: Battelle Press, 1998.

[139] Wing-Wah Law, *Citizenship and Citizenship Education in a Global Age: Politics, Policies, and Practices in China*, New York: Peter Lang, 2011.

# 论 文

[140] 蔡拓:《全球学: 概念、范畴、方法与学科定位》,《国际政治研究》2013 年第 3 期。

[141] 陈明英：《全球化时代的加拿大"全球公民"教育探析》，《比较教育研究》2013 年第 10 期。

[142] 陈以藏：《全球公民教育思潮的兴起与发展》，《外国教育研究》2010 年第 3 期。

[143] 傅慧芳：《公民意识的多维向度——基于自由主义与共和主义、社群主义的论争》，《理论学刊》2011 年第 9 期。

[144] 高振宇：《全球视野下的世界公民教育及对中国的启示》，《全球教育展望》2010 年第 8 期。

[145] 古人伏：《德育新课题：引导学生了解世界了解他人——兼谈世界公民教育》，《上海师范大学学报》（教育版）2003 年第 4 期。

[146] 韩震：《全球化时代的公民教育与国家认同及文化认同》，《社会科学战线》2010 年第 5 期。

[147] 姜英敏：《韩国"全球公民教育"的发展及其特征》，《比较教育研究》2013 年第 10 期。

[148] 姜英敏、于帆：《日本"全球公民教育"模式的理论分析》，《比较教育研究》2013 年第 12 期。

[149] 姜元涛：《全球化背景下的世界公民教育探析》，《思想理论教育》2010 年第 14 期。

[150] 李佃来：《关于历史唯物主义与正义兼容的三重辩护》，《华中师范大学学报》（人文社会科学版）2013 年第 6 期。

[151] 李艳霞：《公民身份理论内涵探析》，《人文杂志》2005 年第 3 期。

[152] 李永毅：《西方世界主义思想的复兴》，《理论视野》2006 年第 12 期。

[153] 李远哲、朱桦：《新世纪的教育方向》，《世界教育信息》1997 年第 4 期。

[154] 林尚立：《现代国家认同建构的政治逻辑》，《中国社会科学》2013 年第 8 期。

[155] 卢丽华、姜俊和：《"全球公民"教育：基本内涵、价值诉求与实践模式》，《比较教育研究》2013 年第 1 期。

[156] 卢丽华：《"全球公民"教育思想的生成与流变》，《比较教育研究》2009 年第 11 期。

[157] 马庆发：《批判理论与闵斯特学派课程理论（下）》，《外国教育资料》1994 年第 3 期。

[158] 莫尔达夫斯卡亚：《美国学校内的"世界公民"教育》，《人民教育》1950 年第 5 期。

[159] 钱荣堃：《莱蒙湖畔聚谈世界经济》，《群言》1987 年第 8 期。

[160] 饶从满、陈以藏：《全球化与公民教育：挑战与回应》，《外国教育研究》2006 年第 1 期。

[161] 饶从满：《论公民教育中应该处理好的两个基本关系》，《外国教育研究》2011 年第 8 期。

[162] 饶从满：《主动公民教育：国际公民教育发展的新走向》，《比较教育研究》2006 年第 7 期。

[163] 宋恩荣：《"世界公民"——晏阳初与赛珍珠》，《河北师范大学学报》（教育科学版）2003 年第 4 期。

[164] 宋强：《谁来赋予我们世界公民资格？——世界公民教育的合理性反思》，《外国教育研究》2015 年第 3 期。

[165] 苏守波、饶从满：《现代化、民族国家与公民教育》，《首都师范大学学报》（社会科学版）2009 年第 3 期。

[166] 万明钢：《多元文化背景中的全球教育与世界公民培养》，《西北师大学报》（社会科学版）2005 年第 6 期。

[167] 王海莹、吴明海：《论"多元文化主义"视阈下的世界公民教育》，《民族教育研究》2011 年第 6 期。

[168] 王宁：《"世界主义"及其之于中国的意义》，《南国学术》2014 年第 3 期。

[169] 项贤明：《教育：全球化、本土化与本土生长——从比较教育学的角度观照》，《北京师范大学学报》（人文社会科学版）2001 年第 2 期。

[170] ［美］亚瑟·K. 埃利斯：《全球社会中的公民教育》，《中国德育》2008 年第 7 期。

[171] 杨瑞文：《新加坡独立后华人民族精神与凝聚力异化的个案分析》，《哲学动态》1993 年第 3 期。

[172] 杨小翠：《英国全球公民教育的实施现状与挑战探析》，《比较教育

研究》2013 年第 10 期。

[173] 叶立群:《课程改革的困惑和思考（下）》，《课程·教材·教法》
1989 年第 7 期。

[174] 易华:《民族主义与多重认同——从归纳到演绎的尝试》，《原道》
2012 年第 1 期。

[175] 于希勇:《在参与社群中养成公民资质——美国学校公民参与社会
管理研究与借鉴》，《比较教育研究》2014 年第 6 期。

[176] 余创豪:《在全球化的脉络下探讨 Nussbaum 的世界主义和世界公
民意识》，《开放时代》2006 年第 3 期。

[177] 曾宪东:《愚昧型贫困论——中国少数民族地区贫困原因及治理办
法之考察研究》，《社会科学家》1988 年第 6 期。

[178] 张鲁宁:《世界公民观念与世界公民教育》，《思想理论教育》2009
年第 10 期。

[179] 赵明玉、饶从满:《现代化进程中的国家建构与公民教育》，《比较
教育研究》2008 年第 5 期。

[180] 周国辉:《西方大学在日本失去吸引力》，《世界教育信息》1994
年第 8 期。

[181] 周奇:《从"应然"到"实然"—试论教育目的的转化机制》，
《温州师范学院学报》（哲学社会科学版）1994 年第 4 期。

[182] 周琴:《新殖民主义视阈下的比较教育研究》，《比较教育研究》
2013 年第 4 期。

[183] 朱旭东:《论全球化时代民族国家在比较教育研究中的合理性》，
《比较教育研究》2013 年第 11 期。

[184] Anatoli Rapoport, "A Forgotten Concept: Global Citizenship Education
and State Social Studies Standards", *The Journal of Social Studies Research*, Vol. 33, No. 1, 2009.

[185] Anatoli Rapoport, "Global Citizenship Themes in the Social Studies
Classroom: Teaching Devices and Teachers' Attitudes", *The Educational Forum*, Vol. 77, No. 4, 2013.

[186] Anatoli Rapoport. "We Cannot Teach What We Don't Know: Indiana Teachers Talk about Global Citizenship Education", *Education, Citi-*

*zenship*, *and Social Justice*, Vol. 5, No. 3, November 2010.

[187] Andrew Peterson. "RepublicanCosmopolitanism: Democratising the Global Dimensions of Citizenship Education", *Oxford Review of Education*, Vol. 37, No. 3, June 2011.

[188] Audrey Osler and Hugh Starkey, "Learning for Cosmopolitan Citizenship: Theoretical Debates and Young People's Experiences", *Educational Review*, Vol. 55, No. 3, November 2003.

[189] Bryan S. Turner, "Outline of a Theory of Citizenship", *Sociology*, Vol. 24, No. 2, May 1990.

[190] Carlos Alberto Torres, "Global Citizenship and Global Universities. The Age of Global Interdependence and Cosmopolitanism", *European Journal of Education*, Vol. 50, No. 3, September 2015.

[191] Caroline Irby, *Getting Started with Global Citizenship: A Guide for New Teachers*. Oxfam GB, 2008.

[192] Catherine Broom, "Curriculum in the Age of Globalization", *Canadian Social Studies*, Vol. 43, No. 1, Spring 2010.

[193] Celal Mutluer, "The Place of History Lessons in Global Citizenship Education: the Views of the Teacher", *Turkish studies-international periodical for the languages, literature and history of Turkish or Turkic*, Vol. 8, No. 2, Winter 2013.

[194] Cher Ping Lim, "Global Citizenship Education, School Curriculum and Games: Learning Mathematics, English and Science as a Global Citizen", *Computers & Education*, Vol. 51, No. 3, November 2008.

[195] Cherry A. McGee Banks and James A. Banks, "Reforming Schools in a Democratic Pluralistic Society", *Educational Policy*, Vol. 11, No. 2, June 1997.

[196] David Held, "Democratic Accountability and Political Effectiveness from a Cosmopolitan Perspective", *Government and Opposition*, Vol. 39, No. 2, Spring 2004.

[197] David T. Hansen, Stephanie Burdick-Shepherd, Cristina Cammarano and Gonzalo Obelleiro, "Education, Values, and Valuing in Cosmopolitan

Perspective", *Curriculum Inquiry*, Vol. 39, No. 5, December 2009.

[198] Debbie Bradbery, "Bridges to Global Citizenship: Ecologically Sustainable Futures Utilising Children's Literature in Teacher Education", *Australian Journal of Environmental Education*, Vol. 29, No. 2, December 2013.

[199] D. Schugurensky and J. P. Myers, "Introduction: Citizenship Education: Theory, Research and Practice", *Encounters on Education*, Vol. 4, Fall 2003.

[200] Hans Schattle, "Bringing Perceptions from the Global Village into American Political Science Courses", *Political Science and Politics*, Vol. 36, No. 3, July 2003.

[201] Hans Schattle, "Education for Global Citizenship: Illustrations of Ideological Pluralism and Adaptation", *Journal of Political Ideologies*, Vol. 13, No. 1, February 2008.

[202] Hans Schattle, "Global Citizenship in Public Discourse", *Reason and Respect*, Vol. 2, No. 1, Spring 2006.

[203] Hicks D., "Thirty Years of Global Education: A Reminder of Key Principles and Precedents", *Educational Review*, Vol. 55, No. 3, November 2003.

[204] Hiromi Yamashita, "Global Citizenship Education and War: the Needs of Teachers and Learners", *Educational Review*, Vol. 58, No. 1, February 2006.

[205] Ian Davies, Mark Evans and Alan Reid, "Globalising Citizenship Education? A Critique of 'Global Education' and 'Citizenship Education'", *British Journal of Educational Studies*, Vol. 53, No. 1, March 2005.

[206] James A. Banks, "Diversity, Group Identity, and Citizenship Education in a Global Age", *Educational Researcher*, Vol. 37, No. 3, April 2008.

[207] Joëlle Fanghanel and Glynis Cousin, "Worldly' Pedagogy: a Way of Conceptualising Teaching towards Global Citizenship", *Teaching in Higher Education*, Vol. 17, No. 1, 2012.

[ 208 ] Juan Jose'Palacios, "Corporate Citizenship and Social Responsibility in a Globalized World", *Citizenship Studies*, Vol. 8, No. 4, December 2004.

[ 209 ] Katharine Quarmby, "Why Oxfam is Failing Africa", *Newstatesman*, Vol. 134, No. 5, May 2005.

[ 210 ] Katharyne Mitchell, "Educating the National Citizen in Neoliberal Times: From the Multicultural Self to the Strategic Cosmopolitan", *Transactions of the Institute of British Geographers*, New Series, Vol. 28, No. 4, December 2003.

[ 211 ] Katharyne Mitchell, "Neoliberal Governmentality in the European U-nion: Education, Training, and Technologies of Citizenship", *Environment and Planning D: Society and Space*, Vol. 24, No. 3, June 2006.

[ 212 ] Lee Wing On, Grossman, D. L., Kennedy, K. J. & Fairbrother, G. P (eds.) "*Citizenship Education in Asia and the Pacific: Concepts and Issues*", Hong Kong: Comparative Education Research Centre, U-niversity of Hong Kong/Dordrecht, Netherlands: Kluwer Academic Publishers, 2014

[ 213 ] Lee Wing On, Sai Wing Leung, "Global Citizenship Education in Hong Kong and Shanghan Secondary Schools: Ideals, Realities and Expectations", Citizenship Teaching and Learningm, Vol 2, No. 2, December 2006.

[ 214 ] Lee Wing On, "Citizenship education in Asia". In James A. Banks (ed.), "Encyclopedia of Diversity in Education". Thousand Oaks, CA, USA: SAGE, 2012.

[ 215 ] Lee Wing On, "The development of Citizenship education curriculum in Hong Kong after 1997: Tensions between national identity and global citizenship", Citizenship curriculum in Asia and the Pacific, 2008.

[ 216 ] Lynette Shulz, "Educating for Global Citizenship: Conflicting Agendas and Understandings", *Alberta Hournal of Educational Research*, Vol. 53, No. 3, Fall 2007.

[217] Madeleine Arnot, "A Global Conscience Collective: Incorporating Gender Injustices into Global Citizenship Education", *Education, Citizenship and Social Justice*, Vol. 4, No. 2, 2009.

[218] Marianne Larsenand Lisa Faden, "Supporting the Growth of Global Citizenship Educators", *Brock Education*, Vol. 17, 2008.

[219] Marie Jeanne McNaughton, "Educational Drama in Education for Sustainable Development: Ecopedagogy in Action", *Pedagogy, Culture & Society*, Vol. 18, No. 3, October 2010.

[220] Martin Haigh, "From Internationalisation to Education for Global Citizenship: a Multi-Layered History", *Higher Education Quarterly*, Vol. 68, No. 1, January 2014.

[221] Mary Frances Agnello, David R. White and Wesley Fryer, "Toward Twenty-First Century Global Citizenship: A Teacher Education Curriculum", *Social Studies Research and Practice*, Vol. 1, No. 3, Winter 2006.

[222] Mary Joy Pigozzi, "A UNESCO View of Global Citizenship Education", *Educational Review*, Vol. 58, No. 1, February 2006.

[223] Mary Lou Breithorde and Louise Swiniarski, "Constructivism and Reconstructionism: Educating Teachers for World Citizenship", *Research Online*, Vol. 24, No. 1, 1999.

[224] McGinn, N. F., "Education, Democratization and Globalization: A Challenge for Comparative Education", *Comparative Education Review*, Vol. 40, No. 4, November 1996.

[225] Michael Kenny, "Global Civil Society: A Liberal-Republican Argument", *Review of International Studies*, Vol. 29, December 2003.

[226] Michael Muetzelfeldt and Gary Smith, "Civil Society and Global Governance: The Possibilities for Global Citizenship", *Citizenship Studies*, Vol. 6, No. 1, 2002.

[227] Michele Schweisfurth, "Education for Global Citizenship: Teacher Agency and Curricular Structure in Ontario Schools", *Educational Review*, Vol. 58, No. 1, February 2006.

[228] Nancy P. Gallavan, "Examining Teacher Candidates' Views on Teaching World Citizenship", *The Social Studies*, Vol. 99, No. 6, Nov. – Dec. 2008.

[229] Rethinking Education: Towards a Global Commongood? . http://www. unescocat. org/ en/rethinking-education-towards-a-global-common-good. 2015 – 07 – 15.

[230] Richard Ennals, Les Stratton, Noura Moujahid and Serhiy Kovela, "Global InformationTechnology and Global Citizenship Education", *AI & Soc*, Vol. 23, No. 1, January 2009.

[231] Sally Inman, Sophie Mackay, Maggie Rogers and Ros Wade, "Effecting Change through Learning Networks: The Experience of the UK Teacher Education Network for Education for Sustainable Development and Global Citizenship", *Journal of Teacher Education for Sustainability*, Vol. 12, No. 2, 2015.

[232] Sameena Eidoo, etl, " 'Through the Kaleidoscope' : Intersections Between Theoretical Perspectives and Classroom Implications in Critical Global Citizenship Education", *Canadian Journal of Education*, Vol. 34, No. 4, 2011.

[233] Stavroula Philippou, Avril Keating and Debora Hinderliter Ortloff. "Conclusion: Citizenship Education Curricula: Comparing the Multiple Meanings of Supra-national Citizenship in Europe and beyond", *Curriculum Studies*, Vol. 41, No. 2, 2009.

[234] Toni Samek, "Teaching Information Ethics in Higher Education: A Crash Course in Academic Labour", *International Review of Information Ethics*, Vol. 14, 2010.

[235] UNESCO, *Global Citizenship Education: Preparing Learners for the Challenges of the 21ʳ Century*, Paris, 2014.

[236] Wing-Wah Law and Ho Ming Ng, "Globalization and Multileveled Citizenship Education: A Tale of Two Chinese Cities, Hong Kong and Shanghai", *Teachers College Record*, Vol. 111, No. 3, 2009.

[237] Wing-Wah Law, "Citizenship, Citizenship Education, and the State in

China in a Global Age", *Cambridge Journal of Education*, Vol. 36, No. 4, December 2006.

[238] Wing-Wah Law, "Globalisation, City Development and Citizenship Education in China's Shanghai", *International Journal of Educational Development*, Vol. 27, No. 1, January 2007.

[239] Yvette V. Lapayese, "Toward a Critical Global Citizenship Education", *Comparative Education Review*, Vol. 47, No. 4, November 2003.

[240] Zakaria, F., "Education for Global Citizenship", *Independent School*, Vol. 64, No. 3, 2005.

# 索　引